SV

PAUL BRODOWSKY

VÄTER

ROMAN

Suhrkamp

Erste Auflage 2023
Originalausgabe
© Suhrkamp Verlag AG, Berlin, 2023
Alle Rechte vorbehalten. Wir behalten uns auch eine Nutzung des
Werks für Text und Data Mining im Sinne von § 44b UrhG vor.
Umschlaggestaltung: zero-media.net, München
Umschlagabbildung: David Schnell, Wald, 1999,
Eitempera auf Leinwand, 200 cm x 150 cm, VNG art,
courtesy Galerie EIGEN + ART Leipzig/Berlin,
Foto: Uwe Walter, Berlin, © VG Bild-Kunst, Bonn 2022
Satz: Dörlemann Satz, Lemförde
Druck: GGP Media GmbH, Pößneck
Printed in Germany
ISBN 978-3-518-43103-0

www.suhrkamp.de

VÄTER

Für L. und für S.

Mein Vater tanzt ausgelassen, beinahe ekstatisch. So habe ich ihn noch nie erlebt, immer wieder fordert er neue Frauen auf, die Braut, die Brautmutter oder die Freundin des jüngeren Bruders des Bräutigams, er tanzt wie ein Derwisch, wirft sich voll hinein, singt mit bei den Refrains der Lieder, ganz gleich, ob er die Cover-Songs kennt oder nicht, Beatles, Stones, Elvis, aber auch neuere Sachen, die der dunkelhaarige, Mitte vierzigjährige Alleinunterhalter hinter dem Keyboard spielt, Michael Jackson, a-ha und frühe Eurodance-Nummern, die ich aus dem Radio oder von Mittelstufenpartys kenne, Right Said Freds *Don't Talk Just Kiss*, eine Keyboardpolkaversion von *Please Don't Go* von Double You, *Don't goo-ohohoho, don't go away*, singt mein Mitte sechzigjähriger, vollbärtiger, glatzköpfiger, mir damals schon eher klein vorkommender Vater, deutlich übergewichtig, vermutlich rund fünfundneunzig oder achtundneunzig Kilo schwer bei einem Meter siebzig Körpergröße, während er eine ungefähr gleich alte Frau mit Perlenkette herumwirbelt. Wenn er mit meiner Mutter auf Festen ist, beginnt er immer, mit ihr zu tanzen, fordert sie auf, meine Mutter lässt sich mit gequältem Blick darauf ein, für einen, maximal zwei Walzer, man kann sehen, wie schlecht sie auf der Tanzfläche harmonieren, und mein Vater lässt dann auch bald wieder ab vom Tanzen, nicht aber an diesem Abend. Keiner der anderen Gäste tanzt so wild. Betrunken kenne ich meinen Vater nur dumpf versunken am Tischende sitzend, oft auch dann, wenn meine Eltern Gäste haben, oder konträr dazu, aber das nur im engen Familienkreis, verbal leicht übergriffig, seine Sprache ebenso verschlurt wie seine nach außen gekehrte, unspezifische, übertriebene Emotionalität, bis hin zu der offenen Aggressivität seiner in meiner frühen Kindheit etwa halbjährlichen, den ganzen Abend und die halbe Nacht andauernden Wutanfälle. Es befremdet mich, meinen Vater hier so rauschhaft ausgelassen zu erleben, und ebenso befremdet mich, dass alle Menschen in dieser uns beiden fast völlig unbekannten Umgebung so ungebrochen positiv darauf reagieren – seine Rauschzustände werden in der Familie immer mit kollektiver Verachtung und gleichzeitig mit Angst hingenommen, etwas, was man ertragen und überstehen muss wie einen Sturzregen auf einer Wanderung, morgen ist es vorbei. Hier auf der Hochzeit kommentieren die Söhne des Schulfreundes meines Vaters seine alkoholisierte Beschwingtheit geradezu bewundernd, *schön, dass Onkel August so viel Spaß hat*, sagen sie völlig ironiefrei. Wir sind auf der Hochzeit seines einzigen Patenkindes, des Sohns eines Schulfreundes. Es ist eine der ganz wenigen Reisen, die ich mit ihm zu zweit mache, nach F., südlich von Köln. Der Schulfreund meines Vaters hat dort ein Taxiunternehmen, seine Söhne sind beide als Fahrer angestellt, die Familie leistet sich privat einen kleinen rot-schwarzen Alfa Romeo und einen grazilen fuchsroten Windhund, der in Schönheitswettbewerben Preise ergattert, sie besuchen uns einmal etwa zwei Jahre zuvor zusammen mit dem Hund in Flensburg. Mein Vater und ich essen auf der Hinfahrt zu der Hochzeit gemeinsam im ansonsten leeren Speisewagen des Intercityzuges, es ist das erste Mal, dass ich überhaupt in einem Speisewagen sitze, wir bestellen zwei Teller Erbsensuppe, aber die Kellnerin rät uns von der Suppe ab, die sei sauer, sagt sie und verzieht leicht das Gesicht. Wir bleiben drei Nächte in F., tauchen ein in den Taxifahrerkosmos, gehen am Vorabend der Hochzeit essen, meine Eltern gehen nie mit uns essen, außer auf Reisen.

– Wollt ihr zum Griechen, zum Italiener oder zum Chinesen?, fragt uns einer der Söhne des Schulfreundes meines Vaters.

Ich bin beeindruckt von so viel Kosmopolitismus, der Klarheit dieser Lebensform – der wunderschöne, nie einen Laut von sich gebende, melancholische Windhund, Auto fahren, essen gehen, Manschettenknöpfe, gestärkte Oberhemden, all das scheint mir irgendwie beneidenswert, am Nachmittag vor dem Hochzeitstag werde ich Kaffee kaufen geschickt, in den um die Ecke liegenden Supermarkt, ein Pfund *Dallmayr prodomo*, dieser Markenname klingt für mich wie eine märchenhaft fremde Losung, ich muss zweimal nachfragen, ehe ich verstehe, um was es sich dabei überhaupt handelt, und mir die seltsame Formel einprägen kann, bei uns zu Hause gibt es ausschließlich *Albrecht Gold Kaffee*. Außerdem darf ich auf dem *Amiga* des älteren Sohnes stundenlang Computer spielen, auch im Haus meiner Eltern gibt es Rechner, einen *Commodore 64* mit Floppy-Disk-Laufwerk, einen *Atari* und einen *286er*, den sich meine älteste Schwester, Sigrid, Mitte der Achtziger vom Preisgeld eines Bundesschülerwettbewerbs kauft, das sie für ihre Facharbeit in Chemie erhält, aber für alle diese Rechner gibt es bei uns im Haus so gut wie keine Spielesoftware – hier darf ich am Vorabend des Festes bis tief in die Nacht hinein *Ports of Call* spielen und Frachtschiffe in alle Überseehäfen der Welt dirigieren. Auf dem Fest dann trinke ich erst Wein und später Bacardi Cola, es ist das erste Mal, dass ich überhaupt in Anwesenheit meines Vaters Alkohol trinke, er selbst trinkt sehr viel, wie bei ihm damals bei solchen Gelegenheiten, aber durchaus auch an normalen Wochentagen üblich, ich hingegen kippe verstohlen, als das Tanzen schon im Gange ist oder die Braut gerade entführt wird, oder ist es irgendein anderes Hochzeitsspiel, die Tische stehen überwiegend verwaist da, jedenfalls kippe ich nach und nach verstohlen Reste aus den noch herumstehenden Weingläsern in mich hinein, während ich im Verlauf des Essens allen mir angebotenen Wein neben meinem Vater sitzend strikt abgelehnt habe.

– Ich trinke keinen Alkohol!, sage ich.

Später lungere ich dann bei der Bar herum, bis mich die Braut fragt, ob ich noch etwas möchte, ich könne an der Bar alles bestellen, woraufhin ich mich für ein unverräterisches Mixgetränk entscheide und so also zu meiner ersten Rum Cola komme.

Und dann, am letzten Abend in unserem Ferienhaus in D., ich mache über einige Tage hinweg Interviews mit meinem Vater, die Kinder schlafen, meine Mutter ist ebenfalls schon ins Bett gegangen, ich habe eigentlich nicht mehr damit gerechnet, dass mein Vater und ich noch weitersprechen, gießt mein Vater mir und sich selbst noch etwas Rotwein ein und bringt seinen *Ahnenpass* an den Tisch, jenes Dokument, das 1943 für ihn angefertigt wird und seine, wie es damals heißt, *arische Abstammung* nachweisen soll, wegen seines Eintritts als Zehnjähriger in die *Nationalpolitische Erziehungsanstalt* in Stuhm. Ein halbes Jahr zuvor erzählt er mir vollkommen aus dem Nichts, dass er eine jüdische Großmutter habe, wir sitzen in Berlin im Auto, ich bringe meine Eltern zum Bahnhof, wir haben den Tag über den ersten Geburtstag unserer Tochter Anouk gefeiert und das Fest zum Anlass genommen, Judiths und meine Eltern miteinander bekannt zu machen, der Tag im Garten verläuft entspannt, es gibt Kaffee und Kuchen, Geschenke für Anouk, die Kinder laufen herum und genießen sichtlich, dass alle vier Großeltern gleichzeitig da sind, wir zupfen Unkraut, pflanzen zwei Blumen ein, Peter, Judiths Vater, erklärt mir, wie ich die drei Rosenstöcke, die noch von unserem Vorgänger im Garten stehen, im Frühjahr zurückschneiden könne, gegen sechzehn Uhr breche ich mit meinen Eltern auf, sie wollen nach S., am nächsten Tag wird dort ein anderes Enkelkind von ihnen eingeschult, der älteste Sohn meiner Schwester Uta, und mein Vater fängt also im Auto sitzend plötzlich an, in einem stockenden, beinahe beichtenden Tonfall zu erklären, dass seine Großmutter eine geborene Salamon gewesen sei.

Vor dem Fenster der Baum, an den Enden der Zweige die blassgrünen Knospen, darunter jeweils die abgestorbenen, aber noch nicht herabgerieselten Riste der Ahornsamen des Vorjahres, trocken und brüchig, hinter dem Baum die Brücke über den Landwehrkanal mit einer Handvoll Touristen, die den Sonnenuntergang betrachten, jenseits des Kanals in der Glogauer Straße die sich über den Asphalt beugenden Straßenlaternen, das noch schwach grünliche Neonlicht der gerade erst aufglühenden Leuchtkörper, die blattlose Krone des Baumes scheint greifbar nah, am Fenster stehend beim Blick nach unten die zum Stamm hin zusammenlaufenden Äste und unter der braunen, von Pflaster- und Kantsteinen eingefassten Baumscheibe, die reichen muss, den Baum mit Regenwasser zu versorgen, das Wurzelwerk, das sich unbesehen auffächert, ähnlich der Baumkrone, nur knorriger, weinstockartig, verwachsen und unbeschnitten, sich verästelnd bis in kleinste Wurzelkapillaren, Mykorrhizen, Steine, Glasfaserkabel und Abwasserrohrgeflechte, Fraß und Erdgänge der unterirdischen Bewohner.

Der Wecker klingelt. Aber es ist nicht der Wecker, wie ich noch im Halbschlaf bemerke, sondern Judiths Mobiltelefon, und weil Judith nicht aufsteht, um den Alarm auszustellen, stehe ich auf, gehe rüber und stelle ihn aus. Judith liegt nicht neben mir wie gestern Abend beim Einschlafen, stattdessen liegt dort Anouk, ich nehme an, dass sie nachts wach geworden ist und darauf besteht, in unser Bett zu kommen, Judith, vermute ich, liegt inzwischen auf dem Hochbett im Arbeitszimmer, sie kann oft nicht wieder einschlafen, wenn noch ein oder beide Kinder zwischen uns liegen. Anouk bewegt einen Arm, aber schläft weiter, unbeeindruckt vom Weckgeräusch. Ich gehe zur Toilette und dann in die Küche, setze Wasser auf. An meinen Fußsohlen bleibt etwas Sand haften, ich ziehe Handfeger und Schaufel unter dem Spülschrank hervor und fege die Küche, gestern Abend habe ich hier die Kinderschuhe entleert, den mitgetragenen Sand vom Spielplatz in den Müll geschüttet, dabei geht oft etwas daneben, eigentlich müsste ich gleich die ganze Küche oder besser die ganze Wohnung saugen, so schaffe ich nur eine Insel relativer Sand- und Krümelfreiheit. Ich fülle Wasser in die Espressokanne und höre, wie Milan von seinem Bett aus leise murrt, konturloses Melde- und Protestgeräusch, ich gehe ins Kinderzimmer, sage ihm guten Morgen, streiche ihm über den Kopf. Er liegt eingeigelt und noch nicht ganz wach im Bett, möchte *aufs Lager* getragen werden, wie er sagt, ausnahmsweise, also hebe ich ihn auf, den kleinen, schlaksigen, noch schlafwarmen Körper, der sich sofort wie ein Rucksack auf der Brust an mich schmiegt, und trage ihn samt Bettdecke ins Wohnzimmer, lege ihn dort auf der Steppdecke am Boden ab. Er protestiert heute Morgen nicht, dass er kein Kinderhörspiel hören darf, nimmt sich stattdessen ein Bilderbuch. Ich gehe zurück in die Küche, schütte Milch aus dem Kühlschrank in die beiden Fläschchen und etwas kochendes Wasser dazu, um die Milch zu erwärmen, bringe ihm seine Flasche. Von Anouk höre ich aus dem Schlafzimmer jetzt auch ein wortloses Sich-bemerkbar-Machen, ich gehe zu ihr, trage sie in ihrem Schlafsack in die Küche. Sie fragt nach ihrer Mama, sichtlich enttäuscht, dass ich es bin, der sie holt, protestiert etwas, lässt sich dann aber mit ihrer Flasche beruhigen. Ich schalte das Küchenradio an, Deutschlandfunk, setze den Kaffee auf, gieße Sojamilch in den Milchschäumer, gehe ins Arbeitszimmer und wecke Judith.

– Es ist zehn vor sieben, sage ich.

Sie sagt, sie komme gleich, und bleibt noch etwas liegen, wie sie das fast immer tut, wenn ich sie wecke. Zurück in der Küche schneide ich Brot, decke den Tisch, zwei Melaminteller für die Kinder, zwei Porzellanteller für Judith und mich, Messer, Ziegenfrischkäse, Marmelade, Honig. Judith kommt in die Küche, sie sieht etwas zerschlagen aus, sie sagt, sie habe Kopfschmerzen, ob sie als Erste duschen könne?

Anouk gibt mir ihre leere Flasche, ich spüle sie aus und stelle sie umgedreht auf das Abtropfgitter. Ich schiebe Brot in den Toaster, fülle Milch und Milchschaum in zwei japanische Holzschalen und gieße dann den inzwischen durchgelaufenen Espresso darauf. Anouk möchte, dass ich ihr den Schlafsack aufmache. Ich schmiere Milan ein Brot mit Frischkäse und Erdbeermarmelade, suche Klamotten für ihn raus. Dann schnappe ich mir Anouk, die im Flur auf dem Fußboden angefangen hat, mit zwei Feuerwehrautos zu spielen, trage sie ins Schlafzimmer, lege sie auf den Wickeltisch, ziehe ihr den Schlafanzug aus, öffne die Windel, wische mit ein paar Feuchttüchern ihren Po sauber, schneller, als ich sie davon abhalten kann, kratzt sie sich mit zwei Fingern am Hintern, ich wische rasch ihre Finger wieder sauber, bevor sie die Scheiße irgendwo hinschmiert. Als ich ihr eine neue Windel angezogen habe, kommt Judith aus der Dusche, es ist jetzt 7:20 Uhr, in fünfundvierzig Minuten müssen wir spätestens aufbrechen zur Kita, sonst kommen wir zu spät. Ich gehe ins Wohnzimmer, sage Milan, er solle sich jetzt anziehen, sonst werde nach hinten raus alles gehetzt. Er möchte etwas vorgelesen bekommen, ich lese ihm eine Doppelseite aus seinem Buch über riesige Baumaschinen, Tagebaubagger und Kipplader vor, dann sage ich noch einmal, dass er sich jetzt bitte anziehen solle. Es ist 7:31 Uhr. Ich springe unter die Dusche, erst kalt, dann heiß, Shampoo, Spülung, Duschgel, Gesichtsseife, kalt abduschen, abtrocknen, Deo, dann frische Unterwäsche und in die übrigen Klamotten von gestern Abend. 7:50 Uhr. In der Küche schmiere ich mir eine getoastete Vollkornbrotscheibe, Judith hat inzwischen beide Kinder angezogen, Milan isst die Reste seines Marmeladenbrotes, Anouk kaut an ihrem Brot mit Frischkäse. Ich schütte nebenbei den lauwarmen Kaffee in mich hinein.

– Wer bringt die Kinder?, frage ich Judith. Kannst du, dann kann ich schon packen?

– Ich wollte hier arbeiten und nebenbei noch ein bisschen die Wohnung putzen, damit es nicht so dreckig ist, wenn meine Mutter nachher kommt, sagt sie.

Dann werde ich meinen Zug verpassen, denke ich, sage aber nichts, da Judith ab heute Nachmittag eine ganze Woche lang alleine mit ihrer Mutter für die Kinder zuständig ist.

– Milan, geh bitte vor und zieh deine Schuhe an, sage ich.

Ich stehe auf und packe zwei Äpfel und ein Schnuffeltuch in einen Jutebeutel. Es ist 7:57 Uhr. Ich schnappe mir Anouk von ihrem Stuhl, sie hält ihr Brot fest und isst weiter daran herum. Ich gehe mit ihr in den Flur, ziehe ihr die Schuhe an, die wir gestern gekauft haben, sie lässt es heute ohne Protest über sich ergehen.

– Milan, zieh bitte deine blaue Fleecejacke an, sage ich.

Milan spielt mit einem der Feuerwehrautos und reagiert nicht. Ich schlüpfe in meine eigenen Schuhe. Judith versucht, Anouk ihr Kleid überzuziehen, sie hat nur eine helle Wolle-Seide-Leggings und ein fleischfarbenes Wolle-Seide-Shirt an, aber Anouk protestiert, strampelt mit den Armen, wehrt sich nach Leibeskräften.

– Später, später!, sagt sie.

– Dann musst du ihr das Kleid in der Kita anziehen, damit sie nicht den ganzen Tag als Ski-Opa rumläuft, sagt Judith und packt das Kleid in den Jutebeutel.

– Milan, zieh jetzt bitte endlich deinen Fleece an, wir kommen zu spät!, sage ich.

Er schaut genervt auf und nimmt in schlafwandelndem Tempo seine Jacke vom Haken. Als wir die Wohnung verlassen, ist es 8:06 Uhr, alle drei haben wir jetzt Jacken an, die beiden Kinder Mützen und Fahrradhelme. Nach dem Frühstück meine Zähne zu putzen, habe ich aus Zeitmangel auf ein unbestimmtes Später verschoben, was meistens bedeutet, dass ich sie bis zum Abend nicht putze. Judith trägt Anouk auf dem Arm nach unten, Milan läuft voraus. Unten im Hausflur schließe ich erst Milans und dann mein Fahrrad auf, Milan wendet sein Rad in dem engen Flur und schiebt es nach vorne auf die Straße, ich folge ihm. Judith setzt Anouk in den Kindersitz, schnallt sie an, verabschiedet sich von den Kindern. Es ist 8:12 Uhr.

– Ich verpasse meinen Zug, sage ich schlecht gelaunt.

Judith sagt nichts, schaut nur etwas schuldbewusst.

– Bis gleich, sage ich.

Wir fahren los. Milan will Großwagen und Kleinwagen spielen, wir tauschen Polizeifunksprüche aus. An jeder Kreuzung halten wir an der Bordsteinkante an.

– Links, rechts, links, sage ich.

Milan schaut und fährt jedes Mal erst los, wenn die Straße in beide Richtungen drei oder vier Häuserblöcke weit frei ist. Zwischendurch schiebe ich ihn mit einer Hand an seiner Schulter etwas an, damit wir schneller vorankommen. An der Wildenbruchstraße ist so viel Querverkehr, dass ich ungeduldig werde. Als sich eine eher knappe Lücke ergibt, sage ich:

– Jetzt können wir!

Milan protestiert etwas, kommt dann aber nach. Ein schwarzer Passat, der links blinkt, biegt an der Querstraße auf der anderen Seite der Brücke nicht ab und kommt weiter in mittlerem Tempo auf uns zu. Ich halte auf der Straße an, der Passat bremst auf der Brücke und wartet darauf, dass Milan die Straße überquert. Die Situation ist etwas unangenehm, aber nicht wirklich brenzlig, Milan muss anhalten, um sein Vorderrad den Bordstein hochzuwuchten, dann fahren wir weiter. Wir kommen um 8:31 Uhr an der Kita an, Milan ist fünf Minuten später im Gruppenraum, sechs Minuten zu spät, aber Georg, der Erzieher, sagt nichts und schaut nur gnädig. Milan und ich verabschieden uns in der Tür zum Gruppenraum mit einem Kuss, wie jeden Morgen, dann gehe ich mit Anouk zu ihrer Gruppe, ziehe ihr in der Garderobe Helm, Mütze, die beiden Jacken und die Schuhe aus und die Lederschlappen an. Wieder weigert sie sich, das Kleid anzuziehen. Die Mutter von Lilly, die gerade ihrem Kind aus den diversen Klamotten hilft, versucht, mich zu unterstützen.

– So ein schönes Kleid, Anouk!, sagt sie.

Aber Anouk bleibt stur.

– Später, später!, sagt sie.

Sie nimmt Apfel und Schnuffeltuch entgegen, klopft mit dem Apfel gegen die Tür des Gruppenraums, die Tür wird von innen geöffnet, ich verabschiede mich von Anouk, und schon ist sie verschwunden. Ich rase nach Hause, hole den Rollkoffer aus dem Keller, eile nach oben. Zum Packen habe ich noch fünfundzwanzig Minuten Zeit. Ich drucke mein Bahnticket aus, schmeiße fast wahllos Klamotten und möglichst gezielt einige Bücher in den offenen Koffer, packe den Rechner ein, das Netzteil, das Ladegerät für das Mobiltelefon, für die Fahrt drei kleinere Äpfel aus unserem Garten. Als ich fertig bin, realisiere ich, dass genau jetzt mein Bus kommt, der mich zur S-Bahn bringen soll, die zum Südkreuz fährt.

Ich verabschiede mich hastig von Judith, stürze mit dem Rollkoffer und der Laptoptasche aus der Wohnung. Unten auf der Straße fällt mir auf, dass ich das Aufnahmegerät nicht dabeihabe. Ich weiß gerade nicht mehr, ob ich die letzte Datei mit den Gesprächsaufnahmen mit meinem Vater schon vor einigen Wochen heruntergeladen habe oder nicht, und eigentlich möchte ich am Nachmittag meinen Vater weiter interviewen, also haste ich zurück, die Haustür steht noch offen, lasse den Rollkoffer unten im Hausflur stehen, springe die Treppen hoch bis in den dritten Stock, schließe die Wohnung auf, rufe der verwunderten Judith eine Erklärung zu, eile zum Sideboard, stopfe Gerät und Kabel in meine Laptoptasche, renne wieder, zwei Stufen auf einmal nehmend und die letzten vier Stufen jedes Absatzes ganz überspringend, die Treppe runter und weiter bis zur Bushaltestelle. Zum Glück kommt relativ bald der nächste Bus. Zwei Haltestellen später steige ich aus, renne mit dem Koffer im Schlepptau über die Straße, stürze die Treppen hoch auf das Ringbahn-Gleis, als gerade die richtige Bahn einfährt, die heute Morgen wegen einer Weichenstörung jedoch an der Hermannstraße ihre Fahrt beendet. Als ich am Südkreuz ankomme, hat der ICE vor einer Minute den Bahnhof verlassen.

Vor dem Fenster der Baum, die Blätter des Ahorns werden von der tiefstehenden Sonne angestrahlt, ein warmes Licht liegt auf seiner Krone, beleuchtet die Blätter, die graugrünen Flechten auf der Aststruktur. Unten auf der Thielenbrücke stehen Paare und kleine Gruppen, sie machen Fotos von der über dem Landwehrkanal untergehenden Sonne, das sich leicht kräuselnde Wasser des Kanals ist mit Gelb- und Orangetönen bedeckt, so dass man das Schwarz des Wassers nicht erkennen kann, Schlamm und hinabgesunkenen Müll am Grund, ein halb verrostetes Fahrrad, einen gefluteten Röhrenfernseher, Glasflaschen, rottendes Holz.

Wenn ich mir das Innere meines Körpers vorstelle, denke ich an die Farbe Rot, Blutrot, das Violettrot der Leber, das Graurot von Darmschlingen. Aber natürlich ist es in meinem Körper fast überall dunkel, dunkel wie das Wasser der Ostsee bei Nacht, tangdunkel, miesmuschelschalenschwarz, das Innere von geborstenen Feuersteinknollen. Aus diesem Dunkel einige Bilder:

eine geteerte Einfahrt in Form eines Halbkreises, dahinter hell gestrichenes Holz, es muss das Haus gegenüber sein, ein sonniger Tag, in der Mitte des Halbrunds ein Beet, in dem mohnrote Blumen blühen, auf der Einfahrt steht mit dem Heck zur Straße ein hellblauer Kombi, meine Mutter hebt mich hoch, durch die Heckscheibe kann ich sehen, dass in dem Auto eine Handvoll Katzen ist, eine schwarz-weiße Katze hält sich mit eng zusammengestellten Füßen auf dem schmalen Polster der Rückbank, eine weiß-braun gescheckte Katze döst auf dem Beifahrersitz, eine getigerte Katze springt zwischen den Vordersitzen hindurch auf das Armaturenbrett, im Kofferraum spielen zwei junge Katzen miteinander, beide halb auf der Seite liegend, sie betatzen sich mit eingezogenen Krallen, ihre hellen Bauchfelle pulsieren

ich stehe vor unserer Nachbarin, Mary, sie ist sehr schlank und sehr groß, etwas älter als meine Mutter, ich schaue zu ihr hoch, lächle sie an, sage: *Cookie, cookie*, sie zieht bedauernd die Augenbrauen hoch, hebt die Arme und sagt sehr langsam und deutlich: *All … gone*

mein Vater trägt mich als Zweijährigen über die Holzwege auf Fire Island, ich habe eine ausgeblichene Kapuzenjacke mit gesteppten Ärmeln an, er hält mich hoch, fast auf Schulterhöhe, ich blicke etwas verkniffen in die Kamera, die Sonne oder den Seewind in den Augen, mein Vater hält dieses achte Kind, das ich bin, wie einen Pokal oder eine

Trophäe ins Bild, er hat noch dunkle Haare, wenngleich
schon eine Halbglatze, eine, wie ich heute finde, entfernt
an den älteren Arnold Schönberg erinnernde Frisur und Schä-
delform. Ob dieses Foto von meinem Vater und mir noch
existiert oder jemals existiert hat, weiß ich nicht

ich gebe *Bellport Browns Lane NY* in die Suchmaske ein,
zoome an den unteren Straßenabschnitt nahe der Bellport
Bay und der kleinen Marina heran, schalte auf Satellitenansicht und überlege, welches der Häuser es gewesen sein
könnte, das meine Eltern ein Jahr lang gemietet hatten
1981 / 82, ich kann ein Wohnhaus ausmachen, das einen
Widow's Walk zu haben scheint, eine Art Dachterrasse für
Kapitänswitwen, die nach ihren Männern auf See Ausschau
halten, vermutlich ist der Widow's Walk um 1920, als die
Häuser dort gebaut werden, bereits ein nostalgisches, eher
ornamentales Architekturrelikt, ein Zitat älterer Bauten, das
zu dieser Zeit schon seine ursprüngliche Funktion einge-
büßt hat, wenn denn Widow's Walks jenseits von Erzählungen überhaupt jemals diese Funktion erfüllt haben. Ich
schalte auf die Street-View-Funktion um, ja, es ist das richtige Haus, das ich von Fotografien und zwei späteren kurzen
Besuchen 1986 und 1993 kenne, ich schalte zurück auf
Satellitenansicht, zoome wieder heraus und schaue mir aus
der Satellitenperspektive die gegenüberliegenden Häuser an,
keines hat eine halbkreisrunde Einfahrt. Das Bild von den
Katzen im hellblauen Kombi habe ich nur geträumt. Oder
die Einfahrt wurde in den letzten fünfunddreißig Jahren
abgerissen und eine neue, weniger raumgreifende gebaut.
Als ich weiter rauszoome, sehe ich in der Querstraße, an der
Shore Road, exakt die halbkreisrunde Einfahrt, kurz vor der
Abzweigung zu den Bootsstegen, ein Weg, den wir oft auf
Spaziergängen genommen haben dürften, dahinter ist ein

leeres Grundstück, zu erkennen ist nur ein heller Fleck im
Rasen, als hätte hier ein Haus gestanden, das erst vor Kur-
zem abgerissen wurde

Fire Island hat in den Jahren nach 1982 einen fast
magischen Klang in unserer Familie, die Erinnerungen an
die Dünenlandschaft der Barriereinsel mit ihrem feinen,
saubergewaschenen Sand, handflächengroße Trogmuscheln
im Spülsaum, 1986 dann ein toter, vielleicht drei Meter
langer Weißer Hai, um das Tier eine Gruppe Schaulusti-
ger, Kinder und Jugendliche, einige versuchen vergeblich,
sich einen der Zähne aus dem Maul zu brechen, beein-
druckend hohe, beinahe olivfarbene Atlantikwellen, oder
ist die erinnerte Farbe des Wassers vor allem durch die

Kodak-Color-Skala der Abzüge der Farbfotos aus den frühen Achtzigerjahren geprägt, natürlich ist die Farbe je nach Wetter, Jahres- und Tageszeit denkbar unterschiedlich, in meiner Erinnerung haben die vier Meere meiner Kindheit je nur eine und jeweils eine andere Grundfarbe, die Ostsee ist immer tangschwarz unter einem Mantel von Grau oder Blau, die Nordsee ist graugrün, das Mittelmeer azurblau und klar, der Atlantik vor Fire Island olivfarben, aufgewühlt und etwas trübe. Auf Fire Island stehen, am Ostrand des westlichsten Landes der Welt, und über den offenen Atlantik zurückblicken nach Europa, das man für eine überschaubare Zeit hinter sich lässt – ein Jahr lang dürfen wir uns als Emigranten fühlen, wie so viele Europäer vor uns in den USA. Christopher Isherwood, so heißt es, begründet 1939 auf Fire Island fünfzehn Kilometer westlich von Smith Point, wo meine Familie und ich immer baden gehen, in Cherry Grove eine schwule Strandcommunity, im selben Jahr, in dem er *Goodbye to Berlin* veröffentlicht, und nur sechs Jahre nachdem er Berlin verlassen muss, nichts, was meine Eltern damals auch nur ahnen, sie würden schwule Strandcommunitys natürlich ablehnen, aber sie wissen um die zahlreichen Emigranten, die vierzig oder fünfundvierzig Jahre zuvor in die Vereinigten Staaten gelangt sind, kennen die bekannteren unter ihnen, Thomas Mann, Bertolt Brecht, wenngleich sie auch innerlich nie eine direkte Linie von diesen Intellektuellen zu den eigenen kleinen Schicksalen ziehen würden, und anders als diese Geflüchteten im Exil sind sie freiwillig hierhergekommen und eben nicht geflohen, ohnehin ist in Bezug auf Amerika das Gefühl viel stärker, an der Westbindung der Bundesrepublik gewissermaßen mitzuarbeiten, immer wieder ist von den *Bunsen-* und *Natotagungen* die Rede, an denen mein Vater als Chemiker teilnimmt, Anfang der Neunzigerjahre organisiert er an seiner Universität selbst

solch eine Bunsentagung. Unser Außenseiter- und Emigran-
ten-auf-Zeit-Status hier in den USA erscheint uns als eine
Art Auszeichnung, ein Privileg, anders als in Flensburg, wo
wir fast immer uneingestandene Außenseiter sind, Sonderlinge, die Familie mit acht Kindern, alle Kinder mit *relativ
guten Leistungen in der Schule*, wie mein Vater sagen würde,
vor allem in naturwissenschaftlichen Fächern, woraus wir
alle ein nerdiges Selbstbewusstsein in unterschiedlichen
Schattierungen ziehen, wiederum angespornt von unserem
Vater, der keine Gelegenheit auslässt zu betonen, wie stolz
er auf die guten Noten, die Intelligenz seiner Kinder sei, alle
acht relativ unsportlich, ungelenk, keiner von uns kann mit
einem Ball einen sauberen Pass spielen, wir tragen selbstge-
strickte oder von den älteren Geschwistern durchgereichte,
immer etwas unzeitgemäße Kleidung, manchmal etwas
kratziger, als uns lieb ist, manchmal zu große Teile, noch
bevor Anfang der Neunzigerjahre *Baggypants* und übergroße
T-Shirts angesagt sind. Wir acht Kinder sprechen ein gepfleg-
tes, beinahe schon elitär-gesuchtes Hochdeutsch ohne
Regionalismen, unsere Beliebtheit vor allem in der Oberstufe
ist antiproportional zu unseren Noten, aber hier in Bellport
sind wir gut integriert, alle lernen sehr schnell Englisch, wir
singen englische Lieder, den Kanon *I Like the Flowers*, der
sich mit Fire Island bei den finalen Zeilen direkt zu verbinden scheint: *I like the fireside, / when the light is low*, die
Insel ist in meiner Vorstellung von einem riesigen Lagerfeuer
überzogen, ein Bild der Wärme, des Ekstatischen, Freizeit,
Urlaub, Euphorie, durch diese Flammen kann man hin-
durchschreiten, sie umgeben einen, teilen hier den Raum
mit dem eigenen Körper, ohne dass sie einen verzehren, eine
Art Doppelbelichtung der Erinnerung, der Name dieser Insel
könnte also nicht passender sein. Jahre später denke ich,
dass sich *Fire* natürlich auf das Leuchtfeuer bezieht, das hier

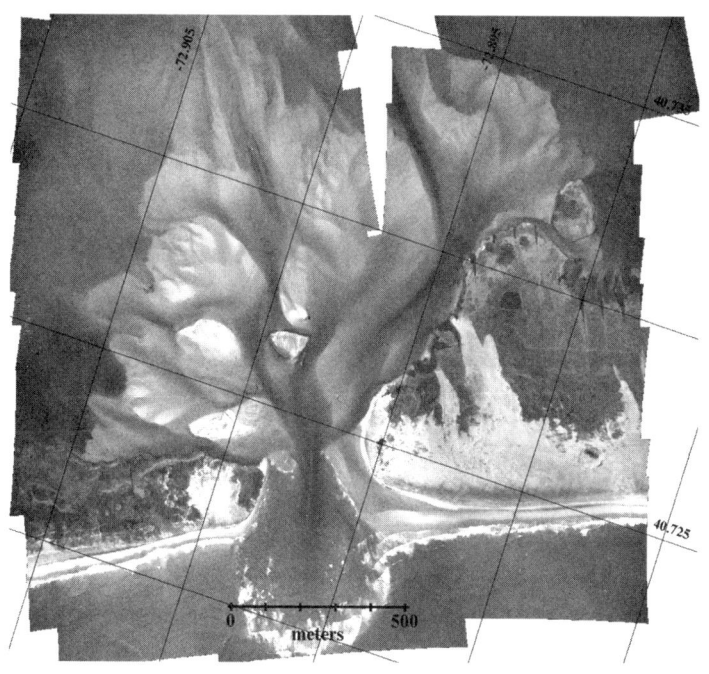

schon Anfang des neunzehnten Jahrhunderts gebaut wird, um Schiffe sicher nach New York zu leiten, aber jetzt finde ich im Internet heraus, dass es keine eindeutige Erklärung zum Ursprung des Inselnamens gibt; vielleicht, so besagt eine Hypothese, bezieht er sich auf die hier im achtzehnten Jahrhundert gängige Praxis, nachts Feuer zu entzünden, um Schiffe auf die Sandbänke zu locken und anschließend zu plündern. 2013 sehe ich im Netz Bilder von den Verwüstungen durch Hurrikan Sandy in New Jersey, und unvermittelt suche ich nach Meldungen, die etwas zum Schicksal von Fire Island mitteilen, tatsächlich finde ich einige Blogeinträge von einer Bewohnerin, die Insel ist an drei Stellen überspült, es bilden sich tiefe Rinnen zwischen dem offenen Atlantik und der Great South Bay hinter der Barriereinsel, in

den Monaten danach schüttet man zwei dieser Durchbrüche wieder zu, die dritte, größte Öffnung liegt an einer
Stelle, die vor hundert Jahren schon einmal offen ist, historische Karten verzeichnen den Durchbruch unter dem Namen
Old Inlet, seit 2013 bleibt diese Stelle offen, die Insel teilt
sich, dort, wo wir 1982 entlangspazieren, am Strand baden
gehen, ist jetzt Meer

ein anderes Familienlied, meist irgendwann gegen Ende
der Familienfeste gesungen: *Land der dunklen Wälder/und
kristall'nen Seen*, oder heißt es *Kristallenseen*, ich kann den
Text nur rhythmisiert denken, angepasst auf die Phrasierung:
Land der du-hunklen Wäl-der/und Kris-tallen-seen, das Lied
ist innerhalb der Familie nur oral überliefert, nie sehe ich
den Text gedruckt, anders als die Kirchen-, Weihnachts- oder
Kinderlieder, für die es Bücher oder Textzettel gibt, oder die
Lieder, die ich in den verschiedenen Schulchören singe, für
die wir Textblätter und Noten als Kopien bekommen, außerhalb unserer Familie singt auch niemand dieses Lied, es
taucht auf den Festen auf wie eine Erinnerung, fast wie ein
innerer Drang, aus dem Dunkel hochkommend und dahin
wieder zurücksinkend, meine älteste Schwester, Sigrid, singt
es mit durchgedrücktem Rücken in Hab-Acht-Stellung, mein
Vater ganz ähnlich mit einem heiligen Ernst, meine Mutter
melancholisch und, wie alles, was sie singt, immer etwas
schief – die an sich in Dur gehaltene Melodie erscheint mir
gleichwohl traurig, sozusagen in einem inneren Moll. Der
Text des Liedes steckt voller Überhöhungen und Mythologi-
sierungen der Landschaft, urwüchsig und unberührt, dunkle
Wälder, Seen, Kristall, zugleich ist in dem Lied die Sehnsucht nach Rückkehr der Heimatvertriebenen aufgehoben,
Über weite Felder/lichte Wu-hun-der geh'n, eingemischt ist
auch völkische Landserromantik, *Starke Bauern schreiten/*

hinter Pferd und Pflug, das Gefühl *rassischer* Überlegenheit, wie man zu Zeiten der Entstehung des Liedes gesagt hätte. Wir jüngeren Geschwister müssen bei der dritten Strophe jedes Mal lachen, wenn sich der Text der Zeile *Elche steh'n und lauschen* nähert, die wir zu *Elche steh'n und rauschen* abändern, die auf der Nehrung stehenden Elche, die in die Dünen pissen

ich wache im Dunkeln auf, klettere die Sprossenleiter meines Hochbettes hinunter, gehe durch den unbeleuchteten Flur in das Schlafzimmer meiner Eltern, auf die Seite des Doppelbettes, wo meine Mutter schläft, die riesige damast-weiße Federbettdecke klappt an ihrem langen Arm auf, ich schlüpfe unter die Decke, sie klappt wieder herunter. Kein Murren, kein Zögern, höchstens ein Murmeln im Halbschlaf. Doppelte Erleichterung, wenn meine auf der Seite schlafende Mutter mir zugewandt weiterschläft, leichte Enttäuschung, wenn sie mir den Rücken zudreht, abgewandt, die weite, kühle Fläche ihres Rückens unter dem hellen Nachthemd. Durch den schmalen Streifen zwischen den beiden braun-orange gemusterten Gardinen fällt jedes Mal, wenn ein Auto die Straße vor dem Haus durchfährt, das Licht der Scheinwerfer, wandert als sich verschiebender, erst immer schmaler werdender Balken, dann, nach der Mitte des Zimmers wieder breiter werdend von der einen Wand über die Zimmerdecke zur gegenüberliegenden Wand, immer in entgegengesetztem Verlauf zu dem an- und abschwellenden Rauschen der Fahrzeuge. Wenige Jahre später lassen meine Eltern an allen Fenstern des Hauses aschegraue Rollläden anbringen

ich sitze mit meiner Mutter bei unserem Kinderarzt im vierten Stock der Klinik nördlich des Stadtparks, Herr Daniel hat weißes Haar, Halbglatze, mit seiner näselnden, etwas schnarrenden Stimme fragt er mich, ob ich die Namen meiner Geschwister kenne – Sigrid, Claire, Isabelle, Hans, Ina, die Zwillinge Uta und Franz. Dann fragt er mich, wie alt ich jetzt sei:

– Drei.

Und was ich zum Geburtstag bekommen hätte. Ich sage:

– Eine große Tüte Brezeln.

Herr Daniel bittet mich, etwas zu zeichnen, dann horcht er mich ab, testet mit einem kleinen gummibeschlagenen Hammer meine Reflexe. Er lächelt viel und leicht spöttisch, wendet sich immer wieder mir und dann in einem fließenden Parlando meiner Mutter zu, er hat warme, etwas fleischige Hände. Sie besprechen etwas, was meine Augen betrifft, ich soll noch einmal die Augen weit öffnen und nach links schielen. Das solle am besten ein Augenarzt anschauen

die Erinnerung an die Untersuchung beim Kinderarzt, die Tüte Brezeln löst eine andere Erinnerung aus: Auf dem Teak-Sideboard im Esszimmer liegen meine Geschenke, jene große Tüte Brezeln, eine 200-Gramm-Tafel Marabou-Schokolade, wie wir sie zu jedem Geburtstag bekommen, eine Fähre für die Holzeisenbahn, auf dem Esstisch brennen Kerzen auf einem von meiner Mutter selbstgeleimten, runden Holzbrett mit achtzehn Holzknöpfen darauf, für mich brennen drei über den Kreis verteilte Tannenbaumkerzen und das Lebenslicht in der Mitte, meine Geschwister sitzen um den Tisch, am Stirnende mein Vater, rechts von ihm unsere Mutter, sie sitzt vor der Tür zum Flur und der dahinterliegenden Küche. Der Tisch teilt sich in warme, hellere Zonen und in weniger helle Plätze. Wir Kinder wollen immer neben unserer Mutter sitzen, ein Schutzwall zwischen uns und dem Vater, oder zum großen Fenster zur Straße hin. Wenn man spät zum

U3
4.–6. Lebenswoche

② männlich ✗ / weiblich

③ **Letzte Früherkennungsuntersuchung :** U- [ ] ; noch keine [ ]

④ Damals festgestellter **Verdacht** auf :

(siehe letzte Eintragung unter ⑦ im Untersuchungsheft)

	Kennz.	zwischenzeitlich bestätigt	nicht bestätigt	noch ungeklärt
1.	[ ]	[ ]	[ ]	[ ]
2.	[ ]	[ ]	[ ]	[ ]
3.	[ ]	[ ]	[ ]	[ ]

⑤ **Jetzige Früherkennungsuntersuchung :**

Befund : Erhobene und erfragte Befunde – siehe linke Seite ! – (ohne Berücksichtigung der „Ergänzenden Angaben") **unauffällig** ✗

Nur wenn Befund auffällig, weiter mit ⑥ und ⑦

⑥ **Diagnose(n)**
(siehe Kennziffernkatalog' Faltumschlag vorne)

	Kennziffer	Diese Diagnose(n) erstmals gestellt anläßlich	Behandlung oder Behindertenhilfe eingeleitet	fortgeführt
1.	[ ]	U- [ ]	[ ]	[ ]
2.	[ ]	U- [ ]	[ ]	[ ]
3.	[ ]	U- [ ]	[ ]	[ ]

⑦ **Weitere Diagnostik** veranlaßt wegen **Verdacht** auf :
(siehe Kennziffernkatalog' Faltumschlag vorne)

Kennziffer 1. [ ] [ ] 2. [ ] [ ] 3. [ ] [ ]

* Eintragungen nach dem Kennziffernkatalog sind nur vorzunehmen, sofern die normale körperliche oder geistige Entwicklung des Kindes in besonderem Maße gefährdet ist.

Sonstige Hinweise, ggf. zusammenfassende Diagnose(n), Nebenbefunde :

o. B.
(Bis ein kleiner Nabelbruch)

20.2.80

Datum   Arztstempel/Unterschrift

Bitte Kohlepapier einlegen

Essen kommt, muss man auf der unserer Mutter gegenüberliegenden Seite neben dem Vater sitzen, auf dem ersten oder zweiten dunklen Platz. Gegessen wird immer zu denselben festen Zeiten, morgens vor der Schule um zwanzig nach sieben, im Winter mit heruntergelassenen Rollläden, in den Ferien wie auch an Sonn- und Feiertagen später, eher gegen neun Uhr, mittags essen wir um eins, ohne unseren Vater, in der Tageshelle, die durch das große Fenster hereinfällt, abends um sechs, mit laufendem Radio im Hintergrund wieder in der Wärme der Glühlampen, die aus dem achtarmigen Kugellampenlüster über dem Esstisch herunterstrahlen. Dieses Ich meiner frühen Erinnerungen ist umgeben von einem gleichfalls achtköpfigen Wir, meinen Vater nicht mitgezählt

Ich sitze im Ferienhaus meiner Eltern in D. in Schleswig-Holstein, auf dem Tisch vor mir steht eine Porzellankanne für Tee, ich habe mir darin Sencha aufgegossen. Die Kanne ist streng zylindrisch, weiß, fein vertikal gerippt, Design aus den frühen Sechzigerjahren, ein Einzelstück des umfassenden Rosenthal-Porzellan-Services meiner Eltern, in den Sideboards des Esszimmers in Flensburg stapeln sich etwa zweihundert Teller in vier Größen, kleine flache, große flache, tiefe Teller und extra kleine Dessertteller, dazu ebenfalls vertikal gerippte Kaffee- und Teetassen mit den markant mattschwarzen Untertassen, daneben Zuckerdosen, Milchkännchen, Suppenterrinen, Servierschüsseln und Saucieren. Alles gestaltet von dem finnischen Designer Tapio Wirkkala, der Anfang der Sechzigerjahre für das bundesrepublikanische Vorzeigeunternehmen in Oberfranken dieses Service entwirft, Ausdruck einer bürgerlichen Moderne, eines Kosmopolitismus, der die jüngere Geschichte vergessen machen will – Rosenthal bringt nach der Zwangsarisierung des Betriebes 1937 in den frühen Vierzigerjahren Sonderserien für Staat und Partei heraus, mit Reichsadler samt Hakenkreuzemblem in der Bodenmarke. Hinter der Teekanne geht der Blick weiter durch die Panoramafensterscheibe auf den Balkon, dort steht ein weißer Monoblocstuhl von einem namenlosen Industriedesigner, ein Stuhl von der Sorte, die weltweit zig Millionen Mal so oder artverwandt existiert. Man kann in diesen Stühlen eine entfernte, stapelbare Kunststoffvariante des neuenglischen Adirondack Chair sehen, den globalisierten Siegeszug amerikanischer Formsprachen, katalysiert von einer auf sorglosem Rohstoffverbrauch fußenden Massenproduktion, der Stuhl kostet neu weniger als der Deckel der vor mir stehenden Teekanne. Die vertikalen Plastikrippen der Rückenlehne bilden ein seltsames optisches Spannungsverhältnis zu den Rillen auf der Kanne, die frei stehenden Kunststoffarmlehnen fließen in einer Bewegung von der Rückenlehne zu den Vorderbeinen und korrespondieren mit dem eleganten Bogen des Griffs an der Seite der Kanne. Bei genauerem Hinsehen fallen am Stuhl die rauen, durch die Gussformen verursachten Kanten und hier und da ein leichter Moosbelag ins Auge.

Drei Wochen zuvor bin ich auch schon in D. und besuche mit Milan und Anouk meine Eltern. Meine Mutter ist immer wieder mit den beiden Kindern im Garten, der verrottende, notdürftig gestrichene Sandkasten, ein verbeultes Bobby-Car, ein Plastik-Krocket-Set, mit dem ich auch schon als Kind spiele, die von den Neffen im Vorsommer gebaute Treppe am Hang. Ich führe Interviews mit meinem Vater, er sitzt auf der verblichenen dänischen Siebzigerjahrecouch, ich auf einem der Hanfleinenstühle vor ihm. Zwischen uns auf einem weiteren Stuhl das Aufnahmegerät, das ich leicht nervös auspegele und in eine leere Butterdose stelle, damit die beiden Mikrofone am oberen Ende in seine Richtung zeigen, das Gerät und den Aufnahmevorgang möglichst unscheinbar machen wollend, was natürlich nicht richtig gelingt. Mein Vater sitzt aufrecht da, leicht vorgebeugt, fokussiert, seit Monaten habe ich angekündigt, ihn zu seinem Leben befragen zu wollen, der Ton

29

seiner Stimme, als er zu sprechen beginnt, erinnert mich an die Aufnahmen, die er mit seiner Mutter Ende der Siebzigerjahre macht, mit einem Telefunken-Tonbandgerät, an das ich mich noch aus meinen frühen Kindertagen erinnere, bevor mit einer neuen Stereoanlage ein Kassettenrekorder Einzug hält in das Wohnzimmer meiner Eltern, genau genommen kenne ich diese Tonbandaufnahmen nicht richtig, eigentlich nur aus seiner Nacherzählung, bewusste Dokumente, um Familiengeschichte festzuhalten.

– Es ist Heiligabend, ich sitze mit meiner Mutter am Wohnzimmertisch, am Baum brennen die Kerzen …, sage er da auf der Aufnahme, sagt mein Vater bei einer anderen Gelegenheit.

Auch jetzt fängt er mit dem gleichen, etwas forciert nonchalanten Parlando an zu erzählen, ich komme zunächst kaum dazu, ihm konkrete Fragen zu stellen, so sehr ist er im Erzählfluss, eingangs will ich mir Überblick verschaffen, ihn nach den Stationen seines Lebens befragen, den Orten, an denen er gelebt hat in den vergangenen achtzig Jahren, aber statt eines knappen Gerüsts verästelt sich sein Erzählen sofort. Wir sprechen vier-, fünfmal in halb- oder auch einstündigen Abschnitten, immer wieder unterbrochen von den Kindern, die hereinkommen und eine Süßigkeit wollen, Anouk, die gewickelt werden muss oder auf den Schoß will, Milan, der neugierig fragt, was wir da machen, ob er zuhören dürfe, und dann nach zwei Minuten ein Buch vorgelesen haben will. Wir kommen in den insgesamt rund drei Stunden von 1933, dem Jahr seiner Geburt, bis etwa 1955. Mein Vater erzählt fließend, ausführlich, kontrolliert. Ich lasse ihn sprechen, versuche nur, ihn hier und da auf Persönlicheres zu lenken als die reinen Stationen, die in Anekdoten ausgebreitete Schul- und Lernkarriere. Eigentlich möchte ich wissen, was für Prägungen mein Vater als Kind bekommt, welche Traumata er erfährt, um für das Buchprojekt, an dem ich arbeite, zusammenzutragen, wie ich selbst durch diese Traumata geprägt bin, auch wenn ich ihm das so nicht sage. Zudem ist die Erforschung dieses Herkommens, dieses dunklen inneren Kontinents eines familiären kollektiven Bewusstseins für mich selbst noch Neuland, ich muss mich in diesem Terrain erst noch orientieren, gefühlt halb unter Wasser, ich sammle, symptomatisiere innerlich, noch ohne ganz klares Ziel. Die Gespräche scheinen mir für mein Schreibprojekt bis hierhin wenig ergiebig, jenseits meines eher allgemeinen, natürlich bei mir auch vorhandenen, ungerichteten Interesses am Leben meines Vaters. Fast nie, fällt mir auf, erzählt er von Emotionen, fast nie so, dass man tatsächlich mitfühlen könnte, alles bleibt sachlich, durchzogen von kleinen Erfolgsgeschichten, von Aufstiegs- und Bildungsstolz, von Abbildern seiner früheren Tüchtigkeit. Über seine Mutter, seine Schwester, seinen Vater erfahre ich fast nichts. Ich notiere mir Stichwörter zu einigen Punkten, zu denen ich weiter gehende Fragen habe. Die Dreißigerjahre, der Krieg, die Zeiten, die mich vordringlich interessieren, kommen insgesamt sehr kurz, trotzdem will ich erst mal eine entspannte Gesprächsatmosphäre, einen ruhigen Erzählraum entstehen lassen. Hinter seinem Rücken der sich mit dem Licht verändernde See, die kahlen Vorfrühlingsbäume, wilde Kirsche, Esche, ein Apfel- und ein verschossener Walnussbaum am Hang, unten im Bruchstreifen vor dem See Schwarzerlen und Efeu. Ich frage ihn nach Freizeitbeschäftigungen, um von den ewigen Beschreibungen der Schulverhältnisse wegzukommen, nach Mädchengeschichten; Chorsingen, Lesen in der Bibliothek, Turnen, Tischtennisverein, Schachklub, Tanzkurse, die er und zwei seiner Freunde kostenlos besuchen dürfen, weil sich bei den Kursen viel mehr Mädchen als Jungen anmelden.

Hinter dem Plastikstuhl und dem Balkongeländer lassen die Wildkirschen ihre Blätter schon teilweise hängen, sie beginnen, sich einzurollen, so dass man die graurosa Blattunterseiten, die verfärbten Blattriste sehen kann und hier und da einzelne gelborange oder purpurfarbene, abgestorbene Blätter. Weiter unten die Schwarzerlen, das Vertikalmuster der astlosen Stämme wie handgezeichnete Striche vor dem bleifarbenen See. Ein Nachbar hackt Holz. Gedämpfte Geräusche wiederkehrender, immer leicht arhythmischer Schläge, von kurzen Pausen unterbrochen, in denen ein neuer Kloben auf den Hackklotz gehievt wird. Alle Stunde das Sirren der Motorsäge, ein wie vergrößertes, polyphones Hornissensummen, dem man zwischendrin das zubeißende Durchfräsen des Materials anhört.

Ende der Achtzigerjahre lassen sich meine Eltern einen gusseisernen Kaminofen ins Wohnzimmer ihres Ferienhauses bauen. In den Jahren danach fällt mein Vater gemeinsam mit meiner Mutter, meiner Schwester Uta oder meinem Bruder Hans einige Bäume auf dem Grundstück, um sie zu Feuerholz zu verarbeiten. Zwei ausgewachsene Eichen, zwei dickere Eschen, eine Wildkirsche. Die vordere der beiden Eichen fällen wir an einem Spätsommertag. Meine Mutter ist eigentlich dagegen, meine Schwester Ina allemal, aber mein Vater sagt, der Baum nehme die Sicht auf den See, verschatte das obere Grundstück, vor allem sei er krank, wenn er bei einem Sturm umfiele, könnte er auf das Haus stürzen. Er borgt sich eine Trummsäge von unserem Nachbarn aus, das handbreite Sägeblatt ist länger als mein damals zwölfjähriger Körper und endet in hölzernen, jeweils mit zwei Händen zu umgreifenden Holmen. Aus Protest gegen die Baumfällung verfolge ich das Geschehen aus einer Art Versteck in der Krone des Klarapfelbaums. Mein Vater erklärt Uta, dass sie zunächst mit unserer kleineren, abgestoßenen Bügelsäge einen Keil aus dem Stamm schneiden soll.

– In diese Richtung fällt der Baum dann, sagt mein Vater.

Nach einer Weile hat die Säge kaum noch Platz für die Säge-bewegung, weil der Stamm einen zu großen Durchmesser hat, daraufhin setzen mein Vater und meine Schwester die Trumm-säge an, ziehen sie vor und zurück, vorsichtig zunächst.

– Nicht schieben!, ruft mein Vater.

Sie kommen in einen Rhythmus, aber der Baum neigt sich leicht, klemmt das Blatt ein, sie ziehen die Säge aus dem Spalt. Ich bin von dem Apfelbaum hinuntergestiegen und schaue durch die Ruten der Johannisbeerbüsche weiter zu. Um einen zweiten Schnitt für den Keil herauszusägen, nimmt mein Vater wieder die Bügelsäge, ein jetzt spielzeughaft klein erscheinen-des Werkzeug, und setzt ein Stück über dem ersten Schnitt einen weiteren schräg nach unten an. Schließlich können sie den Keil herausziehen.

– Jetzt kämpft er noch, sagt mein Vater trocken.

Er dreht sich zu mir um, ich stehe noch immer in stummem Protest in den Büschen, er fragt mich, ob ich nicht mithelfen wolle. Ich komme aus den Johannisbeeren, widerwillig, neu-gierig, ein bisschen stolz.

– Jetzt den Fällschnitt, sagt mein Vater. Ihr fangt an, hier.

Er markiert mit der Bügelsäge eine Stelle gegenüber dem Keil, zwei Zentimeter unter dem Grundschnitt. Meine Schwes-ter und ich sägen, das Blatt zieht Späne aus dem Spalt.

– Immer bisschen Gegenspannung, sagt Uta, sonst wellt das Blatt.

Wir wechseln uns ab, damit unsere Arme und Schultern nicht ermüden. Als der Schnitt ungefähr drei Handbreit tief ist, ächzt die Eiche.

– Jetzt kommt er jeden Moment, sagt mein Vater.

Nichts passiert. Uta und er sägen weiter.

– Gegenspannung, ruft er.

– Mach ich ja, sagt Uta.

Mein Vater zieht die Säge mit aller Kraft durch das widerständige Material, wieder klemmt das Blatt, das Gesicht meines Vaters verzerrt sich, aufeinandergebissene Kiefer, gebleckte Zähne, die Brauen hochgezogen, Augen- und Stirnpartie liegen sekundenweise in Falten, er zieht die Luft scharf ein, ein Gesichtsausdruck, den er auch bei seinen unkontrollierten Wutanfällen hat, wenn er sich über etwas ärgert, etwa wenn die Kollegen aus der Organik und der Anorganik mit den operettenhaften Namen Pein, Schitthelm und Buanelli ihn aufregen, weil sie wieder einmal gegen ihn paktieren, oder wenn er einen Artikel im SPIEGEL liest, der ihm nicht passt, dem SPIEGEL, den er jeweils montags kauft und jeden Dienstag nach einer festen Abmachung an den Kollegen Schickl weiterverkauft, um das rote Magazin möglichst nicht zu unterstützen, oder, was ähnlich oft vorkommt, einen Artikel in der FAZ, etwa wenn die Regierung Kohl wieder einmal die Sozialausgaben oder die Rente erhöht, wenn die Grünen, die Atomgegner, einen Vorstoß wagen, die chemische Industrie in Misskredit ziehen, sich jemand für die *Gastarbeiter* engagiert oder sich für die Anerkennung der Oder-Neiße-Linie ausspricht, oft schüttelt er das Blatt, wie um die Buchstaben in eine andere, passendere Reihenfolge zu bringen, schlägt mit dem Handrücken gegen das Papier, faltet die Zeitung klein, auf ein Viertel, ein Achtel, ein Sechzehntel der Blattgröße, wirft das gestauchte Papier auf den Telefontisch, springt vom Sofa auf, schreitet hastig im Wohnzimmer auf und ab, rückt die schweren Sessel, die Esszimmerstühle zentimeterweise vor oder zurück, während sein Gesicht im Moment des Verrückens von dieser raubtierhaften Mimik durchzogen wird.

– Papa, es gibt Essen!, sage ich dann.

Er atmet kurz aus.

– So, ich komme, antwortet er.

Und innerhalb von einer Sekunde ist diese Wutmaske abgelegt. Nicht so, wenn seine Wut unserer Mutter oder einem von uns Kindern gilt, dann halten wir uns lieber fern von ihm, weil sich seine Aggression in diesen Phasen jäh an uns entladen kann. Untereinander, aber auch gegenüber meiner Mutter bezeichnen wir Kinder diese Wutanfälle als *Schafe schlachten*, um das drohende oder heraufziehende Übel unauffällig benennen zu können:

– Nicht, dass dann wieder Schafe geschlachtet werden.

– Vorhin wurden deshalb wieder Schafe geschlachtet.

Eine Formel, die auf keine anekdotische Entstehung zurückgeht, sondern irgendwann einfach von meiner Schwester Uta ins Spiel gebracht wird und hängen bleibt, wahrscheinlich wegen der lautmalerischen Ähnlichkeit zu dem Geräusch der während dieser Wutanfälle durch die zusammengebissenen Zähne eingesogenen Atemluft.

Jetzt haben mein Vater und Uta die Säge wieder halbwegs befreit, sie ziehen sie weiter mit aller Kraft durch, hin und her, hin und her, wieder knackt es.

– Jetzt stirbt er, sagt mein Vater.

Einzelne berstende Geräusche.

– Achtung!, ruft er. Blatt raus!

Der Baum wankt.

– Blatt!, ruft mein Vater und zieht die Säge erst an seiner Seite und dann an der Seite meiner vor Schreck erstarrten Schwester aus dem größer werdenden Spalt.

– Weg!, bellt er.

Alle drei springen wir zwei Schritte zurück, während der Baum, zunächst erstaunlich langsam, dann schneller werdend, unter dem Bersten des Kernholzes und dem sirrenden Peitschen von Zweigen und Blattwerk zu Boden geht. Plötzlich ist es still. Ungewohnte Helle. Jetzt ist er tatsächlich tot, einer dieser Gartenbewohner, der, seit ich denken kann, dort steht und mit mir wächst, er fällt präzise und ausweglos in Keilrichtung, auf den Rasenweg neben dem Haus und stürzt den hinteren Teil des Gartens in Unordnung, die Wege nur mit Mühe passierbar, alles voller Zweige und Büschel von Eichenblättern, die so bodennah sonst nie in dieser Fülle vorkommen, zwei der Johannisbeersträucher sind lädiert, einige der Ruten unter einem größeren Ast umgeknickt, ihre braunrote Rinde abgeschält, so dass das blassgrüne Kambium zum Vorschein kommt.

Manchmal überkommt mich der Drang, mein Gesicht genau in diese Grimasse hineinzulegen, wenn Milan mich zur Weißglut bringt, eine Schraube festgerostet ist und rasch gelöst werden müsste, wenn ich im Netz einem Posting von einem fernen Bekannten begegne, das Positionen der AfD propagiert, und ich mir beim Duschen, beim Aufräumen der Küche, mit den Kindern in der U-Bahn überlege, welche Argumente ich vorbringen möchte, um dem Posting etwas entgegenzusetzen, manchmal fragt mich Anouk dann:
– Was ist los, Papa?
 Oder sie sagt:
– Ganz ruhig, Papa, alles gut!
 Ich erschrecke dann jedes Mal, denke: die Vatergrimasse!, und entspanne meine Gesichtsmuskeln.

 ich bin erstaunt, wie geschickt mein Vater zuschlägt, er spaltet die Stücke meist mit einem einzigen Hieb, dabei fällt die eine Hälfte des Stammstücks vom Hackklotz herunter, die zweite bleibt stehen, damit man sie gleich weiter teilen kann

 Uta und ich stellen uns ebenfalls vor den Hackklotz und schlagen die Axt in einer fließenden Bewegung, weit ausholend, von hinter dem Kopf hinunter bis zum oberen Rand der Stammscheibe. Nach und nach finden wir die richtige

Balance aus Konzentration und Wille. Wenn man unpräzise oder zu schwach schlägt, bleibt die Axt stecken, die man dann mühsam mit Schlägen gegen den Holm wieder heraushauen muss. Wenn man richtig trifft, gleitet die Axt kraftvoll und fast mühelos durch das nasse Holz.

– Chopping firewood, sagt mein Vater unvermittelt.

Wir schauen ihn fragend an.

– Ronald Reagan hat mal gesagt, das sei seine Lieblingsfreizeitbeschäftigung

Ich sitze im Zug und tippe eine Kurznachricht an Judiths Mutter in mein Telefon. Sie ist unterwegs nach Berlin, um die Woche über Judith bei der Kinderbetreuung zu unterstützen.

– Liebe Inge, schreibe ich, wir werden uns heute nicht mehr sehen, ich bin schon unterwegs zu meinen Eltern, um nicht einen ganzen Arbeitstag zu verlieren. Wenn ich zurückkomme, werden wir uns auch nur wenig überschneiden. Ich fände ja gut, wenn wir Gelegenheit hätten, noch mal in Ruhe über alles aus dem Sommer zu reden, damit da nichts Unangenehmes zwischen uns stehen bleibt.

Dann schreibe ich noch, wie sehr ich ihre Hilfe und ihre den Kindern zugewandte Art schätze. Was sich ein wenig wie eine Floskel anhört, stimmt tatsächlich – außer Judith, mir und Judiths Vater Peter und vielleicht noch meiner Mutter hat niemand ein engeres Verhältnis zu unseren Kindern. Inge lässt sich immer ganz auf die Kinder ein, geht mit ihnen schwimmen, kocht bei den Besuchen der Enkel Essen, das ihnen besonders schmeckt. Wenn wir alle vier bei Judiths Eltern zu Besuch sind, huschen die Kinder morgens nach dem Aufwachen zu Inge ins Bett, um mit der Oma zu kuscheln, was Judith und mir die Möglichkeit gibt, noch ein wenig weiterzuschlafen. Milan erkundet stundenlang den wunderschönen Garten der Großeltern, genießt es, in dem Kieshof davor Kettcar zu fahren.

Als er noch jünger ist, besuchen uns Judiths Eltern alle ein bis zwei Monate, nehmen uns viel Betreuungsarbeit ab, gehen mit Milan in den Tierpark oder in Cafés Himbeerkuchen essen. Und auch zu Anouk haben beide Großeltern, aber besonders Inge ein enges Verhältnis. Als Anouk etwa achtzehn Monate alt ist, erfindet Inge das *Meina Beina*-Spiel. Anouk liegt auf dem Wickeltisch, bekommt eine frische Windel angezogen, liegt mit noch offenem Body und ohne Wolle-Seide-Hose da, Inge greift mit ihren Händen nach Anouks Beinen und sagt:

– Meina Beina!

Anouk lacht und greift sich mit ihren Händen an ihre Beine und sagt:

– Meina Beina!

So geht es eine Weile hin und her. *Meina Beina* ist auch jetzt noch, Jahre später, eine Art Familiensprichwort.

Im Sommer bevor ich im Zug die Kurznachricht an Inge schreibe, sind Inge und ich relativ heftig aneinandergeraten: Judith kommt für die Premiere eines Theaterstücks von mir nach Salzburg, die Kinder sind bei Judiths Eltern in Bayern. Judith und ich schauen die Premiere gemeinsam an, die Premierenfeier geht bis vier Uhr nachts, wir setzen uns am folgenden Nachmittag in den Zug nach München. Judith bleibt in München, ich fahre alleine weiter bis nach L., wo mich Inge vom Bahnhof abholt. Anouk wird in der Nacht zuvor krank, übergibt sich am Morgen.

– Aber sie hat sich ganz tapfer gehalten, sagt Inge, und heute viel geschlafen.

Inge kommt mir angespannt vor, ohne dass ich sagen könnte, woher diese Anspannung stammt. Wir biegen mit dem Opel in den kiesbestreuten Hof ein, Milan kommt auf uns zugerannt, ich steige aus dem Auto, er springt mir in die Arme. Wir haben uns die ganze Woche zuvor nicht gesehen, er erzählt mir, wie er am Morgen mit dem Opa ein Puppentheaterstück besucht hat. Anouk kommt in ihrer roten Jacke durch den Garten gestapft, aber dreht sich erst mal beleidigt weg, um mir zu zeigen, dass es nicht in Ordnung ist, dass ich so lange nicht da war. Schließlich darf ich sie doch auf den Arm nehmen, sie sieht noch etwas blass aus. Wir verbringen den Nachmittag zu dritt, gehen die Ziegen am Ende des Dorfes füttern, spielen im Garten. Später essen wir Abendbrot in der Küche, und ich fange an, die beiden ins Bett zu bringen. Milan will seinen Schlafanzug nicht anziehen, ich soll ihm helfen.

– So, jetzt noch die Schlafanzughose, sage ich.

– Müdi, sagt er und kuschelt sich an meine Beine.

Ich helfe ihm aus seiner Jeans und den Strümpfen und reiche ihm die Schlafanzughose.

– Müdi, müdi, sagt er wieder und lässt die Augenlider sinken.

Ich beuge mich vor und ziehe ihm die Schlafanzughose an, er sinkt an Ort und Stelle auf dem Boden zusammen. Ich hole die Zahnbürste aus dem Bad. Milan springt auf, lacht, rennt los, den Flur runter.

– Keine Zähne putzen!, ruft er.

– Doch, Milan, es ist spät!

– Fang mich doch!

Ich laufe ihm hinterher und packe ihn an der Schulter.

– Zähne putzen, bitte.

– Nö.

Milan rennt wieder weg, jetzt kommt Inge dazu, mit der für Anouk warm gemachten Milch.

– Milan, sagt sie, ins Bett, jetzt!

Ich bin ein wenig erstaunt über die Schärfe in ihrer Stimme, obwohl ich selbst natürlich nicht weniger genervt bin. Er rennt weiter ins Wohnzimmer. Als ich bei ihm bin, ist er in ein Richard-Scarry-Bilderbuch vertieft.

– Es ist Schlafenszeit, sage ich.

Ich ziehe ihm das Buch weg, er hält es erst fest und fängt

dann an, auf mich einzuhauen mit seinen kleinen Fäusten. Ich bekomme seine Fäuste zu fassen und halte sie fest.

– Gut, dann gehst du so ins Bett, es sind ja deine Zähne, die dann kaputtgehen!

– Zahnbürste, sagt er in einem jammerigen Ton. Zahnbürste!

– Dafür ist es jetzt zu spät.

Während ich das ausspreche, ist mir bewusst, dass das grundfalsch ist, manipulativ.

– Ich will mit der Oma einschlafen, sagt er.

– Nein, sage ich, ich bringe euch heute ins Bett.

Ich trage ihn in Judiths altes Kinderzimmer, wo Anouk schon liegt und ihre Milch trinkt.

– Zahnbürste, sagt er noch einmal.

– Kannst du das in einem normalen Satz sagen?

– Müdi.

– Dann nicht, sage ich.

– Kann ich bitte die Zahnbürste haben?, sagt er.

Ich reiche sie ihm genervt.

Als beide Kinder eingeschlafen sind, schleiche ich mich aus Judiths Zimmer in die Küche. Inge räumt gerade die Reste des Abendessens weg, wischt den Tisch ab.

– Ich glaube, sagt Inge, wenn ich dir einen Rat geben darf: Du musst einfach früher aussteigen, du darfst dich nicht so einlassen auf diese Machtspielchen.

Ich hasse es, wenn sie mir Ratschläge gibt, wie ich mit den Kindern umgehen soll. Meine Mutter würde so etwas nie tun, mir gegenüber nicht und schon gar nicht gegenüber Judith. Inge ist pensionierte Grundschullehrerin, sie will helfen, und trotzdem finde ich es übergriffig. Vor allem finde ich ihren Umgang mit den Kindern nicht unbedingt gelassener.

– Der Milan, der achtet mich, sagt Inge. Gestern habe ich ihm einen Klaps gegeben. Ich habe beiden ein Schleich-Tier ge-kauft, dem Milan einen Tiger und der Anouk ein Pferd. Der hat ihr das Pferd weggenommen und nicht wieder zurückgegeben, obwohl ich's ihm gesagt hab. Da hab ich ihm einen Klaps, so auf den Hintern. Na, da hat er aufgejault, dann sind wir ins Auto, und dann hat er sich wieder beruhigt, und alles war gut. Heute Morgen hab ich nur gesagt: Milan, du weißt, was sonst passiert! Und da war der sofort ganz still. Der weiß jetzt genau, die Oma lässt nicht alles mit sich machen.

Ich bin geschockt. Für mich ist damit eine Grenze überschritten. Klar macht man dauernd Fehler im Umgang mit Kindern, und natürlich platzt einem mal der Kragen. Gelegentlich kommt es vor, dass ich Milan, wenn er auf mich einschlägt, packe, in sein Zimmer trage und auf sein Bett werfe, immer so, dass er sich nicht wehtut dabei, aber natürlich ist das falsch, sind das Stufen einer Eskalation, bei denen ich hilflos und unsouverän meine körperliche Überlegenheit ausspiele – was meistens überhaupt nicht die Situation entschärft. Früher oder später tut es mir jedes Mal leid, und ich entschuldige mich bei ihm. Ein andermal sind wir unter Zeitdruck und müssen los in die Kita, Milan steht in seiner Jacke und mit dem Fahrradhelm auf dem Treppenabsatz, er macht keinerlei Anstalten, sich zu bewegen, ich haue ihm mit der flachen Hand auf seinen Fahrradhelm, und in der halben Sekunde, bevor das passiert, denke ich mit der gedämpften Vernunft eines Jähzornanfalls, es ist in Ordnung, es ist mehr wie so ein In-die-Hände-Klatschen, ich schlage ja nur auf den Helm. Ich erschrecke über mich selbst, er schaut mich erstaunt an, ich entschuldige mich sofort bei ihm. Noch heute hält er mir das mit einem sehr feinen Gefühl für die Grenzüberschreitung vor:

– Doch, du hast mich schon mal gehauen!

– Aber nur auf den Helm, das ist was anderes.

Ich selbst werde von meiner Mutter dreimal geschlagen in meiner Kindheit, wobei geschlagen zu hart klingt für den Klaps, den es bei Hertie in der Lebensmittelabteilung gibt, aus

Gründen, die ich nicht mehr weiß, nur an ein Mal kann ich mich genauer erinnern, ich bin fünf Jahre alt und will mit Uta und Franz UNO spielen, sie wollen aber unbedingt alleine weiterspielen.

– Gut, dann laufe ich weg!, sage ich.

Die beiden beachten mich nicht, meine Mutter ist in der Küche, ich gehe in den Flur, ziehe meine Schuhe an und verlasse das Haus. Richtung Bootshafen darf ich bis zum steilen Abhang alleine gehen, Richtung Twedter Holz bis zu Hagels, gute Freunde meiner Eltern, genau sechs Häuser weiter. Ich laufe aber, erstaunt, dass mir niemand folgt, immer weiter bis zu Schatts Haus am Ende der Straße, ich habe ja gesagt, dass ich sonst weglaufe, und keiner hat auf mich gehört. Ich biege um die Ecke und bin jetzt außer Sichtweite unseres Hauses, ich bleibe stehen. Nach einigen Minuten kommt Ina auf dem Fahrrad an, entdeckt mich.

– Du musst sofort nach Hause, sagt sie. Mami macht sich Sorgen und ist total wütend!

Wir gehen zurück. Sigrid ist mit dem Fahrrad in Richtung Bootshafen und Fahrensodde losgefahren, um mich zu suchen. Uta lässt uns rein. Ich gehe ins Wohnzimmer, nicht zu meiner Mutter, und fange an, mit der Holzeisenbahn zu spielen. Meine Mutter kommt aus der Küche, mit wutverzerrtem Gesicht, sie sagt nichts, oder sie sagt:

– Das geht nicht!

Sie atmet schnaubend durch die Nase aus, dann beugt sie sich zu mir herunter, legt mich über ihr Knie und haut mir mit der flachen Hand genau fünf Mal auf den Hintern. Sofort fange ich an zu weinen, laufe auf mein Zimmer, werfe mich aufs Bett und vergrabe den Kopf in meinem Kissen. Es tut weh, vor allem aber ist es so ungerecht, weil ich ja gesagt habe, dass ich weglaufe, wenn ich nicht mitspielen darf, aber niemand hat mich beachtet. Außerdem bin ich gar nicht viel weiter weg als bis zu Hagels. Eine Weile später kommt meine Mutter hoch, wir vertragen uns wieder, sie nimmt mich in den Arm, sie sagt, dass sie Angst hatte.

Ich schenke mir ein Glas Rotwein ein. Inge schüttet die Nudeln in den Kompost, die noch von Anouks Abendessen in ihrem Schälchen liegen. Ich möchte Inge sagen, dass das für mich nicht geht, dass da eine Grenze überschritten ist, aber fühle mich zu müde, von der Situation überfordert, außerdem will ich mich dazu mit Judith besprechen. Judith müsste das mit Inge klären, denke ich, schließlich ist es ja ihre Mutter.

Judith kommt am nächsten Tag, ich hole sie alleine vom Bahnhof ab und erzähle ihr im Auto, was passiert ist, sie sieht es genauso wie ich.

— Aber besser besprichst du das mit ihr direkt, sagt Judith, sie hat das ja dir erzählt und nicht mir. Sonst lädt das die Sache so auf.

Milan hat in diesen Tagen immer wieder Wutanfälle und -ausbrüche. Jeden Morgen nach dem Frühstück darf er eine halbe Stunde lang einen Kinderfilm schauen, eine Folge *Augsburger Puppenkiste*, *Die Sendung mit der Maus* oder *Pippi Langstrumpf*. Da er die Folgen inzwischen oft gesehen hat, will er jedoch lieber *Shaun das Schaf* oder *Kleiner Roter Traktor* auf YouTube gucken; leider sind dort die Folgen selten dreißig Minuten lang, oft kürzer, dafür beginnt im Anschluss gleich das nächste Video. Das hat zur Folge, dass wir ihm dann irgendwann sagen müssen, dass seine Filmzeit jetzt vorbei ist, was immer zu Tränen, Protest und oft zu Wutanfällen führt, wobei Milan manchmal anfängt, mit seinen Fäusten auf mich einzuschlagen.

Ich warte auf eine geeignete Gelegenheit, mit Inge das Gespräch zu suchen, schrecke dann aber jedes Mal davor zurück, das Thema anzusprechen. Nach zwei Tagen habe ich mich mit Anouks Brechdurchfall angesteckt und verbringe fast zwei

Tage im Bett. Auch Milan ist einen Tag lang krank, dann ist Judith krank. Eigentlich wollen wir zwei Nächte alleine an den Ammersee fahren und die Kinder für die Zeit bei Inge und Peter lassen. Im Frühsommer ist unser Plan noch, für vier oder fünf Tage zu zweit nach Tel Aviv zu fliegen, nachdem ich eine Woche mit dem Salzburger Theaterprojekt dort war und die Stadt fantastisch finde. Dann ist es uns aber doch zu heikel, unsere noch ziemlich kleinen Kinder so lange bei den Großeltern zu lassen, und wir verschieben diese Reise auf einen späteren Zeitpunkt. Stattdessen buchen wir über Airbnb eine Waldhütte für zwei Nächte, müssen unseren Aufenthalt dort nun aber um eine Nacht verschieben, weil Judith noch krank ist. Schließlich fahren wir los, mit Inges Auto. Wir verbringen Stunden am Ammersee, gehen schwimmen, lesen und dösen im Halbschatten, kochen in der Waldhütte, gehen in die in einer kleinen Nebenhütte untergebrachte Sauna. Am nächsten Tag nach dem Frühstück telefoniert Judith mit Inge und fragt, ob alles in Ordnung sei. Sie erfährt, dass Inge inzwischen krank ist, Peter muss sich um seine im Frühjahr hundert Jahre alt gewordene Mutter kümmern und kann Inge mit den Kindern nur eingeschränkt unter die Arme greifen, wir packen also unser Zeug zusammen, putzen die Hütte und machen uns auf den Rückweg. Als wir wieder bei Judiths Eltern ankommen, ist die Stimmung denkbar angespannt.

Den letzten Abend vor unserer Abreise möchte ich eigentlich nutzen, um mit Inge endlich ein Gespräch zu führen, aber sie liegt im Bett, um sich auszukurieren, und kommt nur einmal in die Küche und kocht sich einen Tee. Am nächsten Morgen geht es ihr wieder besser. Wir packen unsere Sachen, wollen nach dem Kaffeetrinken am frühen Nachmittag aufbrechen, zurück nach Berlin. Die Kinder spielen unten im Garten mit Judith, Inge und ich sind in der Küche, kochen Kaffee, schneiden Kuchen an.

– Eine Sache wollte ich dir unbedingt noch erzählen, sagt Inge. Du musst deinen Kindern weniger erklären und mehr Ansagen machen, wo es langgeht.

– Aha, sage ich.

– Vorgestern hat der Milan zu mir gesagt: Der Papa ist nicht stark.

Sie macht eine Pause.

– Ich glaube, ich kann auf solche Ratschläge verzichten, sage ich.

– Ich wollte nur, dass du das weißt.

– So hast du deine Kinder vielleicht erzogen, ich mache es eben anders.

– Du überforderst sie, sie brauchen Orientierung, sagt Inge.

– Entschuldige, das brauche ich wirklich nicht.

– Gut, ich muss auch gar nichts sagen.

– Wie hättest du dich denn gefühlt, wenn dir deine Schwiegermutter Ratschläge erteilt hätte, wie du mit deinen Kindern umgehen sollst?, frage ich.

– Ich sage gar nichts mehr, sagt Inge. Ich brauche auch die Kinder nicht zu betreuen, das ist gar kein Problem. Der Kaffee ist fertig, sagt sie und nimmt die Kanne vom Herd.

Wir gehen runter in den Garten, ich mit einem Tablett mit Geschirr in den Händen, Inge mit dem Kuchenteller und dem Kaffee. Judith kommt dazu, wir decken den Gartentisch, Judith fragt, ob alles in Ordnung sei. Milan kommt angelaufen, setzt sich auf meinen Schoß.

– Mein Papa, mein Papa, mein Papa, sagt Milan.

Nach dem Kaffeetrinken gehen wir wieder hoch, um unsere Koffer und Taschen zu holen. Als ich kurz mit Judith allein bin, erzähle ich ihr von dem Gespräch mit Inge.

– Sie sagt das nur, weil sie Milan so mag, sagt Judith. Sie hat wie mein Papa diese besondere Beziehung zu ihm.

– Kann sein, trotzdem brauche ich solche Ratschläge nicht.

Wir tragen die Taschen runter und laden sie in die zwei Autos. Wir schnallen die Kinder auf ihren Sitzen in Inges Auto an, dann steige ich in Peters Auto ein. Judith fährt Inges Auto, Inge sitzt neben ihr auf dem Beifahrersitz. Wir fahren hintereinander her bis zum Hauptbahnhof. Als wir auf dem Parkplatz aussteigen, wischt sich Inge unauffällig Tränen aus dem Gesicht. Wir kaufen in der Bahnhofsbäckerei noch Brezeln, bugsieren die Kinder weiter bis zum Gleis. Ich verabschiede mich mit einer kurzen Umarmung von Peter, Inge und ich geben uns flüchtig die Hand, dann steigen Judith, die Kinder und ich in den ICE nach Berlin. Wir finden unsere reservierten Plätze an einem Tisch, verstauen das Gepäck, ich frage Judith, was passiert sei.

– Später, sagt sie. Wenn die Kinder schlafen.

Wir lesen ihnen vor, spielen mit Milan mehrere Runden UNO, während Anouk etwas malt, laufen durch den Zug. Am Abend kommen wir in Berlin Südkreuz an, steigen um in die S-Bahn und fahren bis zu der Station in der Nähe unseres Hauses, in das wir vor einem halben Jahr eingezogen sind. Nach dem Abendessen bringen wir die Kinder ins Bett, gießen die Blumen und den Garten, waschen zwei Maschinen Wäsche, zwischendurch telefoniert Judith länger mit ihrem Vater, Zeit, um in Ruhe über meinen Konflikt mit Inge zu sprechen, haben wir nicht.

Am nächsten Tag wollen wir in die zweite Hälfte der Ferien starten. Wir frühstücken, schmieren Butterbrote für die Fahrt, wässern noch mal den Garten, drucken eine Wegbeschreibung aus, bringen die Mülltüten raus, suchen eine Reihe Kinderhörspiele zusammen, laden das Gepäck ins Auto, verabschieden uns von unseren Nachbarn, die sich bereit erklärt haben, Zimmerpflanzen und Garten zu gießen, und fahren los. Unser erstes Ziel ist das Ferienhaus meiner Eltern in D. in Schleswig-Holstein. Während der Fahrt hören wir eine Reihe Kinderhörspiele, Judith und ich wechseln uns hinter dem Steuer ab.

Kurz nach dem Abzweig Wittstock/Dosse schläft erst Anouk, dann Milan ein.

– Was war denn gestern im Auto mit deiner Mutter los?, frage ich Judith.

– Wir haben über euer Gespräch geredet. Sie findet es verletzend, als Schwiegermutter bezeichnet zu werden.

– Aber sie ist doch genau das! Wir sind doch sogar tatsächlich verheiratet seit diesem Sommer.

– Mein Vater findet auch, dass das eine abwertende Bezeichnung ist.

– Wie soll ich sie denn dann nennen?

– Vielleicht *die Mutter deiner Partnerin oder deines Partners*.

– Wirklich?

Draußen rauscht die norddeutsche Tiefebene vorbei, die Sonne scheint, wir fahren weiter auf dem endlosen grauen Band.

– Noch was anderes, sagt Judith. Mein Vater meinte gestern Abend auch, dass er sich Sorgen mache wegen Milan. Er findet, wir gehen falsch mit ihm um. Er hat darüber mit meiner Mutter gesprochen, und sie sind sich da einig.

– Worüber macht er sich Sorgen?

– Er findet, wir erklären Milan zu viel. Statt zu entscheiden und zu kommunizieren, so ist das, Ende der Debatte, erklären wir dauernd, warum wir uns wie verhalten.

– Ich finde das ja gut, sage ich. Ich finde diesen Basta-Erziehungsstil total problematisch.

– Er findet, das überfordert Milan. Er hat beobachtet, dass Milan damit nicht umgehen kann und dann aggressiv wird. Weil du natürlich immer besser argumentieren kannst als ein Sechsjähriger. Und Milan kann aus diesem Argumentationsgebäude nicht heraus, er ist davon dann umstellt und hilflos. Meine Mutter sieht das genauso.

– Und daran bin ich schuld, oder wie?, frage ich.

– Mein Vater findet, dass wir beide diese Tendenz haben, aber dass das bei dir viel ausgeprägter ist. Ich glaube, ich verstehe auch, was er meint.

– Weißt du, ich habe wirklich keine Lust, von Peter so bewertet zu werden. Von mir aus kann er diese Beobachtungen für sich behalten.

– Er ist da regelrecht alarmiert. Er meinte, wir haben gar nicht mehr viel Zeit, in vier oder fünf Jahren, wenn Milan anfängt, in die Pubertät zu kommen, dann kommt man eh nicht mehr an ihn ran. Wir müssen jetzt unsere Beziehung zu ihm verbessern, sonst ist es zu spät. Und es geht ihm nicht um Kritik, sondern um Milan, den er so mag.

– Yeah! *Supernanny to the rescue!* Der Pädagoge kommt und erklärt allen mal kurz, wie es zu laufen hat. Irgendwas daran finde ich total selbstbezogen und eitel.

– Aber er meint das als Angebot, als Impuls!

– Kannst du ihm bitte sagen, dass wir auf diese Hilfe verzichten können?

– Das ist mein Vater, sagt Judith. Ich will mir das anhören. Und vielleicht hat er ja auch recht.

– Herrlich, wie sich da so die Familie aufbaut und mit dem Finger auf mich zeigt. Und wenn ich dich bitte, zu mir zu halten, dann beziehst du keine klare Stellung.

– Ich will mich da nicht zwischen euch entscheiden müssen! Ich finde, wir können einfach schauen, was wir davon annehmen wollen.

Von hinten kommt ein murrendes Geräusch, im Rückspiegel kann ich sehen, wie Milan sich mit der Hand durchs Gesicht fährt und die Augen öffnet.

Gestern Abend unterbreche ich die Arbeit an meinem Schreibprojekt, packe meinen Laptop ein, und anders als sonst öffne ich nicht noch schnell die App von ZEIT ONLINE, sondern verlasse gleich die Arbeitswohnung, fahre nach Hause und gehe schlafen. Mein Handywecker klingelt um 6:20 Uhr, ich stehe auf, gehe runter in die Küche, drehe die Heizung auf, schalte den Wasserkocher ein, schneide von dem Roggenbrot vier Scheiben für die Schulbrote der Kinder herunter. Dann gehe ich wieder nach oben, wecke die Kinder, trage Anouk runter in die Küche, lege eine Wolldecke über ihre Schultern, die sie sofort vorne zusammenhält, ziehe ihr Socken und Hausschuhe an. Judith schmiert die Brote und stellt Anouk einen Becher Wasser hin. Ich gehe wieder ins Bad, lege mein Handtuch bereit, starte auf meinem Telefon die DLF-Audiothek-App und wähle den Deutschlandfunk-Livestream aus. Ich dusche kurz kalt und dann heiß. Nach der Morgenandacht wird ein Gespräch mit dem Sicherheitskorrespondenten angekündigt, um die neuesten Erkenntnisse zusammenzufassen. In der Nacht zuvor eröffnet ein bewaffneter Mann in Hanau in einer Bar das Feuer auf die Besucher, schießt dann in einer Shishabar um sich, später am Abend werden er und seine Mutter tot in der Wohnung seiner Eltern aufgefunden. Ich trockne mich ab, mache den Livestream wieder aus, ziehe mich an. Nach dem Frühstück bringe ich die Kinder mit dem Lastenrad zur Schule, verabschiede Milan auf dem Schulhof, bringe Anouk in ihre Klasse, warte, bis sie ihre Jacke und ihre Wollhose auszieht, in ihre Hausschuhe schlüpft. Ich fahre wieder nach Hause, öffne meinen Laptop und fange an, Artikel über die Vorfälle in Hanau zu lesen. ZEIT ONLINE hat erst wenige Texte dazu veröffentlicht, auch der Liveticker, der um sechs Uhr früh gestartet wurde, hat bis jetzt nur eine Handvoll Einträge. Im Laufe des Tages verdichten sich die Anzeichen, dass es sich um eine rechtsterroristische Tat handelt. Später kommt heraus, dass sich der Täter im Internet in Foren mit Gleichgesinnten radikalisiert und ein Pamphlet mit rassistischen und auch misogynen Aussagen hinterlassen hat. Neben seiner Mutter und sich selbst ermordet er genauso viele Menschen wie der NSU, nur dass alles an einem Abend stattfindet. Nach dem Mord an Walter Lübcke und dem Anschlag in Halle ist es der dritte rechtsterroristische Akt innerhalb weniger Monate.

Als ich in Flensburg ankomme, nehme ich den Bus der Linie 1 über Munketoft zum Südermarkt und dann die Linie 7 bis nach Hause, die in den Erzählungen der älteren Nachbarn die Straßenbahnlinie 3 ist. Mit der Linie 7 fahre ich mit meiner Mutter unzählige Male *in die Stadt*, so die Sprachregelung, als lebten wir auf dem Dorf; bis ich fünf Jahre alt bin, fahren wir einmal wöchentlich, meistens donnerstags, sie macht Besorgungen in den kleineren Geschäften der Fußgängerzone, kauft Tintenpatronen für die älteren Schulkinder oder Bücher, bei Hertie, dem späteren Karstadt, das im Herbst 2020 seine Tore endgültig schließt, stehen wir an der Käse-, der Fischtheke an, die Fischtheke bei Hertie hat ein eigenes Aquarium mit lebenden Forellen, der grauhaarige, weiß bekittelte Verkäufer mit der glänzenden Halbglatze holt die Fische mit einem Kescher aus dem Tank und versetzt den ruckartig zappelnden Leibern mit einem Rundholz einen Schlag in den Nacken, manchmal zucken die Fische auf dem Weg zur Kasse noch in den weißen Plastiktüten, in denen sie im Stahlkorb des Einkaufswagens liegen. Nach acht Stationen, vorbei an Bohlberg, Blasberg, Seewarte, hält der Bus an der Sportschule. Links durchs Busfenster sehe ich die Erweiterungsbauten der Marineschule. An einem der Gebäude aus den Dreißigerjahren, das immer noch zum eingezäunten Bereich der Schule gehört, prangt ein in grauen Stein gehauener Adler, ein Reichsadler, dem nach 1945 das Hakenkreuz aus dem Kranz in seinen Fängen geschlagen wird und der seitdem als Bundesadler dort weiter hängt. Ich fahre noch eine Station bis Twedter Plack, gehe mit meinem Rollkoffer über die Ampel und biege in den Twedter Strandweg ein, die Straße meiner Kindheit, die Bäume und Häuser kommen mir kleiner vor als in meiner Erinnerung, aber auch kleiner als sonst, wenn meine Eltern Judith, die Kinder und mich vom Bahnhof mit dem Auto abholen, vielleicht, weil ich dann sitzend in die Straße einfahre oder weil ich unbemerkt die Perspektive meiner Kinder einnehme. Das Ehepaar Fehr kommt mir entgegen, Nachbarn, sie sind etwa im gleichen Alter wie meine Eltern, ich grüße sie im Vorübergehen, sie grüßen verhalten zurück, aber erkennen mich anscheinend nicht, Herr Fehr ist schon immer auf einem Auge blind. Kurz danach passiere ich das Haus von Hagels, sechs Häuser vor dem Haus meiner Eltern, mit Hagels und Fehrs treffen wir uns in meiner Kindheit am zweiten Weihnachtsfeiertag zum Singen, Hagels haben zwei, Fehrs drei Söhne, zusammen mit meinen sieben Geschwistern und meinen Eltern ergibt das eine ziemlich große Runde, im Verlauf einiger Stunden singen wir zusammen dreißig oder vierzig Lieder, meine Eltern haben für diesen Zweck extra Textzettel, auf denen alle gängigen Strophen der Lieder notiert sind, ohne Noten, die Melodien kennen ohnehin alle, an bestimmten Stellen variieren wir Kinder die Texte, *Hoch oben schwebt Josef den Engeln was vor* oder *Joy to the world, the school burned down / the teachers are all sick*, dazu Weihnachtskekse, die in anderen Familien *Plätzchen* heißen und die mir, wenn wir bei Fehrs oder Hagels singen, nicht schmecken, später gibt es Punsch für die Erwachsenen und warmen Apfelsaft mit Zimt für die Kinder.

Drei Häuser weiter sammeln ein paar Kinder Eicheln, sie haben einen halben Beutel voll, so wie ich bis zum Alter von zwölf oder dreizehn Jahren zusammen mit Jan Rink und Simon Koch fieberhaft Eicheln sammle, am Wochenende gehen wir morgens schon früh raus, insbesondere nach stürmischen Nächten, um vor den anderen Kindern die Eicheln der Nacht einzusammeln, unsere Wege führen uns bis auf das Gelände der

Marineschule. Die frischen Eicheln haben einen eigenen Zauber, sie riechen nussig, fast scheinen sie essbar, wenn man sie von dem leicht rauen, an Baskenmützen erinnernden Fruchtbecher löst, ihr wie poliertes Glänzen, Brauntöne, manchmal ins Violett spielendes Schwarz, wir lagern eimerweise Eicheln in unseren Kellern, die über die Tage und Wochen hinweg immer dunkler werden und irgendwann anfangen zu schimmeln, Jahr für Jahr gibt es den festen Plan, sie gegen Geld bei einem Tierhof abzugeben, aber nur einmal erbarmt sich der Vater von Jan Rink, mit seinem Auto alle Eicheln tatsächlich dorthin zu fahren, ich bekomme ein paar Münzen in die Hand gedrückt, ein lächerlich kleiner Betrag, vier oder sechs Mark, auch damals ist es für mich nicht viel, trotzdem kommt es uns auch in den Jahren danach so vor, als würde Geld auf der Straße liegen und als bräuchten wir es nur aufzuklauben.

Ich drücke den seit etwa einem Jahr halb defekten, von Franz vor zwanzig Jahren selbst zusammengelöteten und auf ein Stück Teakholz geklebten Klingelknopf. Meine Mutter öffnet mit einem Lächeln die Tür in ihrer zarten, bei jedem meiner Besuche ein wenig zerbrechlicheren Erscheinung, ihre in den letzten Jahren immer stärker vorgezogenen Schultern, die wie Flügel leicht abstehenden Schulterblätter, sie hat die Haare kürzer, trägt ein helles, in die Haare hochgeschobenes Wollstirnband wie auf Fotos aus den Achtzigerjahren, sie sieht dadurch jünger aus als die letzten Male. Wir umarmen uns, aber es ist keine feste Umarmung, nicht so, wie ich meine Geschwister oder gute Freunde umarme, wenn ich sie eine Weile nicht gesehen habe, unsere Körper berühren sich nur an den Schultern, als würde sie, der ich mich so nah fühle wie sonst vielleicht nur Judith und meinen Kindern, immer etwas Abstand wahren wollen oder schon Abschied nehmen, unbewusst markieren, deine Kindheit ist vorbei. Ich bin jedes Mal ein wenig verwundert darüber, obwohl ich diese Art von Umarmungen inzwischen gut kenne, sie klopft mir auf den Rücken, und wie immer ist sie es, die die Umarmung als Erste löst. In meiner Erinnerung sind diese Umarmungen, als ich Kind bin, nicht unbedingt fester, körperlicher, aber vorbehaltloser, ohne dieses markierte Ende, ich darf als jüngstes Kind außerdem immer auf ihrem Schoß sitzen, ihre Nähe suchen, immer ist da diese fast grenzenlose Empathie mit dem Nähebedürfnis und überhaupt dem Fühlen und Wollen der Kinder, ein Zug, den ich noch heute an ihr beobachten kann, wenn sie, weil kein anderes spannendes Spielzeug zur Hand ist, für Milan auf ein gefaltetes Stück Pappe zwei Elefanten malt und ausschneidet, mit einem Stück Wollfaden hinten einen Schwanz annäht, die Tiere auf vier Füße aufstellt und miteinander sprechen lässt. Mein Vater kommt in den Flur mit einem irgendwie gütigen Gesichtsausdruck.

– Hallo Paul, sagt er.

Seine kompakte, immer dünner und kleiner werdende Gestalt, auch er in der Hüfte leicht vorgebeugt, Altersflecken auf der Haut, der Blick nicht mehr so feurig suchend oder dunkel stechend wie früher, aber noch klar, wir umarmen uns kurz, fast förmlich.

– So, sagt er.

Das Essen ist schon vorbereitet, der Tisch bei dem schönen Wetter auf der Veranda gedeckt, es gibt wie immer drei Gänge, eine Lachssuppe mit Kartoffeln und Gemüse, dann Möhren und Kohlrabi, abgedampfte Kartoffeln und kleine Wirsingrouladen aus einer Pfanne, alles wird in Rosenthal-Porzellanschalen serviert, und wir essen von den Tellern desselben Services. Auf dem Tisch steht eine geviertelte Tomate, leicht gesalzen und gepfeffert. Mein Vater fragt mich am Abend zuvor am Telefon, was er für mich einkaufen könne, ich solle ihm eine Liste mailen, aber ich wünsche mir nur wenig, weil ich weiß, dass er bei Lebensmitteln außer bei Käse und Schinken meistens die billigsten Varianten wählt, dafür aber in übertriebenen Mengen, Rucola, Salat, ein paar bessere Tomaten, schreibe ich.

– Ist das eine der Tomaten?

– Ja, sagt mein Vater, die wollen wir mal probieren, die haben jetzt acht Euro das Kilo gekostet, viermal so viel wie die normalen, ich dachte, die kommen dann aus Italien, aber sie sind auch nur aus Holland.

Wir probieren jeder ein Viertel.

– Ich finde sie ganz gut, sage ich.

– Also ich schmecke da keinen großen Unterschied, sagt er.

Mein Vater berichtet von dem achtzigsten Geburtstag eines Studienfreundes, der seit dem Tod seiner Frau an einer Depression leidet und sich seit einiger Zeit nicht mehr bewegen kann.

– Vor vierzehn Monaten, sagt er, hat er uns noch im Auto vom Bahnhof abgeholt, und jetzt braucht er die Pflegerin, um seinen Arm von hier nach hier zu bewegen, um den Schalter seines Rollators zu bedienen. Seine Beine waren ganz dünn, sagt er, meine werden auch immer dünner, aber ich kann meinen Oberschenkel noch nicht mit den Händen umfassen. Ich gehe immerhin noch viel die Treppe hoch und runter, aber auch nicht mehr gerne. Und ich fahre noch Fahrrad, wenigstens manchmal. Vorhin bin ich bis zum Briefkasten gelaufen, um etwas einzuwerfen. Wir gewöhnen uns langsam daran, darüber nachzudenken, wo wir beerdigt werden wollen. Ich dachte jetzt, ich könnte mir eine Urne vorstellen, und vielleicht ist dieser neue Friedhof in D. was, ich muss mir den mal anschauen. Irgendwie finde ich schöner, dort begraben zu werden als in Flensburg, die Landschaft erinnert mich ein bisschen an Ostpreußen.

In D. gibt es zwei Friedhöfe, einen rund um die Kirche und einen alten Gottesacker, der vor etwa einem Jahr umgestaltet wird, gelichtet, der alte Baumbestand fast vollständig entfernt, wenige Grabsteine werden stehen gelassen, ein heller Friedwald, wo man sich ohne Grabstein beisetzen lassen kann, meine Schwester Uta kommt bei unserem letzten Treffen kurz darauf zu sprechen.

– Schrecklich, sagt sie, der alte Friedhof war so ein schöner, fast mystischer Ort.

Weil ich nicht weiß, was ich meinem Vater dazu sagen soll, räume ich die Teller zusammen und bringe sie in die Küche zu meiner Mutter. Ich überlege kurz, ihr gegenüber zu protestieren, *Papa redet von seinem Tod*, weil ich das Thema kaum ertrage, aber auch, weil ich mich frage, ob meine Mutter mit dieser Form der Bestattung und dem Ort einverstanden ist oder ob das wieder einmal eine seiner einsamen Entscheidungen ist, die dann ihn und meine Mutter gleichermaßen betreffen, aber ich halte mich zurück, schließlich ist es sein gutes Recht, zu entscheiden, wie und wo er begraben werden möchte, meine Vorstellungen sind da fehl am Platz. Bald danach packe ich Lebensmittel in die große hellbeige Plastikkiste, in der schon Marmelade, leere Marmeladengläser und die Milchkanne bereitgestellt sind. Dann lade ich alles in das Auto meiner Eltern und fahre los. Weil mir auf der Straße ein Lieferwagen entgegenkommt, schaffe ich es nicht mehr, das Fenster herunterzulassen und zu winken. Ich fahre mit dem seltsam leeren Benz-Kombi über eine fast freie Autobahn nach Süden, dann kurz vor der Hochbrücke über den Nord-Ostsee-Kanal von der Autobahn runter. Als ich in D. ankomme, scheint gerade noch die Sonne. Die Straße führt am Imker und am Töpfer vorbei, an Bauer Mann-Jensen, dem letzten Milchbauern des Dorfes, meine Eltern holen früher immer bei Tathjes Milch, dann bei Rhodes und, als auch Rhodes ihren Hof aufgaben, schließlich bei Mann-Jensens, die inzwischen dabei sind, ihre Viehwirtschaft bis Jahresende abzuwickeln, die Hälfte ihrer Kühe verkaufen sie, nur die besten Tiere behalten sie noch, das Ende der Milchquoten zwinge sie zu diesem Schritt, habe Herr Mann-Jensen gesagt, sagen meine Eltern. Ich fahre weiter an der ehemaligen Schmiede vorbei und dem früheren Dorfladen, zwischen den Häusern ist der Blick frei zur Dorfbadestelle. Hinter dem alten Ortskern erstreckt sich eine Ferienhaussiedlung aus den späten Siebzigerjahren, eine lange Sackgasse mit Wendehammer und je sechs kleinen Stichstraßen links und rechts, an jeder dieser Stichstraßen stehen je sechs sogenannte Nur-Dach- oder Nurda-Häuser, auf jedem dieser Häuser ruht auf zwei niedrigen, hüfthohen Grundmauern ein etwa sieben Meter hohes Asbest-Dach in einem ziemlich spitzen Winkel, Fenster gibt es ursprünglich nur in den beiden Giebeln, auch wenn sich inzwischen viele Bewohner Veluxfenster in die Dächer eingesetzt haben, die Häuser und die Anlage im Ganzen wirken wie eine Mischung aus funktionaler Moderne, vergrößerter Kleingartensiedlung und Häusern aus Grimms Märchen. Bei vielen Häusern sind die wenigen Meter Gartenstreifen verkleinert durch Carports, Schuppen und Kellerzugänge; die Häuser werden zudem vor den Blicken der Nachbarn meist durch grundstücksbegrenzende Tannen- oder Thuja-Hecken geschützt, die in den letzten vierzig Jahren trotz beharrlichen Zurückschneidens unweigerlich in die Höhe geschossen sind. Die labyrinthischen, teils fast festungsartigen Nadelbaumwände lassen die hervorlugenden dunklen Spitzgiebel wie Hexenhäuser erscheinen.

Das Grundstück meiner Eltern liegt zum See hin und ist um einiges größer als die Parzellen an der Straße. Eine leichte Verwahrlosung gibt dem Garten einen hippiehaften Anstrich, wenngleich meine Eltern und vor allem meinen Vater diese Zuschreibung sicherlich verwundern würde. Über Jahre hinweg mitgebrachte Findlinge aus dem See umranden die mit Hortensien-, Margeriten- und Anemonen-Pflanzungen üppig bewachsenen Beete. Keine Nadelgewächse, dafür niedrige grüne Hecken zum öffentlichen Durchgang zum Seeufer hin.

Die ungepflasterte kurze Graseinfahrt weist die gleichen Unebenheiten auf wie der Rest der Rasenfläche, die früher drei-, viermal im Jahr mit der Sense gemäht wird. Zahlreiche Johannisbeer- und Stachelbeersträucher umstehen den Gemüsegarten, in dem meine Mutter in dem zu lehmigen Boden früher mit mäßigem Erfolg Möhren, Kartoffeln, Erdbeeren und Mangold anbaut, heute vor allem noch Kräuter und Bohnen. Vier schlecht beschnittene, in manchen Jahren trotzdem üppig tragende Apfelbäume und ein verschossener Birnbaum, der nie Früchte trägt. Das Haus steht mit seinem hinteren Giebel mit breiten Glasfenstern und Balkon dem See zugewandt und liegt auf einem Hügel. Vor dem Kellerausgang und unterhalb des Balkons befindet sich eine ebene, von drei Seiten blick- und windgeschützte Rasenfläche mit Feuerstelle, einem nach amerikanischen Vorbildern von meinem Vater selbst entworfenen und gebauten Picknicktisch und einem Komposthaufen am Rand. Zum See hin folgt ein steil abfallendes, wild überkrautetes Hangareal, das in eine untere, schattige Wiese mündet. Dahinter der schmale, mit Schwarzerlen und Eschen bestandene Bruchstreifen mit dem Ufersaum aus baumwurzelumkrallten Steinen in kleinen Buchten.

Vielleicht sei es mir unangenehm, das zu erfahren, sagt mein Vater jetzt, im Auto, nach dem Fest zu Anouks erstem Geburtstag, er selbst habe über Jahrzehnte hinweg nicht wahrhaben wollen, dass seine Großmutter jüdische Wurzeln gehabt habe, er habe sich daran festgehalten, dass der Name eben nicht der bekannte jüdische Name *Salomon* mit einem *O* sei, sondern *Salamon* mit *a*. Außerdem sei im *Ahnenpass* unter Konfession *evangelisch* notiert gewesen, aber jetzt habe ihn seine Schwester darauf gestoßen, dass sie eine jüdische Großmutter gehabt hätten. Sie sei Anfang 1933, noch vor der *Machtergreifung*, wie er sich ausdrückt, von übereifrigen Parteigängern in ihrem Dorf vergiftet worden, so seine Schwester, sagt mein Vater, er halte das aber für völlig unwahrscheinlich, eigentlich ausgeschlossen, zumal zu diesem Zeitpunkt. Fast übergangslos kommt er auf seine zahlreichen jüdischen Freunde zu sprechen, die er in Amerika gehabt habe, Kollegen mit jüdischen Wurzeln, er betont, wie freundlich sie ihm immer begegnet seien, wie gut er sich mit ihnen verstanden habe. Wir kommen am Bahnhof an, und ich verabschiede meine Eltern.

Ein paar Tage später ruft mich meine Schwester Uta aus S. an, unter der Woche, vormittags, was sonst fast nie vorkommt. Sie erzählt, dass unser Vater ihr die gleichen Dinge von unserer Urgroßmutter berichtet habe. Ihre Psychoanalytikerin, so meine Schwester, habe sie darauf hingewiesen, dass damit einiges an der Vaterfigur zu erklären sei, dass in dem übergroßen Ehrgeiz, dem Bildungsstolz versteckte jüdische Werte zum Vorschein kämen, auch wenn unser Vater diese Wurzeln immer verdrängt habe. Die vielen Kinder, auch das sei ja eine klassisch jüdische Auffassung, dass man sich in der Diaspora zahlreich vermehren müsse, damit die Familie nicht untergehe, sage ihre Psychoanalytikerin, sagt meine Schwester. Und wenn seine Großmutter Jüdin war, dann wäre damit ja seine Mutter von einer Jüdin geboren worden und somit ebenfalls Jüdin und also unser Vater so gesehen selbst auch Jude, sagt Uta.

Ich wende ein, dass ich solche Vorstellungen zweifelhaft fände, man sei dann sehr schnell drin in dubiosen Klischees, Vorurteilen und Zuschreibungen, der ehrgeizige, der vermehrungsfreudige Jude, das sei letztlich Antisemitismus, außerdem sei ja überhaupt nicht erwiesen, dass unsere Urgroßmutter tatsächlich jüdische Wurzeln gehabt habe. Seit 68 gebe es ja diese bundesrepublikanische Sehnsucht, sage ich, irgendwo in der Vorgeschichte einen jüdischen Vorfahren zu entdecken oder zu konstruieren, damit man sich selbst gewissermaßen reinen Gewissens auf die Seite der Opfer oder Nachfahren der Opfer schlagen könne. Unserer Tante, von der unser Vater den Hinweis bekommen hat, würde ich sofort zutrauen, dass sie da eher leichtgläubig sei, das passe irgendwie zu ihr, und das Detail, dass unsere Urgroßmutter Anfang 33, also noch vor der Machtübergabe an die Nazis, vergiftet worden wäre, fände ich zwar nicht rundheraus unplausibel, aber doch ganz schön abenteuerlich. Um das wirklich glauben zu können, bräuchte ich weitere Belege. Meine Schwester hält dagegen, sie könne sich das sehr wohl vorstellen, dass im Januar 33 SA-Leute auch auf dem Land in einer Art Übereifer oder vorauseilendem Gehorsam Juden vergiftet hätten. Für mich, sage ich, habe das keine Bedeutung, ob unsere Urgroßmutter jüdische Wurzeln habe, spannend fände ich daran höchstens, dass unser Vater womöglich als heimlicher, in der Terminologie der Nazis *Vierteljude* eine sogenannte *Nationalpolitische Erziehungsanstalt* besucht habe, ohne dass ihm selbst dieser biografische Hintergrund bewusst gewesen sei, und was das für unterschwellige Verdrängungen, Verstellungen und Überkompensationen mit sich gebracht habe. Also unter der Voraussetzung, dass seine Eltern ihm dieses Jüdischsein irgendwie unausgesprochen vermittelt hätten, durch, ich wisse nicht, kleine Kommentare, alltägliche Handlungen, Sympathielenkung und so weiter. Und das alles natürlich nur, wenn die Behauptung unserer Tante denn überhaupt zutreffe.

An meinem letzten Abend in D. blättert mein Vater den von einem nationalsozialistischen Standesamt angefertigten *Ahnenpass* durch, wir sprechen nach und nach über die dort mit Geburts- und Hochzeitsdatum festgehaltenen Vorfahren, nach einigen Minuten stelle ich beiläufig das Aufnahmegerät noch mal an, wir sitzen am Tisch, draußen liegt der See als nachtblaue Scheibe da, im Kaminofen brennt ein schwaches Feuer, mein Vater ist jetzt viel zugewandter, weicher, beide trinken wir beim Abendessen Rotwein, die Gläser stehen noch halb voll vor uns. Mein Vater kommt irgendwann zu der Seite mit der betreffenden Großmutter, tatsächlich steht dort *Geborene Salamon* und ein Geburtsdatum, all diese Einträge sind mit der Unterschrift eines Standesbeamten beglaubigt, jeweils überstempelt mit einem Reichsadler samt Hakenkreuzemblem in den Fängen. Ich frage meinen Vater jetzt mehr nach seiner frühen Kindheit, nach der Parteizugehörigkeit seines Onkels, er erzählt von seinem Vater, einem Fleischermeister. Als er selbst sieben Jahre alt gewesen sei, habe sich sein Vater am Zeigefinger der linken Hand verletzt, eine Schnittwunde, die sich entzündet habe, ein Arzt sei hinzugezogen worden, das in den USA bereits bekannte Penizillin habe damals in Deutschland nicht zur Verfügung gestanden, so mein Vater, in einer Notoperation sei das entzündete Gewebe entfernt worden, aber der Schnitt, so habe man damals gesagt, sei nicht tief genug gewesen, die Wunde habe nicht aufgehört zu pochen, am Montag habe er durch ein Fenster heimlich zugeschaut, erzählt er, wie seine Mutter mit einer Nähnadel die Eiterblase aufgestochen habe, am Mittwoch sei sein Vater an einer Blutvergiftung gestorben, *wenn ich nicht für euch sorjen kann, wird der liebe Chottche für euch sorjen*, das, so wurde meinem Vater erzählt, sagt er, seien die letzten Worte seines Vaters gewesen. Er erinnere sich auch daran, sagt mein Vater, wie sein Onkel Paul ihn am selben Tag oder am Tag darauf mit sorgenvollem Gesicht angesehen und gesagt habe: *Nun bist du ein Waise.* Er wirkt jetzt zum ersten Mal betroffen von dem, was er erzählt, den Tränen nahe, er habe damals, sagt mein Vater, als hätte er meine Gedanken gelesen, kaum weinen müssen, als sein Vater starb, dafür sei er zu oft von ihm geschlagen worden, unter anderem mit einer Nagaika, einer geflochtenen russischen Lederpeitsche, die sein Vater als eine Art Souvenir von einer Reise mitgebracht habe. Warum würden heute eigentlich Prügelstrafen in der Kindererziehung so abgelehnt, eine über Jahrhunderte bewährte Art, Kinder zu sozialisieren, fragt mich mein Vater vor ein paar Jahren relativ unvermittelt bei einem Familienfest, damals halten ihm seit einigen Monaten immer wieder verschiedene meiner Geschwister seine von ihm an ihnen verübte körperliche Gewalt vor, wegen kleinster Lappalien sei er damals geschlagen worden, sagt er jetzt, hier am Esstisch in D., einmal, weil seine Tante Aenne behauptet habe, so mein Vater, er habe Blumen aus ihrem Garten ausgerissen, das habe er aber gar nicht, weshalb es ihm auch gar nicht möglich gewesen sei, diese Lappalie zu gestehen, sein Vater habe, weil kein Geständnis von ihm zu bekommen gewesen sei, mit einem Kabel auf seinen nackten Hintern eingedroschen. Als sein Vater beerdigt wurde, sagt mein Vater, sei er gefragt worden, warum er nicht traurig sei, Männer weinen nicht, habe er damals gesagt; er ist da gerade einmal sieben Jahre alt.

Sein Vater sei nicht in der NSDAP gewesen, vermutlich eher aus Bequemlichkeit, so mein Vater, man habe sonst ständig an Versammlungen teilnehmen müssen. Anders aber sein Onkel, der als Jugendlicher einen schweren Reitunfall erleidet und kleinwüchsig und mit einem Buckel in den Zwanziger- und frühen Dreißigerjahren keine Arbeit findet, für ihn sei es opportun gewesen, in der Partei zu sein, er sei früh beigetreten, habe dort Karriere gemacht und sei schließlich stellvertretender NSDAP-Kreisleiter geworden. Jener Onkel Paul, nach dem ich benannt bin, über den ich meine Kindheit hindurch immer nur Bestes zu hören bekomme, von den gemeinsamen Waldspaziergängen, den Lagerfeuern, die er mit meinem Vater gemacht hat, das habe sicherlich den Keim gelegt für seine spätere Freude am Zelten und an Kanutouren, erzählt mein Vater bei anderer Gelegenheit, der Onkel Paul, der nach dem Tod seines leiblichen Vaters eine Art Ersatzvater für meinen

Vater wird und über den er meine Kindheit hindurch mindestens ebenso häufig und mit mehr Wärme und Herzlichkeit erzählt als von seiner Mutter, dieser Namenspatron von mir bekommt jetzt ganz andere Schattierungen. Dahinten, das Bild habe er gezeichnet, sagt mein Vater und deutet auf eine kleine, gerahmte Tuschezeichnung, die immer schon in dem Ferienhaus meiner Eltern im Wohnzimmer hängt, zu sehen ist darauf eine Waldgaststätte in feiner, fast pointillistischer Malweise, die eine menschenleere Außenterrasse und die Front eines Ausflugslokals zeigt und Stämme von Nadelbäumen, alles in Grau-, Braun- und Grüntönen gehalten, und obwohl darauf Wald, ein eigentlich schönes Waldausflugsmotiv zu sehen ist, vermittelt es mir schon immer eine irgendwie düstere Stimmung.

Vor dem Fenster steht der Baum jetzt im Nachtdunkel, sein Geäst zeichnet sich silhouettenhaft vor dem blauschwarzen Himmel ab, in dem man eine Handvoll Sterne erkennen kann, knapp über den Dächern vereinzelte Flugzeuge beim Landeanflug auf Tegel, unten der Kanal mit seinem schwarzen Wasser von unbestimmter Tiefe, auf der kaum bewegten Oberfläche spiegeln sich als leicht verzerrte Lichtpunkte die Gaslaternen der Uferstraße, einzelne heller erleuchtete Fenster des Sechzigerjahrebaus am anderen Ufer, davor in den beiden voreinander liegenden Scheiben des Kassettenfensters sind jeweils mein Hals, der Kragen meines Sommerhemdes, das Graublau meines Sweaters und mein Gesicht zu sehen, schemenhaft nur, der obere Rand meines Kopfes verliert sich im Dunkel des Geästes und der unbeleuchteten Fenster einer Wohnung auf gleicher Höhe im Haus am gegenüberliegenden Ufer. Wenn ich den Kopf leicht nach vorne neige, so dass ich das vom Bildschirm meines Laptops heraufscheinende gräuliche Licht in dem Weiß meiner Augen im Fenster sehen kann, sind sie in der Unschärfe der doppelten Spiegelung nur als leere Schemen zu erkennen.

Schräg gegenüber auf der anderen Seite der Glogauer Straße und jenseits des Kanals steht ein Gründerzeithaus, frisch saniert, die Gerüste gerade abgebaut. Als ich nach Berlin ziehe, ist dieses Haus in Braun- und Beigetönen gestrichen, jetzt ist es lichtgrau überpinselt, an der Stelle des Eckcafés Senti wird eine Parterrewohnung ausgebaut mit kleinem Vorgärtchen samt weißer Klinkermauer und Kirschlorbeerhecke. Zur Vermarktung dieser und weiterer Wohnungen ist an der Ecke eine große Fototafel aufgestellt, unten links ein kleines Bild von der Kreuzung in den Zwanzigerjahren, auf dem sepiafarbenen Foto kann man, wenn man davorsteht, erkennen, dass über die Brücke und in die Tiefe der Glogauer Straße hinein eine Tramlinie führt, dort, wo bis vor einem Jahr noch das Senti beheimatet ist, befindet sich auf dem Bild die Schultheisskneipe *Zum weißen Bären*, die Ecke des Hauses ist gekrönt von einem kleinen Türmchen mit einer lichtdurchbrochenen gusseisernen Spitze, davon ist heute nur noch eine flache, mit grün oxidiertem Kupferblech beschlagene Turmkuppel übrig, weiter hinten in der Glogauer Straße sieht man auf dem Foto zwei deutlich in den Himmel ragende Spitzen, das müssen die beiden Türme der Marthakirche sein, nur dass sie heute viel kleiner und wasserturmhaft abgeflacht dastehen, die häufig stumpfen, abrupt endenden und damit klobig wirkenden Türme so vieler Berliner Kirchen müssen nicht Ausdruck einer märkischen Vorliebe für gedrungene Kirchturmformen sein, sondern sind Folge von Bombenschäden aus dem Zweiten Weltkrieg, wird mir klar, die oberen Turmspitzen werden beim Wiederaufbau in den Fünfziger- oder Sechzigerjahren wohl einfach nicht wiederhergestellt. Gegenüber dem Haus mit dem früheren Café Senti, wo heute das Sechzigerjahre-Mietshaus steht, auf das ich von meinem Fester aus blicke, ist auf dem

Foto ein baugleicher Wohnhauszwilling zu erkennen, ebenfalls mit Eckturm und Kneipe im Erdgeschoss, *Zur See ...* oder
Zur Spree ..., der Schriftzug lässt sich nicht mehr ganz ent-
ziffern, beide Häuser erkennbar vom selben Architekten ent-
worfen, zusammen bilden sie ein mächtiges gründerzeitliches
Portal, ein alturbanes Ensemble, wie man es heute in Berlin
fast nur noch in Wilmersdorf oder Charlottenburg findet. Im
Vordergrund des Bildes läuft ein älterer Mann mit Gehstock,
schwarzem Mantel, Hut und einem weißen, rauschenden Bart
über die Thielenbrücke, fast meint man Schläfenlöckchen an
seinen Wangen ausmachen zu können, sein linkes Bein unter
dem Mantelsaum ist ein unscharfer, durchscheinender Fleck,
der Fuß in Bewegung während der halbsekündlichen Belich-
tung, oder es handelt sich tatsächlich um einen Kriegsversehr-
ten, und der unscharfe Fleck rührt von etwas anderem her,
vielleicht belichtet auch der Phantomschmerz des dort Laufenden das Fotonegativ an dieser Stelle unscharf, bei genauerem Hinsehen könnte der Hut auch ein Elbsegler sein, und bei
dem Bart könnte es sich um den Kragen eines weißen Hemdes
handeln, der über den Mantelsaum hinausragt.

Am nächsten Tag unterbreche ich das Schreiben kurz, um mir
einen zweiten Aufguss von meinem grünen Tee zu machen.
Während das Wasser kocht, checke ich auf meinem Telefon
Mails, keine neuen Eingänge, dann tippe ich auf das Facebook-
Icon. In meinem Newsfeed erscheint eine Eilmeldung, die ein
ehemaliger Student von mir postet, der sonst gerne Beiträge
von linken Nachrichtenportalen wie Indymedia teilt, jetzt aber
die Bild-Zeitung und deren Eilmeldung verlinkt hat: *Schie-
ßerei in Halle, mindestens zwei Tote.*
    Ich klicke auf den Link, auf der Webseite wird von Schüs-
sen vor einer Synagoge und in einem Dönerimbiss berichtet.
Ich verbringe die nächsten zehn Minuten damit, die dürftigen

Informationen in den Eilmeldungen von ZEIT ONLINE und Spiegel Online zu lesen, klicke auf den Aktualisieren-Button, wende mich dann aber, weil keine neuen Informationen zu erhalten sind, wieder meinem Manuskript zu.

Am besten kann ich am späten Nachmittag und frühen Abend schreiben, wenn das Mittagstief überwunden ist und ich mithilfe von grünem Tee in eine zweite Konzentrationsphase komme. Hilfreich ist auch, sonst möglichst wenig zu kommunizieren, keine E-Mails, keine sozialen Medien, keine Artikel lesen, höchstens Bücher.

Jetzt merke ich, wie diese Situation in Halle mich nicht loslässt, mich in eine seltsame Anspannung versetzt, eine Art ins Negative invertierte Sensationslüsternheit, die ich auch schon vor der Wahl von Donald Trump an mir beobachten kann, bei der sich in die Angst, etwas für das Weltgeschehen Schlechtes oder Schlimmes könnte passieren oder längst passiert sein, mit einem kopfschüttelnden Unglauben und einer nur schwach unterdrückten Lust am Spektakel vermischt, das Gefühl, beinahe live dabei zu sein, während etwas passiert, sich die Weltläufte fortschreiben, ein Sog, den sich Fernsehkanäle und Internetmedien zunutze machen, indem beispielsweise dauernd Liveticker angeboten werden und so ständig *breaking news* auf uns einregnen. Manchmal bin ich beinahe enttäuscht, wenn ich, was ich inzwischen mehrmals täglich tue, auf dem Browser meines Telefons die Seite der New York Times öffne und dort kein neuer Skandal, keine neue Mikro- oder Makroerosion der amerikanischen Demokratie, kein weiteres Sich-Verunmöglichen dieses Präsidenten zu finden ist, wobei gleichzeitig immer die Hoffnung, Trump möge sich selbst ins Aus manövrieren, der Schrecken möge ein baldiges Ende haben, der zentrale Antrieb für diese Neugier ist. Ein wenig fühlt es sich so an, als würde man immer mal wieder in ein zeitdeckend über Wochen, Monate, Jahre erzähltes Königsdrama von

Shakespeare hineinschauen, Botenberichte aus dem Bühnenraum der Weltpolitik empfangen.

Am 11. September 2001 sitze ich mit Henrike in einem Nebenraum des Rechenzentrums der Universität Hildesheim, um auf den leistungsstarken Rechnern mithilfe einer Desktop-Publishing-Software die zweite Ausgabe der von Henrike und mir gegründeten Literaturzeitschrift *Bella triste* zu gestalten. Seit Tagen sitzen wir dort, verschieben Texte, feilen am Umbruch, bestimmen Schriftgrößen für Überschriften und Zwischentitel. Gegen 16 Uhr klopft es an der Tür, Vivian kommt herein, eine Bekannte, die zu der Zeit gerade eine Hiwi-Stelle im Rechenzentrum hat.

– In New York sind zwei Flugzeuge in das World Trade Center geflogen, sagt Vivian.

– Was?, sagt Henrike.

– Und es gibt Gerüchte, dass ein weiteres Flugzeug auf das Pentagon gestürzt ist. Wahrscheinlich ist es ein Terroranschlag.

Vivian macht den kleinen Fernseher im Medienraum an, wir sehen die Bilder des brennenden Kerosins beim Einschlag der Flugzeuge, erste hilflose Einschätzungen deutscher Korrespondenten vor Ort. Vivians Mobiltelefon klingelt, sie spricht kurz mit ihrem Freund, legt dann auf.

– Krass, sagt sie, das letzte Mal, dass mich jemand wegen eines Ereignisses angerufen hat, war, nachdem Lady Di gestorben ist.

Henrike und ich kehren relativ bald zu unserem Rechner zurück und setzen die Arbeit an der Zeitschrift fort, Vivian schaltet den Fernseher aus und geht zurück in den Hiwi-Raum des Rechenzentrums. Gegen 18:30 Uhr beenden Henrike und ich für diesen Tag die Arbeit am Magazin, verabreden uns für morgen wieder hier im Rechenzentrum und fahren mit unseren Fahrrädern nach Hause. Auf dem Weg in die Hildesheimer Oststadt mache ich einen Stopp bei Rewe, kaufe eine Tiefkühlpizza und zwei Bier. Wegen der Semesterferien sind meine beiden Mitbewohnerinnen nicht zu Hause, gegen 20 Uhr setze ich mich mit der Pizza auf dem Schoß vor den Fernseher einer meiner Mitbewohnerinnen, mache ein Bier auf und warte auf den Beginn der Tagesschau. Nach den Nachrichten schaue ich weiter eine Sondersendung mit einer Liveschalte nach New York, bei welcher der Moderator die Korrespondentin fragt, was die Menschen vor Ort fühlen. Mir kommt dieses Gespräch über Gefühle irgendwie unangemessen vor in einer Sendung, von der man erwartet, Fakten, Hintergründe, erste Hinweise auf die Täter zu erhalten, neben Einschätzungen, was das jetzt zu bedeuten habe. Dass in diesem Rahmen versucht wird, Gefühle zu versprachlichen, was letztlich nur Worthülsen wie *schrecklich*, *tiefe Trauer*, *Entsetzen* produziert, schielt für mich auf eine unpassende Emotionalisierung und führt zugleich das Versagen der Mediensprache vor, angemessen von diesen Ereignissen zu erzählen.

Wie sich im Verlauf des Nachmittags herausstellt, versucht der Attentäter in Halle offenbar, sich mit selbstgebauten Waffen Zugang zur Synagoge zu verschaffen, aber es gelingt ihm nicht, die Tür des Gebäudes aufzuschießen. Kurze Videosequenzen zeigen einen erstaunlich ruhigen, sich ein wenig hemdsärmelig bewegenden Mann, er trägt einen Stahlhelm, der mich an Wehrmachtshelme erinnert, über seiner Stirn hat er etwas montiert, ein Smartphone, wie ich später lese. Auf einer Filmsequenz gibt er hinter einem Auto stehend zwei Schüsse ab. Es stellt sich heraus, dass er eine unbeteiligte Passantin und den Besucher eines nahe gelegenen Dönerimbisses erschießt. Offensichtlich führt er die Tat alleine aus, Schlimmeres wird nur durch die massive Tür der Synagoge verhindert. Im Innern des Gebäudes befinden sich zu der Zeit einundfünfzig Menschen zu einer Jom-Kippur-Feier. Der Täter überträgt seine Handlungen auf dem Live-Streaming-Videoportal Twitch, kommentiert dabei fortwährend, erst auf Englisch, dann auf Deutsch, bemitleidet sich selbst, beschimpft sich als Versager. Er bezieht sich auf die Attentäter von Christchurch und Utøja und nennt sich *Anon*, kurz für *Anonymus*, ein im Netz verbreitetes Pseudonym, das häufig von rechten, gewaltbereiten Personen verwendet wird.

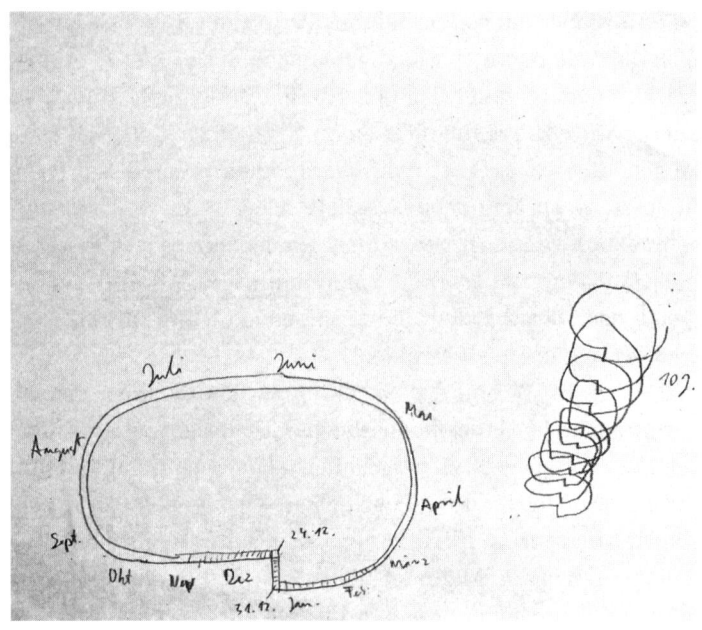

In der zweiten Klasse bekomme ich zu Weihnachten einen Kalender geschenkt, der alle Tage des Jahres auf einem DIN-A2-Blatt versammelt, für jeden Monat gibt es einen langen horizontalen Streifen aus lauter nebeneinanderstehenden rechteckigen Kästchen. Ich kann ihn auf den Schreibtisch legen, darauf herumkritzeln, Ferien und Ereignisse eintragen. Am linken Rand stehen vor jedem Streifen die Namen der Monate, oben und unten sind die Tage durchgezählt, die Monate fransen rechts aus und enden am 28., 30., 31., die Wochentage sind mit Mo, Di, Mi und so weiter in den jeweiligen Kästchen notiert. Zusammengenommen ergeben diese 365 Tage eine kaum überschaubare, schiere Masse an Zeit; im Gegensatz dazu ist der einzelne Tag unglaublich flüchtig, für den 1. Januar kann ich nichts notieren, auch in den Folgejahren nicht, in denen ich mir wieder so ein Ganzjahreskalenderblatt wünsche, der Tag mit seiner nachsilvesterlichen Verschlafenheit, seinem Aus-dem-Rhythmus-Fallen ist immer schon vorbei, bevor man das erste Mal im Jahr auf diesen Kalender blickt. In meinem Kopf verbinden sich diese Monatsstreifen zu einem langen Zeitstrahl, aus dem sich eine Art Jahreskreis ergibt oder, genauer, in der Abfolge mehrerer Jahre eine Spirale. Den linken Bogen bilden die hellen Sommermonate, Ende Juni, Juli, August, bevor das Licht gelblicher wird und der Streifen im September langsam auf mich zu abbiegt in die Herbststrecke, die sich bis zum grauen November erstreckt. Der Dezember ist in ein Schwarz getaucht, am Rand stehen einige Kerzen, alles läuft auf den strahlenden 24. Dezember zu, wo der Zeitstrahl scharf nach rechts abknickt, um dann in den Raunächten acht Tage später mit dem Beginn des neuen Jahres rechtwinklig nach links abzubiegen. Januar und Februar sind noch immer dunkel, wenngleich auch vom Schneelicht blau eingefärbt, der März am rechten Rand der Spirale hat zunehmend die Farbe von auftauender Erde, der Strahl krümmt sich allmählich nach links in Richtung der lichteren Monate, der von Frühblühern bestandene April geht über in den sonnenhellen Mai und den wasserblauen, strahlenden Juni genau gegenüber dem doppelten Knick im Zeitstrahl zu Weihnachten und Neujahr. Diese Art der Zeitwahrnehmung konturiert meine inneren Zeitplanungen bis heute, wenn ich beispielsweise denke, Mitte Juli ist das Sommersemester zu Ende und damit auch der ganze Arbeitsalltag als Dozent, und versuche zu überblicken, wie lange es bis dahin dauert, dann blicke ich gewissermaßen aus dem Heute auf der Spirale, Mitte April, flankiert von Tulpen und Frühjahrslicht, eine Viertelumdrehung weiter bis zum Sommer, drei Monate werden so greifbar, und ich weiß, dass mich andere Farben dort erwarten, ein tiefes Blau, mehr Sonne.

Zugleich ist vor einigen Jahren eine andere, linearere Zeitwahrnehmung hinzugekommen. Ich blicke auf dreißig Jahre Lebenszeit zurück und zugleich auch ähnlich weit voraus, auf eine Art gerade Schiene, keine Spirale mehr, einzelne Tage sind dabei nicht sichtbar, eher Monate oder Jahre, ich schwebe über dieser Schiene im Heute, acht Jahre zurück liegt die Geburt von Milan, achtunddreißig Jahre zurück meine eigene Geburt, weitere fünfunddreißig Jahre davor kapituliert das sogenannte *Dritte* oder auch *Tausendjährige Reich* vor den Alliierten, und davor liegen zwölf Jahre des Grauens, eine im linearen Zeitverständnis erstaunlich kurze Spanne, deren negative Energie diesen Zeitabschnitt weit überstrahlt. Selbst achtunddreißig Jahre Leben erscheinen aus dieser Perspektive kurz, flüchtig, eher wie vier Wochen Urlaub, und dass ich von meiner Geburt nur fünfunddreißig Jahre zurückgehen muss, um in den schwärzesten Momenten von Nazideutschland, Angriffskrieg und Vernichtungsterror zu landen, erstaunt und erschreckt mich immer wieder.

Diese Perspektive auf Zeit kommt kurz nach der Geburt von Milan in den Blick, forciert durch die innere Frage, wann meine Freiheit wiederkehrt, tun und lassen zu dürfen, was ich möchte, nicht verantwortlich zu sein für das Wohlergehen meines Kindes oder meiner Kinder, diese Freiheit, die ich zwischen neunzehn und neunundzwanzig eher unbewusst genieße, es sagt einem niemand, dass das alles schlagartig vorbei ist, sobald man Vater oder Mutter wird, denke ich damals, dass man vielleicht nur wenige Jahre dieser ungebundenen, absoluten Freiheit hat. Wahrscheinlich kommt sie erst in zwanzig Jahren zurück, wenn die Kinder ausgezogen sind und ich fünfzig bin, ein bedrohliches Alter, wie ich mit dreißig finde, mit fünfzig ist dann schließlich alles, was sich Jugend nennt, endgültig vorbei, mit fünfzig kann man seine Rente planen, gut essen gehen, Details der Wohnungseinrichtung verfeinern, aber das Gefühl, alles oder fast alles noch vor sich zu haben, die volle Potenzialität des Lebens, das ist mit fünfzig passé, die Lust an Verschwendung und Exzess, an Nachtleben und Überschreitung, die man mit dreißig letztlich auch nur noch erstaunlich selten auslebt, wenngleich diese Momente für mein Selbstverständnis als Dreißigjähriger von überragender Bedeutung sind. Noch ein wenig erschreckender ist für mich, mir vorzustellen, wie dieses kleine Bündel, dieses Würmchen, das da auf meiner Brust liegend einschläft, nachdem es sich beruhigt, indem es an meinem kleinen Finger saugt, wie dieses Wesen, das Judith und ich in den ersten Wochen manchmal Hühnchen oder Milchkätzchen nennen, wenn es sich nach dem Trinken langsam räkelt und dann direkt einschläft, wie diese dreieinhalb Kilo Mensch, die ohne weiteres auf meine Handfläche und den Unterarm passen, wie diese Person eines Tages so alt sein wird wie ich jetzt, dreißig, und vielleicht dann zum ersten Mal selbst Vater wird (oder auch nicht), und dann der Gedanke, dass ich zu diesem Zeitpunkt sechzig bin, kurz vor dem Rentenalter, nur noch wenige Jahre zu leben, wenn ich denn dann überhaupt noch lebe. Diese Überlegungen bescheren mir neben einer Krise bezüglich der Fragen, wer ich bin, was ich kann und was ich in meinem Leben noch erreichen möchte, auch diese andere Perspektive auf die vergangene und die kommende Zeit, die nicht mehr nur ein paar Monate, maximal zwei Jahre voraus- und zurückschaut und einzelne Ereignisse plant, sondern Jahre und Jahrzehnte in den Blick nimmt, das eigene Ende denkt und zugleich von sich selbst stärker absieht.

Gelegentlich überkommt mich neben der zyklischen und

der überblickshaft linearen Zeitwahrnehmung noch eine andere, dritte Art, auf Zeit zu schauen: Zeit als Schollen, als Abschnitte, Kacheln, Platten, als Plateaus, auf denen man sich aufhält. Zuletzt tauche ich in diese irgendwie gespenstische Art von Zeitwahrnehmung, als ich den Text von zwei meiner Studierenden lese, ein Stück namens *Polar*, in dem drei Figuren aus einem Gebirgslager ausbrechen und über das unabsehbare Weiß eines Gletschers und des Papiers der Seiten des Stücktextes wandern. Diese Zeitwahrnehmung konstituiert sich im Rückblick auf mein früheres Selbst, das in Alltagsweisen und Praxen eingerichtet scheint, in Sichtweisen und Betätigungen, die meinem gegenwärtigen Selbst unglaublich fern, beinahe fremd erscheinen. Mit achtundzwanzig recherchiere ich für einen Roman, der nie über fünfzig oder sechzig Seiten hinauskommt. Für die Recherchen fahre ich jeden Tag in die Staatsbibliothek am Potsdamer Platz und setze mich zwischen elf und achtzehn oder neunzehn Uhr in diese, wie ich finde, großartige Architektur von Hans Scharoun, suche mir immer einen Emporenplatz, von dem aus ich hinunter und durch die Scheiben nach draußen sehen kann, und arbeite neben anderen Texten die Einleitung von Foucaults *Archäologie des Wissens* durch, einen dichten, voraussetzungsreichen Text, den ich erst beim zweiten Mal Lesen in Ansätzen beginne zu verstehen, die Diskontinuität von Wissen mit Blick auf die jeweiligen Diskurse und Verstehensdispositive, welche Begriffe und Erkenntnisse in unterschiedlichen Zeiten unterschiedlich kontextualisieren, weshalb es letztlich mit Foucault nur eine Illusion von Kontinuität von Wissen (und Narrativen) gibt. Drei Jahre später blättere ich einen mir zufällig wegen eines Umzugs in die Hand kommenden Leitzordner durch, in dem ich Material aus meinem Grundstudium archiviert habe, und begegne dort einer Kopie ebenjener Foucault-Einleitung, voller Anstreichungen und Randkommentare, und mit einem

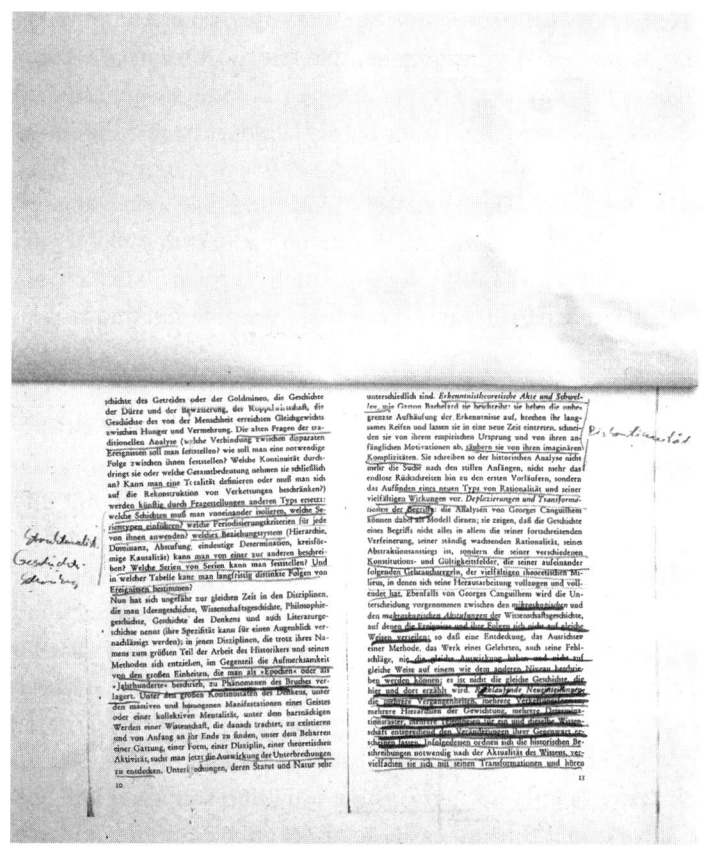

leichten Schrecken stelle ich fest, dass ich zu genau diesem
Text, den ich mir 2008 so mühevoll und, wie ich glaube, erst-
malig erarbeite, dass ich genau zu diesem Text sieben Jahre
zuvor in einem Philosophieseminar zur *Kritik der Hermeneu-
tik* ein Referat halte, damals in Verbindung mit einem Aus-
zug aus Claude Lévi-Strauss' *Das wilde Denken*. An diesen
zweiten Text kann ich mich noch einigermaßen erinnern, aber
dass ich auch den Foucault-Text schon einmal durchgearbeitet
habe, daran habe ich mit der Kopie in Händen nur die sche-

menhafteste Erinnerung, im Grunde sind es nur Äußerlichkeiten, die ich jetzt vor mir sehe, wie mir der Dozent die Kopie überreicht und sagt, ich solle neben Lévi-Strauss zusätzlich diesen Text vorstellen, oder an die Gliederung des Handouts, das auch im Leitzordner abgelegt ist. Ich werde mit der Tatsache konfrontiert, dass Kenntnisstände und Inseln des Denkens einfach wieder verschwinden können im Meer des Nicht- oder Nichtmehrwissens, und zwar so total, dass bei Relektüre ein und desselben Textes mir dieser völlig neu, fremd und hart zu erarbeiten erscheint.

Ein anderes Plateau: Mit siebzehn gehe ich in die zwölfte Klasse des Gymnasiums, halte mich also in dieser vorgegebenen Struktur der Schule auf, die unausweichlich scheint und deshalb schlicht angenommen wird, komme mit manchen Fächern gut zurecht und leide unter anderen, treffe Freundinnen und Freunde am Wochenende, um Joints zu rauchen und Musik zu hören, gehe nachmittags zweimal die Woche oder öfter zur Theater-AG, eine erste Insel selbstbestimmter Zeitgestaltung, in der festen Annahme, dass es meine Bestimmung sei, Schauspieler zu werden, gehe außerdem einmal die Woche zum Schulchor, um im reinen Ereignis eines Brahmsliedes oder dem Singen von *Over the Rainbow* mit den anderen Bassstimmen, dem mehrstimmigen Chorklang als Ganzem aufzugehen, fahre danach jedes Mal beschwingt nach Hause, blicke sehnsuchtsvoll auf das nächste Wochenende, die nächsten Ferien, esse jeden Herbst etliche Stücke Pflaumenkuchen, den meine Mutter bäckt, liege wochenends oder abends im Dachboden unter der Decke meines Bettes und lese Kafka, Frisch oder Brecht, oft in wenigen Tagen ganze Bücher verschlingend, bin ergriffen von diesen Arten, Welt zu fassen, das Lesen als Anker gegen den Horror Vacui und die Langeweile und Überfülle an Zeit der Jugend, *all those wasted hours we used to know/spent the summer staring out the window*, wie Arcade Fire später singen, 1997 jedenfalls noch halbwegs ungestört von den Verlockungen, dem niedrigschwelligen, einem stets entgegenglosenden Sog digitaler Endgeräte, *if I could have it back/all the time that we wasted/I'd only waste it again*, und das alles scheint mir von heute aus seltsam fremd, es schleicht sich immer wieder ein anderer Blick ein, der des Kenn-ich-schon, Weiß-ich-schon, im Chor werde ich wohl nie wieder singen, weil mir als Elternteil schlicht die Zeit für solche Aktivitäten fehlt, *sometimes I can't believe it/I'm moving past the feeling again*, genauso wie ich mich fast nur noch während Urlauben stundenlang in Bücher versenke, zum Glück keine Schule mehr besuchen muss, *under the overpass/in the parking lot, we're still waiting/it's already passed/so move your feet from hot pavement/and into the grass/'cause it's already passed/it's already, already passed*, dafür mit einem viel größeren Maß an Freiheit an einer Uni unterrichte, was ganz andere wöchentliche und jährliche Zyklen mit sich bringt. Dieses frühere Selbst, das in seinen Wochen- und Jahresrhythmen eingerichtet scheint und nicht klar in die Zukunft schauen kann, wirkt auf mich jetzt unwahrscheinlich fern, wie ein anderer Mensch, auf einem ganz anderen Plateau, zusammengehalten werden diese Plateaus wie zufällig durch die Kontinuität meines Körpers, der zugleich schleichend verfällt, Haare sprießen an ungewünschten Stellen und fallen anderorts aus, Zähne sterben ab, die Haut wird faltiger, trotzdem ist die Wahrnehmung des eigenen Körpers die zentrale, greifbare Achse der Verbindung mit dem früheren Selbst, neben den Erinnerungen und Erzählungen natürlich, die aber selbst wieder ungreifbar, unzuverlässig, Quasi-Fiktion sind. Fast könnte dieses frühere Ich auch ein anderer Mensch sein, der jetzt zur selben Zeit woanders lebt, nur dass ich nichts von ihm weiß, die andere Möglichkeit eines früheren Selbst. Was sich neben dem Körper außerdem durch diese Plateaus verschiedener Gegenwarten und Erinnerungen zieht, sind die Prägungen und Traumata, das ganze im weichen Schädel sedimentierte Gewölle, der Schutt und Schlamm der früheren Jahre und der Abraum der Mütter und Väter, die einem ihr unbeleuchtetes Geröll weitergegeben haben.

über die Lautsprecheranlage der Schule werden wir gebeten, aufzustehen und eine Schweigeminute einzulegen. Vor genau einem Jahr explodiert die Trägerrakete des Space Shuttles *Challenger*. Wir sind dreißig Erstklässler in Columbus, Ohio, wir schauen betroffen auf unsere Fußspitzen, während die Namen der Verstorbenen verlesen werden und wir noch eine Weile weiter stumm dastehen, ehe die Stimme des Direktors uns aus dem leicht knisternden Lautsprecher über der Tür heraus dankt und der Unterricht weitergeht.

Ein Jahr zuvor erklärt mir, wie so oft, meine Schwester Ina, was passiert ist:

– Eine Rakete ist beim Start aus Versehen explodiert. Alle sieben Astronauten sind gestorben.

Ich stelle mir vor, dass sie im Inneren des Space Shuttles verbrennen. Ich sehe die Bilder der Explosion wahrscheinlich auf dem Cover des SPIEGEL und vielleicht auch Fotos im Inneren des Magazins, das ich am Telefontisch durchblättere. Es gibt dieses eine ikonische Bild von Rauch und Feuer und den beiden Boosterraketen, die vom Außentank losgelöst in vogelwilden Bahnen auseinanderstieben. Dieses Foto kann ich jedoch erst später gesehen haben, denn auf dem SPIEGEL-Cover ist, wie ich jetzt im Netz herausfinde, unter der Überschrift *DER GEPLATZTE TRAUM* ein langgezogener grauroter Feuerball zu sehen, ein erheblich dramatischeres Foto als mein inneres, erinnertes Bild, das ich also später sehe, vielleicht am Jahrestag oder bei anderen Gelegenheiten,

bei denen in einem Artikel auf den Unfall referiert wird. Im
Netz lese ich auch, dass die Astronautinnen und Astronauten
die Explosion wahrscheinlich überleben und erst etwa drei
Minuten später bei Aufprall des Cockpits auf den Atlantik
aus sechzehn Kilometern Höhe sterben. Als man Wochen
danach ihre Überreste in dreiunddreißig Meter Tiefe am
Boden des Atlantiks findet, lässt sich rekonstruieren, dass
drei der sieben Personen an Bord Ihre Sauerstoffmasken noch
in Betrieb nehmen. Irgendetwas zieht mich geradezu magisch
an, mir solche ausweglosen Situationen auszumalen, letzte
Sekunden, den Gedankenstrom eines Menschen, der in die
Tiefe springt, um sich das Leben zu nehmen, die auf der
Blackbox akustisch dokumentierten Versuche des Piloten des
Germanwings-Flugs 9525, zurück in das vom Copiloten von
innen verriegelte Cockpit zu gelangen, bevor die Maschine in
die französischen Alpen rast. Der Klang des Wortes *Challen-*

ger lässt mich als Kind immer leicht zwangsdissoziativ an Dynamotaschenlampen denken, wir haben ein Modell bei uns zu Hause, bei dem man den schwarzen Griff mit den Fingern in das blaue Kunststoffgehäuse drücken muss, damit die Glühbirne der Taschenlampe aufglimmt, Challenger, Challenger

ein Alarmsignal ertönt. Es ist ein anderes Signal als der Feueralarm, den ich schon kenne. Mrs Faulkner, unsere Lehrerin, bittet uns, jeweils eines unserer Hardcover-Schulbücher mitzunehmen, und leitet uns ein Stück durch das Schulgebäude der Upper Arlington Elementary School. In diesem Trakt der Schule sind die Wände besonders dick, wird uns gesagt. Wir sollen uns hinter der zweiten Klasse, die sich hier schon versammelt, auf allen vieren auf den Boden knien, vorbeugen, das Buch schützend über Kopf und Nacken halten. So bereiten wir uns auf einen Atomschlag auf Columbus, Ohio, vor. Die Übung und die einzunehmende Haltung nennen sich *duck & cover*, ein eher verzweifeltes Relikt aus den Fünfzigerjahren, als Kernwaffen noch nicht die Sprengkraft und Präzision der Waffensysteme der Achtzigerjahre besitzen. Wir kauern in Reihen eng beieinander wie Pilze oder Enten auf dem Boden, bis das Signal zur Entwarnung ertönt und wir in geordneten Zweierreihen in den Klassenraum zurückkehren

mein Bruder Franz und ich verbringen eine gute Stunde am Strandbad Solitüde. Zum Baden ist es noch zu kalt, der Sand ist oben feucht vom Regen heute Vormittag, darunter eine Handbreit trockener Zuckersand und noch tiefer der feuchte Sand, der immer da ist, wenn man weit genug gräbt. Wir bauen Burgen und Tunnel, dieses seltsame Gefühl, wenn sich die eigenen Finger zweier Hände im Sand plötzlich berühren, wir schaukeln eine Weile, dann gehen wir nach Hause. Unsere Mutter fragt uns, wo wir herkommen.

– Vom Spielplatz.

– Dann geht ihr jetzt sofort unter die Dusche!, sagt sie, sie wirkt irgendwie angespannt.

– Was ist denn los?, fragt Franz.

– Im Radio haben sie gesagt, dass in dem Regen vorhin vielleicht doch etwas von dieser Strahlung heruntergekommen ist.

Mein Bruder und ich duschen im Elternbadezimmer im ersten Stock. Langsam wäscht der warme Wasserstrahl den noch an unseren Händen und Armen klebenden Sand von uns ab und lässt ihn im Abfluss verschwinden.

Am Abend bringt unser Vater einen Geigerzähler aus dem Institut mit, einen orangefarbenen Kasten in der Größe einer Brotkiste. Wir messen die Sohlen unserer Schuhe, das Gerät knackt. Auch der Sand im Sandkasten hinter dem Haus lässt die Nadel ausschlagen. Meine Mutter erntet einen kleinen Kopfsalat in unserem Garten, mein Vater hält das Messgerät über den Salat, und wieder knackt das Gerät, legt sich die Nadel weit nach rechts.

– Jetzt waschen wir den Salat, sagt mein Vater.

Meine Mutter taucht den Salatkopf unter Wasser, braust ihn ab, schüttelt ihn, wieder misst mein Vater, diesmal schlägt die Nadel kaum aus.

– Den können wir essen, sagt er.

– Hagels trinken keine Milch mehr und auch kein Leitungswasser, sagt meine Mutter. Sie haben sich kistenweise Mineralwasser in den Keller gestellt.

– Das halte ich für übertrieben, sagt mein Vater. Das Leitungswasser ist doch genauso Grundwasser.

Wir achten jetzt darauf, unsere Schuhe immer im Windfang auszuziehen. Im Kindergarten beten wir, dass nicht noch ein zweiter Reaktorblock explodiert. Mir erscheint das Wort

Tschernobyl fremd, in seiner seltsamen Klanglichkeit mit dem Zischlaut zu Beginn und dem ungewöhnlichen Ü- oder Y-Laut am Ende passend für den Ort einer Katastrophe

im Wohnzimmer steht die Sansui-Hi-Fi-Anlage meiner Eltern, Plattenspieler, Receiver, Doppelkassettendeck, CD-Spieler. Einen Fernseher gibt es nicht, stattdessen läuft fast ununterbrochen das Radio, meist NDR 3, Nachrichtensendungen, Musikstrecken, *Texte und Zeichen – Das Kulturjournal.* Man darf das Radio nicht ausschalten, sonst wird mein Vater wütend.

Ich komme aus der Schule nach Hause, an einem Donnerstag im November. Meine Mutter stellt das Radio an. Irgendwann Mitte der Achtzigerjahre wird das alte UKW-Wohnzimmerradio meiner Eltern ersetzt, bei dem man einzelne, einrastende schwarze Knöpfe drückt, um gespeicherte Frequenzen zu empfangen:

– Paul, drück doch mal U7!

U7 empfängt NDR 3.

Jetzt steht das Sansui-Gerät im Wohnzimmer, das Zeitsignal ertönt, die Nachrichten. Der Sprecher erklärt, dass in Bad Homburg der Chef der Deutschen Bank bei einem Anschlag durch die Rote-Armee-Fraktion getötet wurde. Nahe dem Anschlagsort sei ein Bekennerschreiben der terroristischen Vereinigung gefunden worden. Möglicherweise sei der Dienstwagen Alfred Herrhausens mit einer Panzerfaust beschossen worden. Das Fahrzeug sei herumgeschleudert und quer zur Fahrbahn zum Stehen gekommen, der Manager sei noch am Unfallort verstorben. Mich fasziniert die Tatsache, dass mitten in Deutschland eine Panzerfaust zum Einsatz kommt, Panzerfäuste kenne ich aus einem Quartettspiel zu modernen Feuerwaffen aller Art. Später am Tag stellt sich heraus, dass ein Sprengsatz am Straßenrand explodiert

ist, die Detonation wird durch eine Lichtschranke ausgelöst. Im Sportforum der Universität, in der mein Vater arbeitet, das wir einfach nur *Unihalle* nennen und das wir etwa zweimal im Jahr von Flensburg aus mit dem Auto kommend besuchen, läuft man damals gleichfalls durch eine Lichtschranke, wenn man von den Umkleidekabinen zu den Duschen geht. In der

Wand links ist eine fünfmarkstückgroße Linse eingelassen, rechts, auf gleicher Höhe gegenüber, ein kleiner Reflektor. Sobald man diese unsichtbare Lichtlinie passiert, geht eine auf Fußhöhe angebrachte Sprühdüse an, welche die Füße vorm Betreten des Schwimmbads reinigen soll

Ich bin in der Arbeitswohnung am Maybachufer, wenn ich tagsüber ans Fenster trete, sind unten auf der Straße viele Radfahrerinnen und Jogger zu sehen, jetzt nur noch vereinzelte Spaziergängerinnen und Spaziergänger, vielen ist aus dieser Perspektive von schräg oben anzusehen, dass sie sich bemühen, anderthalb oder zwei Meter Abstand zueinander zu halten. Die hier an der Ecke abbiegenden Busse haben die vorderen Bereiche mit Flatterband abgesperrt, die Restaurants und kleinen Geschäfte in der Umgebung haben geschlossen oder nur für den Außer-Haus-Verkauf geöffnet. Spätnachmittags und abends bin ich hier, davor verbringe ich viel Zeit mit den Kindern, Homeschooling nach einem mehr oder weniger festen Rhythmus. Wir fangen nach dem Frühstück an, Milan macht die von seiner Lehrerin nach einem Tagesplan vorgegebenen Matheaufgaben, manchmal etwas Englisch und Russisch, Anouk arbeitet in einem Vorschullernbuch, dessen spielerische Aufgaben sich bis zur Stumpfsinnigkeit wiederholen. Nach dieser ersten Arbeitssitzung mache ich eine Viertelstunde Musik oder Musikvideos an, jeder von uns dreien darf sich einen Song aussuchen, Anouk und ich tanzen manchmal ausgelassen dazu, anschließend liest Milan uns aus einem Comicroman dreißig Minuten lang etwas vor. Wir machen eine Pause mit zweitem Frühstück in der Küche. Weiter geht es mit Lesenlernen für Anouk, anhand desselben Systems, mit dem auch ich als Sechsjähriger Lesen lerne, sechsundzwanzig Karteikarten, auf der einen Seite sieht man einen Buchstaben des Alphabets, auf der anderen ein von Milan oder Anouk gezeichnetes Bild als Merkhilfe, auf der einen Seite also ein A und auf der Rückseite einen Apfel, D und Dampflok, und so weiter, jeden Tag kommen zwei Buchstaben hinzu. Anschließend lese ich den Kindern eine halbe Stunde aus *Die Chroniken von Narnia* von C. S. Lewis vor, das ich extra für diese Lockdown-Phase kaufe. Wenn ich beim Lesen müde werde, unterläuft es mir, dass ich einzelne Sätze seltsam betone, ich verlese mich häufig, integriere falsche Wörter in den Satzfluss, während mir die Augen zufallen, oder ich beende die Sätze bei wegdämmerndem Bewusstsein unwillkürlich anders. An vielen dieser Tage packe ich nach dem Vorlesen für die Kinder ein kleines Picknick ein, und wir gehen in den Plänterwald, Milan und Anouk fahren Fahrrad, ich jogge. Die Spielplätze sind gesperrt, aber es gibt eine kleine Lichtung, die wir stattdessen aufsuchen. Die Kinder nehmen sich Spielsachen mit, klettern über einen umgefallenen Baumstamm, trommeln mit Stöcken auf den knotigen Wurzeln des Wurzeltellers einer umgestürzten Buche, rund um die Lichtung gibt es eine Vielzahl gefällter und umgefallener Bäume, die beiden Rekorddürresommer 2018 und 2019 haben Spuren hinterlassen. Während die Kinder spielen, laufe ich vier oder fünf Runden in einem größeren Bogen um die Lichtung herum, immer in Rufweite der beiden, oder mache auf einer mitgebrachten Matte Bauch- und Rückenmuskelübungen, dann radeln und joggen wir wieder nach Hause, wo Judith übernimmt, so dass ich in unsere Arbeitswohnung fahren kann. Gestern ruft der Vater von Tom an, einem Schulfreund von Milan, und fragt, ob Tom Milan besuchen kann. Ich erkläre ihm, dass wir entschieden haben, zurzeit niemanden zu treffen, weder wir Eltern noch die Kinder, um *social distancing* zu praktizieren. Milan, der mein Telefonat mit anhört, fängt, noch während ich telefoniere, an zu rufen, das sei Mist, er wolle Tom treffen! Er weint Wuttränen und sagt, dass es doch eh nichts bringe, wenn man sich nicht treffe.

Die Tatsache, dass der Vater seines Freundes vorschlägt, Tom vorbeizubringen, ich jedoch absage, wühlt ihn unglaublich auf, weil er erkennt, dass wir strikter mit den Bestimmungen umgehen als die Eltern von Tom, was meine Erklärungen vollkommen unterminiert, warum es diese kollektive Anstrengung braucht, diese Wochen oder Monate, ohne Freunde zu sehen, ohne spontan in die Pizzeria gehen zu können, ohne Eisessen in der Eisdiele, mit dauerndem Händewaschen, Einkaufen mit Handschuhen und vor allem diese Zeit ohne Schule, dafür mit Eltern, die sich fast rund um die Uhr um einen kümmern, ein oder zwei warmen und von uns gemeinsam und nicht von der Schulkantine gekochten Mahlzeiten, mit viel von mir gebackenem Sauerteigbrot, viel Zeit im Garten und immer wieder mit den Gesprächen von uns Erwachsenen über die Zahl der Infizierten, die Lage in Italien, Spanien oder New York, die Zahl der Toten, die Gefährdung, die das Virus für unsere Eltern, also die Großeltern der Kinder, bedeutet, selbst wenn Judith und ich uns zunehmend bemühen, diese Gespräche nicht in ihrem Beisein zu führen. Diese Zeit sedimentiert sich, da sind wir uns sicher, für Milan und Anouk rückblickend als Zäsur, als besondere Katastrophen- oder Krisenzeit ihrer Kindheit in ihrem Gedächtnis. Alle öffentlichen Katastrophen meiner Kindheit verblassen gegenüber dieser lang anhaltenden Ausnahmesituation.

Zugleich, und auch das wird mir klar, verblasst wiederum diese womöglich noch Monate anhaltende Situation gegenüber dem, was meine Eltern in den ersten Jahren ihrer Kindheit erleben, Gewalt auf der Straße, Feuer und mutwillige Verwüstungen, öffentliche Hinrichtungen, die Erwachsenen, die das Kriegsgeschehen kommentieren, die näher rückende Front, Geschützdonner, schließlich die Flucht, die für meine Mutter mit erst sorglosen und dann brutalen Bildern verbunden ist, für meinen Vater, der mit der *Napola* deutlich vor dem Rest der Bevölkerung evakuiert wird, mit monatelangem Unwissen, wo sich seine Mutter, seine Schwester, sein Stiefvater, seine Halbgeschwister, sein ihm wichtiger Onkel Paul befinden oder ob diese engsten Verwandten das Ende des Krieges überhaupt überleben.

Die Corona-Pandemie erzeugt eine andere, paradoxe Zeitwahrnehmung. Die Tage in ihrer Einförmigkeit, in ihrem von jedem selbst ausgestalteten Ausnahmerhythmus, ihrer immer wiederkehrenden Struktur, bei denen sich Wochenende und Arbeitstage viel mehr ähneln als sonst, bei denen Wege und Begegnungen wegfallen, Theaterbesuche, Lesungen und Kurztrips, diese Tage vergehen unglaublich viel langsamer als sonst. Zugleich gibt es diesen sich rasant voranglühenden Katastrophenhorizont, diese sich wie ein aufgehender Sauerteig ungehemmt ausbreitende Krankheit, deren Ausmaß und Ausformungen wir noch nicht kennen, wenngleich wir diese sich immer weiter nähernde, schwer greifbare Gefahr permanent anstarren. Die sich täglich verändernden Fallzahlen, die sich immer weiter ausweitenden Listen möglicher Symptome, die immer neuen Reportagen aus den stark betroffenen Regionen in Norditalien, Spanien, Frankreich, New York sorgen zugleich für eine Rasanz der laufenden Ereignisse. Weil das Virus bedrohlich und dazu ungreifbar ist, übt alle Information, die man darüber erhalten kann, eine immense Anziehung aus, man wird praktisch in Echtzeit Zeuge, wie sich das Wissen rund um dieses Virus verbreitert und präzisiert, insbesondere was dessen Mechanismen der Ansteckung angeht, aber auch welche Maßnahmen zur Eindämmung geeignet und angemessen sind.

Am 12. März beraten Regierungsmitglieder zusammen mit Wissenschaftlerinnen und Wissenschaftlern über mögliche Schulschließungen, am selben Tag diskutiert auch der Virologe Christian Drosten in seinem Podcast diese Maßnahme, nennt aber auch gesellschaftspolitische Gründe, warum es wichtig sei, Schulen so lange wie möglich weiter geöffnet zu halten. Am Abend des 12. März schreibe ich an Yves, einen Freund, auf Telegram:

– Heute Abend 1 letzten Whisky Sour bevor die Bars Berlins für immer schließen?

– Bin heute mit Verlagsleuten beim Dinner, schreibt Yves zurück. Elena und Finn kommen auch. Es ist eine offene Gruppe. Du könntest joinen. Oder wir treffen uns morgen Abend, wie du magst.

Ich entscheide mich für diesen Abend dagegen, mich der Gruppe anzuschließen.

Am 13. März, einem Freitag, werden dann Schulschließungen für Berlin für den kommenden Dienstag in Aussicht gestellt. Zugleich wird auch mitgeteilt, dass alle Bars und Kneipen ab Dienstag bis auf weiteres schließen müssen.

Im Podcast rät Christian Drosten für das Wochenende von Bar-Besuchen eher ab, sagt zugleich aber auch, die Wahrscheinlichkeit, sich mit dem Virus anzustecken, sei allgemein aufgrund der noch niedrigen Fallzahlen eher gering. Wenn man sich doch dazu entschließe, in eine Kneipe zu gehen, solle man besser Flaschenbier statt gezapftem Bier trinken.

– Hey wie sieht's aus?, schreibe ich Yves. Einen Drink im Hr Lindemann am Richardplatz? Oder Zweiners? Ich bin ein bisschen gespalten, hätte schon Lust, noch mal rauszukommen, bevor Dienstag dann tatsächlich offiziell die Bars schließen. Andererseits ganz schön groggy, so emotionally … a night at home wäre auch ok (und wir könnten uns dann mal zum Lunch treffen die Tage ..)

– Sitze mit zwei Freunden im Keith auf der Schillerpromenade, schreibt Yves zurück. Mit genug Abstand zueinander. Habe eh schon Lungen-Druck, vermute, es ist Corona. Aber weißt du was – it's not so bad.

– Okay, I'll stay at home then … Sag Bescheid, solltest Du

wirklich in häusl. Quarantäne kommen und was brauchen, Bücher, Lebensmittel – Kinder sind ab Di eh zu Hause, ich habe Zeit …

– Thanks.

Um 4:58 Uhr schreibt mir Yves dann noch mal kurz:

– Zweiners hatte btw schon GESCHLOSSEN. Es war der letzte Barabend für einige Wochen. Es war schön. Als würde man zum ersten Mal fühlen, wie irrsinnig schön Barabende sind. Wir sehen uns »danach«.

Was erst noch ein Witz ist – die nahende Schließung von Bars und Kneipen –, wird viel schneller konkret als vermutet. In rascher Folge werden weitere Maßnahmen umgesetzt: die Aufforderung an Arbeitgeber, ihre Angestellten möglichst von zu Hause aus arbeiten zu lassen; das Verbot, die eigene Wohnung für etwas anderes als individuellen Sport im Freien, Einkäufe und notwendige Wege zur Arbeit zu verlassen; schließlich das Verbot, sich mit mehr als einer Person zu treffen, die nicht im eigenen Haushalt lebt. Diese Geschwindigkeit der Ereignisse steht in krassem Gegensatz zu der Stasis, der Einförmigkeit des Lockdown-Alltags.

Am 22. Mai treffe ich schließlich Yves – »danach«. Wir treffen uns draußen, vor einer Bar, aus der wir mit Alltagsmasken Getränke holen, wir essen zum ersten Mal wieder in einem Restaurant an einem Tisch am offenen Fenster, trinken anschließend unter freiem Himmel Crémant-Aperol aus mitgebrachten Gläsern.

Am 6. Juli schreibt mir Stina, eine Freundin aus England. Sie berichtet von der Situation vor Ort, wie sehr sie der ganze Pandemiesommer deprimiert, wie sehr sie Angst hat, dass ihre achtjährige Tochter unter der Isolation leidet. Und sie berichtet davon, dass der Lockdown dort in England gerade erst langsam wieder entspannt wird – das erste Treffen mit Freunden außerhalb ihres Haushalts stehe unmittelbar bevor, und wie sehr sie sich darauf freue. Ihre Nachricht Anfang Juli erscheint wie eine Zustandsbeschreibung der Situation hier in Berlin Ende Mai. Während in Deutschland alle Menschen die weitreichenden Eingriffe in ihren Alltag (und deren Aufhebung) jeweils gleichzeitig erleben, gibt es eine starke Asynchronität mit anderen Ländern.

Im August treffe ich Thorsten, wir gehen essen. Er erzählt mir von der Verzweiflung seines einundsiebzigjährigen Vaters, der unter den Folgen des Lockdowns und der sozialen Isolation enorm leidet – auch weil er die Perspektive hat, dass ihm nur noch wenige Jahre zu leben bleiben und eines dieser Jahre jetzt so eine unerfreuliche, einsame Zeit im Zeichen dieser Pandemie ist. Die Corona-Pandemie als tote, als geraubte Zeit, als Phase des Wartens, eines Wartens mit massiv eingeschränkter Lebensqualität, unendlich zerdehntes Stehen an der Bushaltestelle.

Das Geäst der Bäume vor dem Nachthimmel. Unten Lichter von einem Radfahrer auf der Thielenbrücke. Das Gefühl, seit Jahren an einer Schwelle zu stehen, in einer Umbruchzeit zu leben, deren Beginn im Dunkeln liegt, verwurzelt in der alten Bundesrepublik. Mein Schreibwerkzeug ist ein multifunktionales Endgerät, schnell, effizient, Ablenkungen immer zur Hand, Newsschnipsel, Blödeleien und ernsthafte Diskussionen in sozialen Netzwerken, sich ins Unendliche verzweigende Recherchen, gelegentlich Ausflüge ins Pornografische, jedes Mal vermischt mit einem gewissermaßen routinemäßigen, ganz leichten Selbstekel, manchmal der leisen Frage, wie dieser Konsum mit einem Selbstbild als feministisch denkender Mensch vereinbar ist, zugleich entsteht durch diese Momente eine unterschwellige Erotisierung des Blicks in den Bildschirm, das süchtig machende, wach haltende Gegenlicht des Screens.

Sonntag beim Joggen treffe ich zufällig Robert, ich nehme die Kopfhörer heraus, wir laufen ein Stück zusammen, sprechen über Freitagnacht, dann erreichen wir den Britzer Zweigkanal, er hält an, sagt, er biege jetzt hier ab. Sonne auf dem dunklen Wasser, die Bäume haben die Blätter abgeworfen, November, noch vor den ersten Nachtfrösten; die Bäume ziehen ihr Wasser aus der Vergangenheit. Auf den Straßen seit einigen Jahren vermehrt einzelne Bauschuttcontainer, wenn ich auf dem Fahrrad vorbeifahre, halte ich an, schaue rein, meistens tatsächlich nur Schutt, manchmal herausgerissene Dielen, getischlerte Türen, Fenster, Fensterstürze. Das alles wird aus den Häusern herausgeholt, aber nie wieder hineingetragen, die Dielen wären zu entnageln, zu reinigen, dann wieder einzubauen und zu schleifen. Stundenlohnkosten. Die Fenster haben meistens noch ihre Scheiben, manchmal sind die Beschläge abgezogen, Altmetallgewinn und Platzersparnis, Kubikmeterkosten.

Freitagabend. Judith ist mit den Kindern bei ihren Eltern. Christoph textet mir, dass sie im Circus Lemke sind. Anna feiert in ihren Geburtstag rein. Ich komme aus dem Gorki, sehe seine Nachricht, rufe ihn an.

– Ich dachte, Anna feiert morgen.

– Nein, heute.

– Ich bin in einer Stunde da.

Ich fahre los, durch die Adalbertstraße, weiter bis zum Maybachufer, am Ufer entlang bis zur Ecke Pannierstraße. Ich sammle meinen Rechner und die Bücher ein, heute dann keine Arbeit mehr. Weiter bis in die Treptower Straße, rasieren, deodorieren, umziehen. Ich entscheide mich für das dünne graue T-Shirt, den blau-weißen Digitalschnee-Pullover, darüber das heute neu gekaufte dunkle Jeanshemd, wie eine Jacke getragen, offen. Dann weiter in die Selchower Straße, Anna sitzt an einem Ecktisch mit einer Freundin, die ich aus dem Roten Salon kenne, Jonas ist da, aus Hildesheim angereist für einen Abend, außerdem Robert und Christoph. Wir trinken Bier aus grünen Flaschen, Jonas durchgehend Weißweinschorlen. Ein aus Altholz gezimmerter Tresen, Whisky- und Ginflaschen, Glühbirnen, Kerzen auf den Tischen. Graugelbe Berliner Mörtelwände, mittellaute Musik. Ist das da vorne nicht Pascal? Oder nur der gleiche Bart? Robert kommt von den Toiletten zurück. Das da vorne ist tatsächlich Pascal, wir winken uns kurz zu. Als Jonas von der Toilette kommt, fragt er Robert, ob das blaue Tütchen von ihm sei. Er habe es vorsichtshalber mal mitgenommen.

– Oh, danke, sagt Robert, ja, dann ist es jetzt erst mal bei dir, das ist doch gut.

Christoph dreht aus meinem Tabak mehrere Zigaretten, ab und zu gehen die Jungs einzeln oder zu zweit zur Toilette. Um zwölf singen wir für Anna, zwangsläufig polyphon, wir kommen kaum gegen die Barmusik, die Stimmen, den Rauch an. Anna wirkt gerührt. Alle umarmen sie nacheinander, quer über den Tisch. Eine Rotkäppchenflasche aus einem Jutebeutel, anstoßen. Wir setzen uns an einen größeren Tisch. Jonas redet auf mich ein.

– Ich habe mit siebzehn 68 Kilo gewogen, jetzt bin ich bei 82. Was wiegst du, wenn ich fragen darf?

Ich gehe einmal mit Robert, einmal mit Jonas zur Toilette. Jonas hackt routiniert mit seiner Postbankkarte. Pascals kurze Haare sind für mich noch immer gewöhnungsbedürftig, er sieht noch welpenhafter aus. Kieferpräsenz. Jonas und ich sprechen schneller, die Ideen unterbringen, als hätten wir wenig Zeit, dabei aber nicht abgewandter, im Gegenteil, gleiche Perzeptivität, kein Herzlichkeitsverlust. Um eins brechen alle auf, Anna geht, ihre Freundin Sophie ebenso, Verabschiedungen, wir verbleibenden Jungs einigen uns auf eine Station noch, eine Bar, in der man auch tanzen kann. Ich schlage Südblock vor.

– Wo ist das?

– Kottbusser Tor.

Ich schiebe mein Fahrrad mit den anderen zur U-Bahn, drei Stationen. Am Kotti ziehen verschiedene von uns Geld bei einer der Banken, beim Anschließen meines Fahrrads merke ich, dass ich meinen Schal im Lemke habe liegenlassen, verwerfe aber die Idee, jetzt sofort zurückzufahren. Drinnen bestellen wir kleine Biere, Weißweinschorlen, Wasser, Apfelschorlen. Rauchen weiter Zigaretten. Gute Musik, fast alle Anwesenden tanzen, etwa vierzig Leute, Frauen tanzen mit Frauen und Männer mit Männern, aber nicht nur, entspannte Übergänge, insgesamt eine Art ironische, dezente Euphorie, hochgereckte Arme, Travolta-Steps, Pathos-Posen, die natürlich nicht ungebrochen ernst gemeint sind und die man trotzdem genießen kann, langhaarige Typen, Spanierinnen, an den Tischen sitzen zwei Handvoll Menschen und rauchen, wir tanzen zusammen, mal alleine, mal in der Nähe der anderen. Robert tanzt mit einer Frau mit einem gold-schwarz gemusterten Shirt, längere dunkelbraune Haare, feine Gesichtszüge, dann tanzt sie mit mir, beide haben wir Spaß daran, nehmen Bewegungen des anderen auf, ohne uns zu berühren, imitieren und variieren, so geht es eine Weile hin und her. Seit dem Prosanova-Festival im Juni habe ich nicht mehr getanzt, mit Ausnahme der Griesmühle im Sommer, ein erzwungenes Ende einer langen Nacht, Duracellgefühl in der Industriehalle durch die drittel Superman, die mir Christoph damals gibt, jetzt geht die Frau mit dem schwarz-goldenen Oberteil in die Hocke, tanzt so weiter, mir fehlt ein Quäntchen an Selbstsicherheit, um gleichfalls in die Hocke zu gehen, dafür Drehungen, Cha-Cha-Cha-Steps, immer wieder überraschend zu ihr hin, entspannt von ihr weg, sie tanzt irgendwann mit einem Typen mit dunklen, langen Haaren.

– Wenn man mit der tanzt, kann man überhaupt nicht mithalten, sagt Robert mit einem Lächeln, ganz andere Liga.

Meint er jetzt mich, denke ich.

– Ich meine neben ihr, sagt er.

– Tja, die Haare, sage ich, aber wir machen das durch Moves wieder wett!

Sie geht wieder in die Hocke, der Langhaarige geht mit runter, die Leute stehen und schauen, Spektakel. Eine Weile später tanze ich mit dem Typen, ebenfalls relativ ausgelassen, Jonas kommt von der Bar, gibt mir das Tütchen, nickt Christoph zu.

– Ist nicht mehr viel, sagt er.

Wir gehen auf die Toilette, finden das eher reichlich, krümeln einen Teil zurück in das Tütchen für später, Christoph hackt mit seiner Bankkarte, formt zwei Lines, wir drehen jeder irgendein Papier zu einem Röhrchen, vor Aufregung stoße ich etwas Luft aus dem Röhrchen, statt zu ziehen, weiße Krümel verteilen sich auf den Kacheln, ich ziehe, so gut es geht, den Rest ein, kurz Scham wegen meiner Ungeschicklichkeit.

– Ging bisschen was daneben, sagt Christoph.

Ich bin ihm dankbar für den verständnisvollen Ton, wir sammeln mit den Fingerkuppen die Krümel ein und reiben sie ins Zahnfleisch. Draußen auf der Tanzfläche allmählich Aufbruchstimmung.

– Ich hätte gerne ihre Nummer, weiß aber nicht, wie ich sie fragen soll, sagt Robert.

– Frag sie doch, ob sie noch mitkommt, eins weiter, und wenn nicht, ob sie dir ihre Nummer gibt, schlage ich vor.

Wir tanzen weiter als Jungspulk, ich frage mich, ob ich ihre Hand nehmen soll für eine einfache Tanzfigur, sie einmal um ihre Achse herumwirbeln. Ich tanze auf sie zu am Rand der Fläche, sie nimmt unvermittelt meinen Kopf in ihre Hände, lächelt mich an, stößt meinen Kopf weg, mit beiden Händen, lächelt immer noch, triumphal, ich bin völlig überrascht, wir tanzen noch weiter, mit mehr Abstand jetzt, Gesicht wahren, ihre Lust, Macht auszuüben, denke ich, dann nehme ich mein

Hemd und meinen Pullover und folge Christoph nach draußen, durch die Scheiben sehe ich, dass Robert mit ihr drinnen Nummern tauscht. Haben die anderen das gesehen, das
gerade eben? Mir kam es so vor, als basierte das Tanzen mit
ihr auf wechselseitigem Einverständnis, und ich habe sie nicht
berührt oder so, einfach nur ein Tanzflächen-Flirt, für sie einer
von vielen an diesem Abend, und dann hat sie Lust, einen der
Jungs einfach mal herunterzuputzen, mich. Oder unser Jungspulk strahlt etwas Dunkel-Aggressives aus, das ich nicht wahr-
nehme, und sie brauchte einen Blitzableiter: lächeln, Annähe-
rung, und zack, Kopf weg, so nicht, Freundchen. Busse biegen
um die Ecke, von der Pannierstraße ins Maybachufer und in
der anderen Richtung, Motorbremsen, dann das rasselnde Anziehen der wieder beschleunigenden Motoren, hochtourig, ab
und zu Polizei mit Blaulicht, Dauerrazzien rund um den Gör-
litzer Park, die Presse spricht von Krieg, wir stehen draußen,
Jonas verabschiedet sich, Pascal bleibt noch, wir anderen stehen unschlüssig herum, ich beschließe, ebenfalls nach Hause
zu fahren.

Anouk kommt mir strahlend entgegen, als ich in der Kita die
Tür zum Gruppenraum öffne. Ich ziehe sie an und laufe mit ihr
an der Hand zu den Räumen von Milans Gruppe.
   – Du bist abgeholt, Milan, ruft Jakob, einer von Milans Freun-
den, als er mich sieht.
   Milan kommt gelaufen und springt mir freudig in die Arme.
Wir gehen zur Garderobe, Milan ist überdreht, spielt mit den
Schuhen eines Kindes herum, das noch nicht abgeholt wurde.
   – Bitte zieh die Fleeceweste an, Milan, sage ich. Du musst
deine Hausschuhe wegräumen. Jetzt nicht mehr spielen, ich
will nach Hause. Bitte zieh jetzt endlich deine Jacke an. Du
musst den Schal anziehen. Milan, deine Mütze. Die Mütze.
Komm jetzt, bitte.

Ich nehme Anouk auf den Arm, greife mit der freien Hand Milans Fahrradhelm, die Fäustlinge und gehe mit beiden Kindern raus, stelle Anouk auf dem breiten Bürgersteig ab, um den am Morgen hier angeschlossenen Fahrradanhänger aufzuschließen. Als ich den Schlüssel in das billige Ringelschloss stecke, lässt er sich nicht richtig drehen, der Zylinder blockiert, das Schloss geht nicht auf. Während Anouk und Milan auf dem Bürgersteig umhertapern, versuche ich es mit Wackeln, Ruckeln, Schieben, aber das Schloss bewegt sich nicht, eher droht der Schlüssel abzubrechen. Ich nehme mein Mobiltelefon und rufe Judith an, die in der Arbeitswohnung am Maybachufer ist, keine vierhundert Meter von hier.

– Hallo, sage ich, ich bekomme das Schloss von dem Fahrradanhänger nicht auf.

– Und was soll ich jetzt machen?

– Kannst du vorbeikommen, mit deinem Schlüssel?

– Ich bin gerade erst hier angekommen. Ich hab mir eben noch was zu essen gekauft, aber noch nichts gegessen.

– Dann muss ich mein Fahrrad hierlassen und mit den Kindern mit dem Bus fahren.

– Oh Mann. Jetzt ist es Viertel nach eins, wenn ich jetzt noch mal rausgehe, brauche ich bis drei gar nicht mehr anfangen zu arbeiten.

– Gut. Dann … Ich probier noch mal, ob das Schloss aufgeht, wenn nicht, ruf ich noch mal an.

– Okay.

Anouk sieht, dass ich telefoniere.

– Mama, Mama!, sagt sie.

– Was ist los?, fragt Milan.

Ich versuche erneut, das Schloss zu öffnen, aber ganz gleich, was ich mache, wie sehr ich drücke oder mit der Wut der Verzweiflung daran zerre, es bleibt verriegelt. Ich will Judith nicht noch einmal anrufen und sie mit ihrer schlechten Laune herbitten. Aber mein Fahrrad will ich auch nicht hierlassen, das brauche ich später noch. Ich nehme Anouk auf die Schultern und erkläre Milan, dass wir nach Hause laufen müssen, weil ich das Schloss nicht aufbekomme. Milan ist nicht begeistert, aber fügt sich. Er weigert sich jedoch, seine Fäustlinge und seine Mütze wieder anzuziehen, ihm sei ganz warm. Also stopfe ich beides in den Rucksack, nehme das Fahrrad in die rechte Hand, halte mit der linken zur Sicherheit Anouks Fuß fest, und wir trotten los. Als wir die Straße am Paul-Lincke-Ufer überqueren, klingelt mein Mobiltelefon. Bestimmt ist es Judith, die fragen will, ob sie jetzt kommen soll, ich zögere kurz, klappe dann doch mit dem Fuß den Fahrradständer aus, stelle das Rad ab, ziehe das Handy aus der Hosentasche. *1 Entgangener Anruf.* Ich stecke das Telefon wieder ein, gehe mit den Kindern weiter. Wir kommen direkt an der Arbeitswohnung vorbei, da oben sitzt Judith, denke ich, isst ihr Sushi und arbeitet dann gemütlich, während ich aufs Klo muss, ebenfalls Hunger habe und die Kinder nach Hause schleppe. Etwa dreihundert Meter weiter fängt Milan an zu quengeln, er sei müde, er wolle nicht mehr laufen.

– Wir können ja gleich in ein Café gehen, da kannst du eine heiße Schokolade trinken.

Diese Aussicht lässt ihn weitere vierhundert Meter laufen, dann beschwert er sich wieder. Wir sind hundert Meter von dem Elterncafé am Weichselspielplatz entfernt, aber wenn wir da schon pausieren, haben wir nicht mal ein Drittel der Strecke nach Hause geschafft, ich will lieber irgendwo in der Mitte haltmachen. Milan bleibt immer wieder stehen und weigert sich weiterzulaufen. Mir fällt ein, dass meine Mutter mich früher auf Spaziergängen und Wanderungen viel auf ihrem Rücken trägt, wie einen Rucksack, und immer wieder, wenn ich frustriert bin, dass ich langsamer bin als sie, sagt: *Aber kein Wunder, deine Beine sind ja nur halb so lang wie meine!*

Ich biete Milan an, auf dem Gepäckträger des Fahrrads zu sitzen.

– Aber du musst deinen Stock hierlassen, sage ich.

Das will er auf keinen Fall.

– Okay, sage ich und schiebe das Rad mit Anouk auf den Schultern weiter.

– Wo ist das Café?, fragt Milan.

– Komm jetzt bitte, sage ich.

– Ich will nicht mehr laufen.

– Dann setz dich auf den Gepäckträger.

– Aber nur mit Stock.

– Erinnerst du dich, wie du in Freiburg den Stock auf dem Kindersitz hattest, und der ist dann in die Speichen gekommen, obwohl du mir versprochen hast, dass du vorsichtig bist, und dann sind wir hingefallen, und das Schutzblech war zerbrochen.

– Aber ich pass auf!, sagt Milan.

– Das geht nicht. Das ist zu gefährlich.

– Aber in Freiburg war ich auf dem Kindersitz, und wir sind doch viel schneller gefahren.

– Also gut. Du setzt dich auf den Gepäckträger, und ich nehme den blöden Stock.

Ich stelle das Fahrrad ab, Milan steht vor dem Gepäckträger, versucht halbherzig hinaufzuklettern und macht ein scharfes, unartikuliertes Jammergeräusch, weil er nicht hochkommt, eins von der Sorte, das mich und insbesondere Judith immer auf die Palme bringt. Ich gehe halb in die Knie, Anouk noch immer auf meinen Schultern, packe Milan mit dem freien rechten Arm um die Taille und setze ihn auf den Gepäckträger. Dann nehme ich seinen etwa einen Meter zwanzig langen Stock, eine Haselrute, und klemme ihn in die linke Hand, die Anouks Fuß festhält, greife das Rad mit der rechten am Lenkervorbau und schiebe es mit Milan auf dem Gepäckträger weiter. Das ist deutlich anstrengender als zuvor, aber das Quengeln hat vorläufig ein Ende, und wir sind etwas schneller. Ich überlege, ob wir nicht die Weichselstraße entlang zur Sonnenallee gehen sollen, dort könnte ich das Rad anschließen, und wir könnten einen Bus nach Hause nehmen, ich müsste nur eine Busfahrkarte kaufen. Nerven würde mich vor allem, dass ich später, wenn Judith die Kinder übernimmt und ich noch mal in die Arbeitswohnung kann, um zu schreiben, erst die halbe Sonnenallee runterlaufen müsste oder wieder Bus fahren, um mein Fahrrad abzuholen. Das fräße kostbare Arbeitszeit. Außerdem habe ich jetzt keine Lust darauf, das würde sich so anfühlen, als gäbe ich Judith klein bei, und der Ärger über ihre schlechte Laune am Telefon, ihren Unwillen, zu helfen, ihr unsolidarisches Verhalten angesichts des von mir nicht verschuldeten Fahrradschlossproblems hat sich während des Geschleppes und Geschiebes ausgewachsen. Und im Café in der Ossastraße können wir bestimmt Pause machen. Rieke hat das Café neulich erwähnt, ich war noch nie dort.

Als wir das Café erreichen, bin ich mir erst unsicher, ob es überhaupt geöffnet hat, so leer ist es. Dann fällt mir ein, dass Rieke es als Ort zum Biertrinken empfohlen hat. Und Milan wirkt gerade eh ganz zufrieden auf dem Gepäckträger, Anouk schläft, ein kleines, warmes Tier, auf meinen Schultern, meinem Kopf zusammengesunken, ich müsste sie wecken. Ich erwähne Milan gegenüber nichts von meinem ursprünglichen Plan und schiebe das Rad weiter, vielleicht halten wir dann einfach beim K-Fetisch an, da ist der Kuchen gut und der Cappuccino günstig. Wir biegen ab in die Weserstraße. Dreihundert Meter weiter möchte Milan lieber wieder selber laufen, der Gepäckträger sei unbequem.

– Mütze, sagt Milan im Jammerton, meine Mütze.

Um an die Mütze heranzukommen, müsste ich Anouk

wecken, ihr Weinen ignorieren, sie auf ihre Füße stellen, den Rucksack abnehmen und Milans Mütze herausholen.

– Das geht jetzt nicht, sage ich. Vorhin wolltest du sie nicht, jetzt ist sie im Rucksack, und ich komme nicht dran.

– Ich muss auf Klo, sagt Milan.

Ich überlege kurz, ob er an eine der Linden in der Weserstraße pinkeln kann, ich müsste ihm Jacke und Weste ausziehen, die Schneehose aufknöpfen, herunterziehen, die Hosenträger für die Jeans unter dem Pullover öffnen, ihn pinkeln lassen und dann wieder anziehen. Es sind minus drei Grad, und es ist windig.

– Willst du hier pinkeln?, frage ich ihn.

– Ich muss nicht mehr.

Wir laufen weiter, Milan trägt seinen Stock wieder selbst. Als wir am K-Fetisch vorbeikommen, sagt er, er müsse jetzt doch pinkeln.

– Alles klar, sage ich.

Ich krame einhändig meinen Schlüssel aus der Hosentasche, schließe das Fahrrad an. Wir gehen durch das Café zu den Toiletten, verschiedene Leute sehen mich und die auf meinen Schultern schlafende Anouk erstaunt an. Ich lenke Milan an den Pissoirs vorbei in die Klokabine, verriegele von innen, helfe ihm einhändig aus Jacke, Weste und Schneehose, er setzt sich auf das Klo, pinkelt, ich putze ihn ab, ziehe ihn einhändig wieder an. Ich spüle, wir waschen unsere Hände mit Seife. Zurück im Hauptraum des Cafés beschließe ich, dass es zu voll ist, um jetzt eine Pause zu machen, außerdem ist es nicht mehr so weit bis nach Hause. Wir verlassen das K-Fetisch, ich schließe mein Fahrrad wieder auf, schiebe wieder, die rechte Hand am Vorbau, die linke oben bei Anouk. Noch sechshundert Meter. Anouk hängt inzwischen halb schräg an meinem Kopf vorbei auf der linken Schulter, ein kleines Bündel mit baumelnden Armen und Beinen daran. Die letzten zweihundert Meter quengelt Milan fast durchgehend, ihm sei kalt, er wolle nicht mehr laufen, er sei müde, er wolle auch auf meine Schultern.

– Wir haben es nicht mehr weit, sage ich. Da vorne bei dem roten Schild ist schon die Treptower Straße, dann nur noch um die Ecke. Oben machen wir uns einen heißen Kakao, okay?

Ich werde zunehmend ungehalten. An der Ecke kommt uns ein humpelnder Mann um die fünfzig entgegen. Vor ein paar Wochen läuft er schon einmal hier entlang, spätnachts, ich biege an der Ecke vom Radweg auf den Bürgersteig ab, um die letzten Meter bis zum Haus auf dem Fußweg auszurollen, ich überhole ihn, hinter mir Robin auf seinem Rad, wir wollen oben noch etwas trinken, Judith ist mit den Kindern bei ihren Eltern in L.

– Hier ist kein Radweg!, ruft der humpelnde Mann mir hinterher. Ich ignoriere ihn, bremse, um auf Robin zu warten, so dass der Mann an meinem Rad und mir wieder vorbeihumpelt.

– Da!, schreit er.

Er zeigt, ohne sich umzudrehen, auf die Fahrbahn und torkelt seltsam breitbeinig weiter.

– Ab!, schreit er.

Ich warte kurz auf Robin, dann fahren wir auf dem Bürgersteig vorsichtig hinter dem taumelnden Mann her, er dreht sich um, kommt auf uns zu, breitbeinig, ein besoffener kleiner Cowboy, ballt seine Fäuste.

– Ich hab ’ne neue Hüfte, brüllt er. Pass auf! Ich hab jetzt ’ne neue Hüfte!

Wir bremsen, halten an.

– Straße!, brüllt er.

Er kommt weiter auf uns zu, kurz überlege ich, ob ich mich jetzt prügeln soll, aber wir schnüren uns fix zwischen zwei geparkten Autos durch auf die Straße. Er ruft uns noch etwas hinterher, während wir im Schneckentempo die verbleibenden zwanzig Meter vorrollen. In ähnlichem Tempo kommen wir auch heute zu Hause an, wir haben eine Stunde gebraucht für zwei Kilometer. Ich öffne die Haustür und schließe das Rad im Durchgang zum Hof ab, klemme meinen Schlüsselbund zwischen die Zähne und nehme Anouk vorsichtig von den Schultern. Ich erkläre Milan, dass ich ihn heute nicht hochtragen kann, wir gehen die Treppe nach oben, ich voraus, Milan hinter mir, ich trage Anouk weiter mit beiden Armen vor dem Körper. Mit etwas Glück kann ich sie im Schlafzimmer auf unser Bett legen, ohne dass sie aufwacht. Anouk blinzelt. Manchmal schläft sie oben wieder ein. Wir gehen vorsichtig die Treppe weiter hinauf, mit einer Hand ziehe ich den Wohnungsschlüssel zwischen meinen Zähnen hervor und schließe auf, während ich Anouk so bequem wie möglich mit dem Oberarm und der anderen Hand halte. In der Wohnung trage ich sie in unser Bett, lege sie ab, sie richtet sich auf, ich lege sie vorsichtig wieder hin, streiche ihre vom kalten Wind rote Wange mit ihrem altrosa Schnuffeltuch, es nützt nichts, sie hat die Augen jetzt weit geöffnet. Also hat Anouk eine Stunde zu wenig geschlafen, ich habe eine Stunde weniger Zeit mit Milan allein. Ich mache ihm seinen Film an, gehe mit Anouk in die Küche, gebe ihr eine Reiswaffel, setze Milch auf für eine heiße Schokolade.

Judith kommt eine Stunde später nach Hause, kümmert sich um die Kinder.

– Du hast jetzt schlechte Laune, oder wie?, sagt sie. Weil ich nicht herbeigeeilt bin?

– Ich kann mir kaum vorstellen, dass ich mich an deiner Stelle so verhalten hätte. Nur weil du keine zehn Minuten deiner kostbaren Arbeitszeit opfern wolltest, hatte ich eine super anstrengende Stunde mit den Kindern.

– Aber ich hab dich doch angerufen!

– Ja. Ich war nicht schnell genug, und dann hattest du schon wieder aufgelegt.

– Ihr hättet ja auch den Bus nehmen können, sagt sie. Aber wahrscheinlich wolltest du auch einfach deinen Leidenstrip durchziehen.

Ein paar Minuten später fahre ich endlich in die Arbeitswohnung, ich habe alle Ersatzschlüssel für das klemmende Schloss mit, auch den von Judiths Schlüsselbund, außerdem einen Seitenschneider in der Laptoptasche. Ich beantworte ein paar E-Mails, schließlich arbeite ich an meinem Buchprojekt weiter. Um halb elf werfe ich die ausgezogenen Grünteeblätter aus der Kanne in den Biomüll, spüle Tassen und Kanne ab und stelle sie umgedreht auf das Abtropfgitter. Als ich an der Kita ankomme, steht der Fahrradanhänger noch an derselben Stelle. Ich probiere alle Schlüssel durch, aber das Schloss lässt sich auch mit den anderen Schlüsseln nicht öffnen. Also setze ich den Seitenschneider an, ein leises Kurpseln, schon ist der Anhänger ab. Ich werfe das Schloss in den nächsten Mülleimer, kupple den Anhänger an mein Fahrrad an und fahre durch die Kälte nach Hause, dieselbe Strecke, die ich acht Stunden zuvor mit zwei Kindern und dem Fahrrad laufe. Diesmal brauche ich dafür nur zwölf Minuten.

Das Haus meiner Kindheit steht auf einem Hügel, vom Dachgeschoss aus kann man die Ostsee sehen, zum Strandbad Solitüde sind es nur wenige Minuten mit dem Fahrrad in Richtung Nordosten. Ganze Sommer verbringen wir hier am Strand, eingetaucht in das schwach salzige Wasser der Ostsee. Wir Kinder haben Angst, auf die dunklen Miesmuschelbänke zu treten, wenn wir Richtung Land zurückschwimmen und mit den Füßen Grund suchen. Wir meiden diese Muschelbänke nicht, weil sich die Kanten der unter den Fußsohlen leicht wegbrechenden, offenen Muscheln in die Haut bohren könnten, sondern, weil sich in unseren Köpfen irgendwann die fixe Vorstellung festsetzt, dass sich am Grund des hier rund

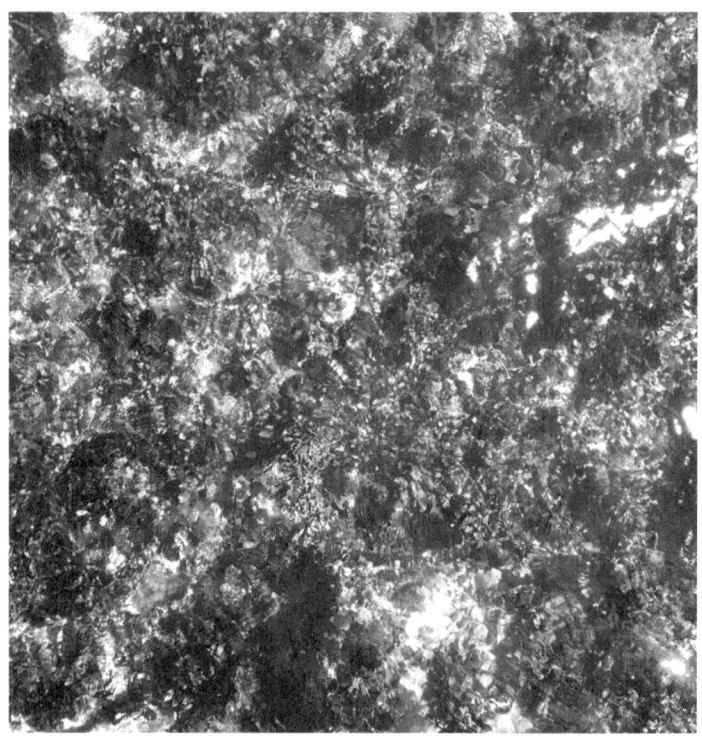

eineinhalb Meter tiefen Wassers angeschwemmte Reste der in der Flensburger Förde zu Kriegsende versenkten Schiffe und U-Boote befinden, Munition, handgroße, rostbefallene Stücke Metall, ein abgerissener Finger, zwei aufgeweichte Zehen der mit den Schiffen untergegangenen Matrosen zwischen dem weichen, blass lachsfarbenen Muschelfleisch, dem graugrünen Blasentang. Wir tauchen unsere Köpfe bis zu den Wangenknochen unter Wasser und können so bei leichter Dünung im Halbschatten des eigenen Schädels bis auf den Grund sehen, der Blick ins Wasser ist dann fast so klar, als hätte man eine Taucherbrille auf.

In entgegengesetzter Richtung zum Strandbad, also in Richtung Südwesten stößt man fünfhundert Meter Luftlinie vom Haus meiner Kindheit entfernt auf das eingezäunte Gelände der Marineschule Mürwik, benannt nach dem Stadtteil. Der Name Mürwik bedeutet *morastige* oder *moorige Bucht*, urkundlich erwähnt wird die Gegend 1436 noch unter dem Namen *Mürholm*, wie ich jetzt im Netz herausfinde, ab 1734 taucht dann der heutige Name auf, die Bezeichnung *Mür*, für *moorig*, rührt wahrscheinlich von den Sedimenten her, die durch den südlich der Marineschule verlaufenden Osbekbach noch heute bei starken Regenfällen in die Flensburger Förde geschwemmt werden und das Wasser trübe erscheinen lassen. Die Osbek ist kurz vor der Mündung in die Ostsee verrohrt, trotzdem kann man, auf dem Mündungsrohr stehend, das Kerbtal gut erkennen, welches der Bach in den Hügel schneidet, an den bachaufwärts gelegenen Abhängen des Tals gehen wir als Kinder im Winter immer wieder Schlitten fahren, im Herbst sammeln wir weiter nördlich auf der anderen Seite der eingezäunten Marineschule Eicheln im frei zugänglichen Teil des Twedter Holzes. Dass dieses ganze Areal, einschließlich der Straße, in der das Haus meiner Eltern steht, Teil des vierzehn Quadratkilometer großen Gebiets des *Sonderbereichs Mürwik* ist, wird mir ebenfalls erst jetzt im Zuge meiner Buchrecherchen klar. In seinem politischen Testament verfügt Adolf Hitler, dass nach seinem Ableben der Großadmiral und Oberbefehlshaber der Marine Karl Dönitz sein Nachfolger werden und die Reichsregierung leiten soll. Diese Regelung tritt am 30. April 1945 durch Hitlers Suizid in Kraft, die Nachricht darüber erreicht Dönitz am 1. Mai 1945. Er und sein Stab treffen am 3. Mai in der Marineschule ein und bleiben dort bis zum 23. Mai als Reichsregierung tätig – womit der *Sonderbereich Mürwik* nach der Kapitulation am 8. Mai 1945 einen wurmfortsatzartigen Rest des sogenannten *Dritten* oder *Tausendjährigen Reichs* darstellt, der noch zwei Wochen nach dem Ende des Zweiten Weltkriegs einfach weiterbesteht. Nur zweieinhalb Jahre zuvor erstreckt sich der nationalsozialistische Geltungsbereich am Höhepunkt seiner gewaltvollen Expansion über halb Europa, jetzt schrumpft er auf ein vierzehn Quadratkilometer kleines Gebiet im Norden von Flensburg zusammen. Die NS-Ideologie besteht in diesem Sonderbereich bis zum 23. Mai bruchlos weiter, samt Hinrichtungen von angeblichen Deserteuren, nachrichtendienstlicher Tätigkeit, täglichen Kabinettssitzungen, an denen Albert Speer als Wirtschafts- und der ehemalige Reichsminister ohne Geschäftsbereich Herbert Backe als Innen- und Kultusminister teilnehmen. In meinem Geschichtsunterricht ist die Episode Dönitz eine Fußnote, unser Oberstufengeschichtslehrer erwähnt beiläufig, dass sich die Regierung Dönitz in Flensburg einquartiert, wie lange sie tatsächlich dort aktiv ist, erwähnt er nicht. Dass sie erst am 23. Mai aufgelöst wird und ihre Mitglieder verhaftet werden, wird von sogenannten *Reichsbürgern* bis heute als Argument dafür vorgetragen, dass das Deutsche Reich trotz der Kapitulation der Wehrmacht bis heute weiterbestehe. Und mitten in dem Gebiet dieses Sonderbereichs steht im Twedter Strandweg also das Haus meiner Kindheit.

Kurz vor Kriegsende trifft auch Heinrich Himmler mit einem Stab von hundertfünfzig Mitarbeiterinnen und Mitarbeitern in Mürwik ein, Sekretärinnen, SS-Männer und Gestapo-Leute, die Führungsriege der Konzentrationslager, der Auschwitz-Kommandant Rudolf Höß und der Einsatzgruppenführer Otto Ohlendorf. Alfred Jodl, Chef des Wehrmachtführungsstabes, Wilhelm Keitel, Chef des Oberkommandos der Wehrmacht, und Alfred Rosenberg, führender Ideologe der NSDAP und Reichsminister für die besetzten Ostgebiete, halten sich ebenfalls in Mürwik auf. In den folgenden Tagen werden im Polizeipräsidium von Flensburg zigfach falsche Papiere für Kriegsverbrecher ausgestellt, viele verstecken sich in umliegenden Dörfern oder mischen sich mit falschen Uniformen unter gewöhnliche Wehrmachtssoldaten – Flensburg-Mürwik ist ein wichtiger Knotenpunkt auf einer der Hauptfluchtrouten vieler Nationalsozialisten, die später als *Rattenlinie Nord* bezeichnet wird. Himmler wird an der Regierung Dönitz nicht beteiligt, am 8. Mai tauscht er seine SS-Uniform gegen die eines einfachen Feldpolizisten, rasiert sich sein Oberlippenbärtchen ab und flüchtet ins nahe gelegene Kollerup, einen kleinen Weiler, der als Hauptquartier des Wehrmacht-Oberbefehlshabers Nordwest dient.

Am 30. April bestätigt die Reichsregierung den sogenannten *Regenbogenbefehl*: Alle Schiffe der Reichsmarine sind in aussichtsloser Lage vor der nahenden Übergabe an die Alliierten zu versenken. Im Zuge der Verhandlungen mit den Briten über eine Teilkapitulation Norddeutschlands nimmt Dönitz den Befehl am 4. Mai zurück, ein Funkspruch aus seinem Hauptquartier untersagt die Schiffsversenkung ausdrücklich – Dönitz' Adjutant legt den Kapitänen nahe, die sich die Aufhebung des Befehls noch einmal persönlich bestätigen lassen wollen, die Schiffe entgegen der Weisung dennoch untauglich zu machen. In der Folge versenken die Kapitäne von rund siebenundsechzig U-Booten, zwei Zerstörern und etlichen Begleitbooten eigenmächtig am frühen Morgen des 5. Mai ihre Schiffe in der Flensburger Förde, der größte Teil in der nahen Geltinger Bucht. Nach Kriegsende werden die meisten U-Boote geborgen, einzelne Rümpfe liegen jedoch so tief im schlammigen Grund der Förde, das sie nicht herausgezogen werden können und daher an Ort und Stelle gesprengt werden, noch heute sind dort sogenannte U-Boot-Kuhlen zu finden, Trümmerteile und verschiedene Artefakte, und irgendwo in der Förde liegt noch immer ein Kleinst-U-Boot vom Typ *Seehund*.

Soldaten, die kurz vor oder nach der Kapitulation nicht mehr zu kämpfen bereit sind oder nach der Rücknahme des

Regenbogenbefehls die Steuerinstrumente ihrer Schiffe be-
schädigen, um ein Auslaufen in den jetzt offensichtlich sinn-
losen Kampf zu verhindern, werden noch in der Bucht oder
auf dem Schießplatz von Mürwik auf dem Twedter Feld nahe
der heutigen Krähenkolonie standesrechtlich erschossen, die
letzte Exekution dieser Art erfolgt am 10. Mai 1945. Zu den
allmorgendlichen Besprechungen des Zwergenreichskabinetts
der Regierung Dönitz erscheinen die Männer immer wieder
restalkoholisiert, Alfred Rosenberg, für den Dönitz keine Verwendung hat, verstaucht sich im Suff ein Bein und wird daraufhin im Feldlazarett von Mürwik behandelt. Der Befehls-
haber von Flensburg, Wolfgang Lüth, ein hochdekorierter
U-Boot-Kommandant und eine Art lokale Berühmtheit, kann
sich in der Nacht zum 15. Mai in seiner Trunkenheit nicht
mehr an die von ihm selbst ausgegebene Parole erinnern. Weil
er dennoch darauf besteht, in die Kaserne eingelassen zu werden, erschießt ihn der Wachtposten kurzerhand, sein Sarg wird
in einer Hakenkreuzfahne bestattet, es ist das letzte Staatsbe-
gräbnis des *Dritten Reichs.* Er liegt auf dem Friedhof Adelby
neben Dönitz' Stellvertreter Hans-Georg von Friedeburg, der
sich seiner nahenden Verhaftung am 23. Mai per Suizid ent-
zieht. In einem von Säuleneichen gesäumten Ehrenhain stehen dort noch heute zwei kreuzförmige Grabsteine, in die statt
Sternchen und Kreuz für die Markierung von Geburts- und
Sterbedatum die *Elhaz-Rune* eingemeißelt ist, die als *Lebens-*
und *Sturz-* oder *Todesrune* bis heute bei Neonazis beliebt ist.
Auf dem Friedhof in Flensburg-Adelby findet man auch auf
anderen Grabsteinen, teils auch auf solchen aus den letzten
Jahren, diese Zeichen wieder.

Vor einer Woche suche ich das Bundesarchiv in Berlin-Lich-
terfelde auf. Man erhält am Eingang gegen Vorlage des Perso-
nalausweises ein Besucherkärtchen. Die Ziegelbauweise und

die Anordnung der Gebäude auf dem Areal erscheinen mir wie eine verkleinerte Variante der Marineschule in Mürwik.

Der Bau des Hauptgebäudes der Marineschule, *Rote Burg* genannt, wird 1907 begonnen. Einem Wunsch Kaiser Wilhelms II. folgend, hat die Architektur starke Anleihen an die Marienburg, jene größte Burganlage der Welt, einst Sitz des deutschen Ritterordens. Die Marienburg liegt rund fünfzehn Kilometer nördlich von Stuhm, jener Kleinstadt, in der mein Vater zwei Jahre lang als Zehn- und Elfjähriger die *Napola* besucht und von der aus die Schüler eine Besichtigung der Marienburg unternehmen; siebenundvierzig Jahre später besuchen meine Mutter, mein Vater und ich (als damals ebenfalls Elfjähriger) während einer Polenreise die Burg.

Der weitläufige Gebäudekomplex des Bundesarchivs, der mich an die Marineschule erinnert, stammt aus den 1870er Jahren, und ich bin erstaunt, wie wenig Architekturentwicklung zwischen 1870 und 1907 stattfindet, als wäre das neunzehnte Jahrhundert nicht nur in seiner politischen Struktur, sondern auch in seinen ästhetischen Ausdrucksformen erst 1918 untergegangen. Das Gelände hier ist ursprünglich (wie auch die Marineschule) Teil einer preußischen Kadettenanstalt, genauso wie mein Vater zwischen 1943 und 1945 eine solche nationalsozialistische Kadettenanstalt preußischer Prägung besucht. Wesentliche Umbauten der hier auf dem Gelände liegenden Gebäude erfolgen Ende der 1930er Jahre, als hier die sogenannte *Leibstandarte SS Adolf Hitler* kaserniert wird. Auf dem Weg zum Lesesaal passiert man einen kubischen, beinahe fensterlosen, 2009 fertiggestellten Neubau, die unverputzten Backsteinwände fügen sich gut in das Ensemble der übrigen Gründerzeitbauten ein, zu denen eine Kirche, ein Pförtnerhäuschen und mehrere große Kasernengebäude gehören, die alle ebenfalls viel Backstein zeigen. Ein schmaler Teerweg führt über eine riesige, winterlich karge, teils eichenbestandene Wiese zu einem riegelförmigen Nachkriegsgebäude mit Lesesaal. Ich schließe meinen Rucksack und meinen Mantel in einem Spind ein, nehme meinen Rechner, ein Notizbuch und einen Bleistift sowie Kopien des *Ahnenpasses* meines Vaters. Ich weiß überhaupt nicht, was mich erwartet, ob ich etwas und, wenn ja, was ich hier zu meinem Großvater und meinem Großonkel zu Gesicht bekommen werde. Im Lesesaal etwa ein Dutzend Menschen, junge Wissenschaftlerinnen oder Publizisten, interessierte Rentner, Archivmarder, die sich sorgsam über Folianten beugen oder Listen durcharbeiten. Ich gehe zum Anmeldetresen, erläutere dort mein Vorhaben und bekomme einen Antragszettel in die Hand gedrückt, den ich ausfülle und am Tresen wieder abgebe. Der langhaarige Archivar überfliegt ihn und erklärt mir, dass ich diese personenbezogenen Daten nicht selbst heraussuchen dürfe und dass es vier bis sechs Wochen dauern könne, bis ich Antwort bekäme. Antwort bekäme ich aber in jedem Fall. Ich fahre also fürs Erste ohne neue Erkenntnisse zu meinem Großonkel oder meinem Großvater wieder nach Hause.

Ich frage meinen Vater am letzten Abend in D. auch nach Erinnerungen an jüdisches Leben in Treuburg, wo er aufwächst, bis er neun Jahre alt ist. Es habe an der Nordseite des großen Marktplatzes eine Synagoge gegeben, erzählt er, und er erinnere sich daran, wie diese im November 1938 verwüstet worden sei, seine Mutter habe ihn, der damals gerade einmal fünf Jahre alt ist, auf die Straße geschickt, wo sie einen stadtbekannten sozialistischen Arbeiter entdeckt hatte, und ihn, meinen Vater, aufgefordert, ein nationalsozialistisches

Lied zu singen, vielleicht das *Horst-Wessel-Lied* oder ein anderes, später am Tag habe sie ihn dann zur Synagoge geschickt, um sich dieses Ereignis anzuschauen, sie selbst sei jedoch zu Hause geblieben. Warum sie ihn dort hingeschickt habe, wisse er nicht genau, er vermute, weil es einfach ein besonderes, einprägsames Ereignis gewesen sei, so mein Vater, die Scheiben des Gebäudes seien zertrümmert gewesen, auf der Straße hätten von Hand zerrissene Papierfetzen mit der für ihn fremden hebräischen Schrift gelegen. Er erinnere sich auch an einen jüdischen Fellhändler, der an der Südseite des Marktplatzes sein Geschäft gehabt habe, sein Vater, also mein Großvater, der von Beruf Fleischer gewesen ist, habe diesem Händler die bei der Schlachtung anfallenden Felle verkauft, er selbst habe ihn oft begleiten dürfen, der Händler sei immer ausgesprochen freundlich zu ihm gewesen und habe ihm jedes Mal zehn Pfennig zugesteckt. Sein Vater habe diesem Händler auch dann noch Felle verkauft, als schon hier und da Schilder ausgehangen hätten mit der Aufschrift *Kauft nicht bei Juden*.

– Der Händler hat Katzenfelle und alle möglichen Tierfelle gesammelt, sagt mein Vater. Die wurden besonders präpariert und dann gegerbt.

– Und der gab dir dann einen Groschen – so wie Kinder beim Fleischer eine Scheibe Wurst bekommen.

– Genau. Mit zehn Pfennig konnte ich ein Eis kaufen. Das kleinste Eis kostete nur fünf Pfennig. Zwei Brötchen kosteten fünf Pfennig, oder noch billiger.

– Wie oft wart ihr dort?

– Ich war ein paarmal mit. Aber das ist nicht geheim geblieben. Mein Onkel Paul war Parteimitglied. Und da hat mein Onkel dann meinem Vater über mich diese Botschaft überbringen lassen, er stünde auf der schwarzen Liste und solle vorsichtig sein.

– Du wurdest dann so als Bote benutzt …

– Die haben sich auch manchmal getroffen, mein Vater und mein Onkel. Mein Onkel war SA-Mann. Er war mit fünf Jahren vom Pferd gestürzt, als die Pferde zur Tränke geführt wurden, und hatte einen Buckel und war kleinwüchsig.

– Hast du denn mitbekommen, von diesem Fellhändler, dass der …

– Nein, sagt mein Vater. Ich habe nur gehört, dass der auch abgeho…, die wurden quantitativ, allesamt. Da blieb, glaub ich, keiner mehr übrig. Die wurden alle dann …

– Das wurde dir aber erzählt.

– Ja. Als Anlass wurde da genommen, dass in Paris ein Angehöriger der deutschen Botschaft von einem jungen Juden erschossen wurde. Und dann haben die das ausgenutzt, um so eine Maßnahme zu rechtfertigen. Und irgendwie waren alle vielleicht auf so etwas schon vorbereitet, weil das so generalstabsmäßig wirklich ziemlich konzentriert an dem einen Tag da passierte.

– Du hast vorhin erzählt von Vernichtungslagern, wusste man nicht, dass es Vernichtungslager gab?

– Da hab ich nicht mal ansatzweise einen Hauch davon gehört. Sondern nur, dass es Konzentrationslager gab. Die wurden dann in so einer Verballhornung Konzertlager genannt. Es gab ja auch viele bekannte politische Häftlinge in den Dreißigerjahren, die wurden dann auch wieder entlassen. Also, dass es solche Lager gab, das war teils gar kein Geheimnis. Aber welche Verbrechen da begangen wurden, mit teils massenhafter Ermordung, davon habe ich nie eine Andeutung gehört.

Wir machen eine Pause, die Speicherkarte auf dem Aufnahmegerät ist voll, ich schließe es an meinen Rechner an und ziehe die Dateien herüber, was einige Minuten dauert. Das Gerät, sagt mein Vater, sei jetzt nicht auf Aufnahme, richtig? Also er habe dann von seinem Onkel Paul erfahren, dass dieser Fellhändler abgeholt und in ein Konzentrationslager gebracht worden sei. Dann sagt er unvermittelt, auch in dem Haushalt seiner Großeltern hätten solche Dienstmädchen aus Polen und der Ukraine gearbeitet. Er macht eine Pause, ich merke, dass ihn irgendetwas beschäftigt, und bitte ihn, mir mehr von Zwangsarbeitern in Treuburg zu erzählen. Es habe viele solche Zwangsarbeiter gegeben, auch in der Landwirtschaft, sagt er. Einer dieser Zwangsarbeiter habe einmal in einem Streit einen Bauern mit einer vorgehaltenen Mistgabel bedroht, daraufhin sei er festgenommen und wenige Tage später in der Nähe von Treuburg hingerichtet worden, wobei andere polnische Zwangsarbeiter gezwungen worden seien, zuzuschauen und die Hinrichtung durchzuführen. Ein Pole habe seinen gefesselten Landsmann auf einem Holzkarren zum Galgen fahren müssen, dort sei dem Gefesselten auf dem offenen Wagen von einem weiteren Polen die Schlinge um den Hals gelegt worden. Dieser gefesselte Zwangsarbeiter habe vor dem Galgen stehend um Gnade gebeten, er habe zu Hause mehrere Kinder, aber man habe ihm nur gesagt, das hätte er sich früher überlegen sollen. Ob das stimme, mit dieser Antwort, wisse er nicht, sagt mein Vater, so habe es ihm aber sein Onkel Paul erzählt. Dem wagenlenkenden Zwangsarbeiter sei der Befehl zum Anfahren gegeben worden, woraufhin dem aufgeknüpften Gefesselten buchstäblich der Boden unter den Füßen weggezogen und er so erhängt worden sei. Diese Hinrichtung habe sein Onkel organisiert.

Wenig später beenden wir das Gespräch für den Abend, mein Vater verabschiedet sich für die Nacht und geht ins Elternschlafzimmer, ich putze in dem Badezimmer im Keller des Ferienhauses meine Zähne, an den Wänden lassen Feuchtigkeit und Schimmel den Putz aufblühen, dann steige ich die Wendeltreppe nach oben unters Dach, wo Milan und Anouk auf Matratzen liegen und schlafen, ich lege Anouk vorsichtig in das Reisebettchen und mich selbst neben Milan, schließe die Augen; in einer Art Wiederholungsschleife laufen vor dem inneren Auge Bilder dieser Hinrichtung wie in einem Film ab, Bilder dieser Hinrichtung, die ich nur aus der in kargen Worten angedeuteten Erzählung meines Vaters kenne, von der er bislang nie gesprochen hat. Im Gegensatz zu den inneren Bildern aller anderen Ereignisse, von denen mein Vater mir berichtet, sind diese Sequenzen nicht farbig, sondern schwarz-weiß und von einer flackernden, körnigen Qualität wie bei alten Filmaufnahmen. Von unserer gemeinsamen Reise nach Masuren 1991 kenne ich den Marktplatz, den Standort der Fleischerei seines Vaters, seine dürren Hinweise verbinden sich also mit

einer erinnerten, realen Topografie, selbst die verwüstete und, wie ich mir ausmale, brennende Synagoge erscheint mir farbig, nicht aber diese kurze Sequenz, die ich unwillkürlich in eine weite, wie mediale Ferne rücke, die mir eher wie eine luzide und zugleich kaum greifbare Erinnerung an einen Traum erscheint.

1991 und 1992 machen wir mit dem Auto meiner Eltern, einem Nissan Bluebird, zwei Reisen ins ehemalige Ostpreußen oder, von heute aus gesprochen, nach Nordostpolen und in den Oblast Kaliningrad. 1991 fahren wir über Dresden, Prag, Krakau und Warschau nach Mragowo, dem früheren Sensburg. Ich erinnere mich, wie wir unterwegs Freunde oder Bekannte meiner Eltern, meist Ehepaare, treffen, die Männer sind Chemiker, mein Vater kennt sie von Tagungen und Kongressen oder noch vom Studium, in Warschau schauen wir uns eine Synagoge an, vor dem Betreten des Gebäudes setzen mein Vater und ich uns Kippot auf, die uns ausgehändigt werden, später besuchen wir das damals noch überschaubar kleine Jüdische Museum, eine Ausstellung über das Warschauer Ghetto. Ich erinnere mich an ein Foto von einem zwölf- oder dreizehnjährigen Mädchen in einer Gasse, sie trägt einen zu großen Mantel aus einem eher groben Stoff, auf sie sind Gewehre gerichtet, sie hält die Hände über den Kopf, in ihrem Gesicht sieht man Angst, vielleicht steht neben ihr noch ein kleinerer Junge mit einer Schiebermütze. Es ist eine ikonische Fotografie, ich habe dieses Bild danach sicherlich noch unzählige Male an verschiedenen Stellen gesehen. Ich erinnere mich auch an Fotografien von ausgehungerten, skeletthaften Körpern aus dem Ghetto, erwachsene Menschen, aber auch Kinder, die teilnahmslos in die Kamera blicken, in ihren Gesichtern sitzen in der Nähe der Augen Fliegen; einen solchen dem Hungertod nahen Menschen nennt man damals aus mir unbekannten Gründen in der

Lagersprache *Muselmann*, was ich jedoch erst Jahre später erfahre.

Um das damalige Bild klarer vor Augen zu haben, gebe ich die Stichworte *Warschauer Ghetto Aufstand Foto Mädchen* in die Suchmaschine ein, das Bild, das ich erinnere, ist der dritte Treffer, die Aufnahme ist Teil des sogenannten *Stroop-Berichts*, mit dem die Nazis die Niederschlagung des Aufstands dokumentieren, es zeigt eine ganze Gruppe von Ghettobewohnerinnen, die vermutlich, wie ich den begleitenden Texten entnehmen kann, für den Abtransport in das Vernichtungslager Treblinka zusammengetrieben und dann kurz angehalten werden, um für den Propagandabericht ein Foto zu machen, das Mädchen ist kein Mädchen, sondern eine junge, vielleicht dreißigjährige Frau, schräg hinter ihr ein Mädchen mit einem Tuch um den Kopf, dem die blanke Angst in den Gesichtszügen steht, der kleinere Junge im Vordergrund ist etwa neun Jahre alt, nur wenig älter als Milan, er steht etwas abseits der Gruppe, man sieht seine weit aufgerissenen Augen, aber auch eine Klarheit in seinem Gesicht, er weint nicht, er trägt einen dicken, etwas zu großen Mantel, Schiebermütze und kurze Hosen, rechts im Bild erkennt man ein paar feiste Soldaten. Wenn ich jetzt hier am Tisch mit dem Foto auf dem Bildschirm meines Rechners noch einmal versuche, mich zu erinnern, welches Bild ich vor Augen hatte, bevor ich im Netz diese ikonische Abbildung suche, merke ich, dass sich die inneren Bilder wie Mehrfachbelichtungen oder Fotomontagen überblenden, sich aus den an vielen Orten gesehenen Bildern der Shoah und anderer Verbrechen der Nationalsozialisten speisen, und außerdem fällt mir auf, dass ich gerade eben vor der Netzrecherche vor meinem inneren Auge anstelle des Gesichts der dreißigjährigen Frau das Gesicht von Sophie Scholl sehe, auch von ihr gibt es diese eine ikonische, etwas grobkörnige Schwarzweißfotografie, auch ihr sieht man, so scheint es zumindest, eine Art Furcht oder Sorge an, sie hebt allerdings nicht die Hände. Natürlich, so denke ich jetzt, ist dieser unbewusste Austausch der Gesichter bezeichnend, natürlich will ich in meiner verfälschenden Erinnerung in dem Bild lieber Sophie Scholl sehen, um als Deutscher, also als Nachfahre der Täter, durch diese optische Verschiebung in die Rolle des Opfers zu rutschen. Erinnerungspolitik des Unterbewusstseins. Letztendlich kann ich nicht mehr mit Sicherheit sagen, ob damals im Jüdischen Museum in Warschau tatsächlich genau dieses ikonische Foto vom Aufstand im Ghetto ausgestellt ist oder andere Bilder gezeigt werden, aber woran ich mich deutlich zu erinnern glaube, ist, dass ich dort, in Warschau, zum ersten Mal in meinem Leben dieses namenlose Entsetzen in mir spüre, Entsetzen darüber, was Menschen anderen Menschen antun können und ganz konkret dort vor Ort in Warschau 1943 tun, ein Erschrecken über mich selbst, in dem auch das Bewusstsein steckt, dass ich als Deutscher anders dafür verantwortlich bin, als wenn ich etwa Pole oder Amerikaner wäre, auch wenn es damals als Elfjähriger noch kein Nachdenken darüber gibt, ob auch in meiner Familie, unter meinen Großeltern, meinen Großonkeln und -tanten, einige oder sogar viele Täterinnen und Täter sind. Vor diesem Schrecken über das Grauen, dieser fast nicht vorstellbaren Gewalt verblasst alles andere. Was sich damals in der Folge zum ersten Mal bei mir einstellt, ist das Gefühl, nichts mehr von der Welt zu wollen, außer sich dem Elend zu ergeben, sich dieser Ohnmacht hinzugeben; eine Welt da draußen, in der man sich normaler Dinge erfreuen könnte, scheint für den Moment nicht mehr zu existieren. Irgendwann sage ich meiner Mutter, dass ich das Museum lieber verlassen möchte, und wir treten auf die sonnenbeschienene, schmale Kopfsteinpflasterstraße vor dem Jüdischen Museum.

Von Warschau aus fahren wir über Landstraßen nach Nor-

den, es wirkt wie eine Reise in die Vergangenheit, je weiter
wir kommen, desto häufiger fahren wir auf ungepflasterten
Straßen, der Automobilclub gibt uns eine Karte mit, auf der
alle Tankstellen verzeichnet sind, die bleifreies Benzin haben,
die Abstände zwischen diesen Tankstellen werden immer größer, endlose Alleen, es sind warme Sommerwochen, die Ernte
ist in vollem Gange, irgendwo passieren wir Äcker, auf denen
das Korn zu Garben gebunden in Hocken auf den Stoppelfel-
dern steht. Wir erreichen schließlich Sadry, das früher Zon-
dern heißt, einen Weiler zwischen Mragowo oder Sensburg
und Ryn oder Rhein, wie wir damals sagen, und quartieren
uns dort auf einem Bauernhof ein, wo außer uns noch ein paar
weitere Touristinnen und Touristen aus Deutschland Urlaub
machen, die meisten von ihnen sind auf einer Art Sehnsuchts-
reise zu den Landschaften, die sie noch aus ihrer Kindheit kennen oder aus den Schilderungen ihrer Eltern. Die Unterkunft
bietet Vollpension, das Bauernehepaar ist Teil der deutschen
Minderheit in Masuren, bei den Mahlzeiten werden immer
wieder Geschichten erzählt, in denen Deutsche zu Opfern von
Polen oder von Soldaten der Roten Armee werden, ähnlich
strukturierte Geschichten lese ich später ein paarmal im *Treuburger Heimatbrief*, einer kleinen Rundschrift der Vertriebenen
aus dem Heimatkreis meines Vaters. Erzählt wird etwa eine
Begebenheit vom Nachbargehöft, dessen Bauer sich im letzten
Moment mit seiner Frau in einer Scheune vor den Soldaten der
Roten Armee verschanzt und das Scheunentor von innen mit
seinen bloßen Händen zuhält, so dass seine Finger aus dem
Tor zwischen zwei Brettern herausschauen, woraufhin die Soldaten eine herumstehende Axt nehmen und ihm die Finger
abhacken. Im Gespräch gibt mir mein Vater etwas später zu
verstehen, dass das von besonderer Brutalität zeuge, weil die
Verteidigung von Haus und Hof ein uraltes Recht sei, das diese
Soldaten nicht respektiert hätten. Deutsche als Täter kommen

in diesen Erzählungen nie vor, auch die systematische Ermordung der polnischen Intellektuellen nach der Eroberung durch die Wehrmacht im Herbst 1939, die Gräueltaten der Wehrmacht auf dem Russlandfeldzug oder das millionenfache Verhungernlassen der russischen Kriegsgefangenen, das Jagen, Zusammentreiben und systematische Ermorden von Jüdinnen und Juden hinter der Front durch Sonderkommandos werden nicht erwähnt. Abgesehen von diesen dunklen Geschichten verbringen wir entspannte Tage in Sadry, ich mache zum ersten Mal Urlaub auf einem Bauernhof, der ältere Sohn der Bauersleute ist in etwa gleich alt, wir gehen im fußläufig erreichbaren Waldsee baden, besuchen den Markt in Mragowo, machen Ausflüge in die Umgebung. Einmal leihen wir von einem Bauern aus dem Nachbarweiler einen kleinen Deichselwagen samt Pferd aus, mein Vater lenkt das Pferd souverän, ich habe ihn noch nie mit Pferden umgehen sehen, fingerlange Bremsen sitzen an zwei oder drei Stellen im Fell des Tieres, das Pferd erzittert an einzelnen Partien seines Körpers, Fliegen und kleinere Bremsen stieben auf, aber die großen Insekten bleiben einfach sitzen, bis mein Vater sie vom Kutschbock aus nacheinander mit der Gerte von der Haut schiebt und sie abschwirren.

Wir machen Tagesausflüge nach Olsztyn und zu dem Kindheitsdorf meiner Mutter nahe der Grenze zum Oblast Kaliningrad. Das Dorf ist auf den Karten nicht verzeichnet, die meine Eltern vom Automobilclub haben, wir fahren zunächst nach Sepopol, der früheren Kleinstadt Schippenbeil, dann weiter auf gut Glück in östlicher Richtung. Meine Mutter erkennt andere Dörfer und Gehöfte im Umfeld, die Badestelle an einem Bach, an dem zwei ihrer Tanten als Kinder bei einem Badeunfall ertrinken, schließlich fahren wir auf ein Dorf zu, dessen Kirchturm meine Mutter wiederzuerkennen glaubt. Lwowiec steht auf dem Ortsschild, der Name Löwenstein klingt in dem polnischen Ortsnamen noch an, wir sind also richtig. Das Dorf ist erstaunlich klein, viel kleiner etwa als D., was mein inneres Bild dessen, was ein *Dorf* ist, prägt, hier sind es nur ungefähr fünfzehn Höfe rund um einen Dorfanger mit Kirche in der Mitte, am Rand der Wiese steht das vormalige Gasthaus Briese, das meine Mutter wiedererkennt. Vom Hof, auf dem meine Mutter aufwächst, bis sie sechs Jahre alt ist, und auch von der kleinen Wehrkirche des Dorfes mit mehreren Storchennestern auf dem Dach kenne ich bereits, bevor wir nach Lwowiec kommen, Schwarzweißfotografien, die in Flensburg im Haus meiner Eltern im sogenannten Klavierzimmer hängen. Wir parken das Auto und laufen durch das Dorf, der Anger sei früher eine Allmendewiese gewesen, erzählt meine Mutter, in der Mitte die backsteingotische Kirche aus der Zeit des Ritterordens, überhaupt ist auf dieser Reise viel vom Ritterorden die Rede, die Kirche ist offen, im Eingangsbereich steht ein Weihwasserkrug, rote Kerzen flackern im Innenraum, die früher protestantische Kirche ist jetzt unübersehbar mit katholischen Insignien bestückt. Draußen laufen wir um den Anger herum zu dem Kindheitshaus meiner Mutter, sie sieht es jetzt seit 1945 zum ersten Mal wieder. Den Hof kenne ich aus Erzählungen von ihr und meiner Großmutter, es gibt eine Aufzeichnung auf Kassette, in der meine Großmutter von ihrer Kindheit dort berichtet; die Weißküche befindet sich im Wohnhaus, dort wird alltäglich gekocht, die Schwarzküche ist in einem separaten Gebäude und enthält einen gemauerten Ofen zum Brotbacken, eine offene Feuerstelle, auf der in einem Kessel Wasser erhitzt wird zum Wäschewaschen, im Dach der Schwarzküche ist ein kaminartiger, rußgeschwärzter Abzug, in den Schinken und Würste gehängt werden zum Räuchern. Auf dem Hof sind Knechte und Mägde beschäftigt, mit denen mein Urgroßvater nur in der dritten Person gesprochen habe, so meine Großmutter: *Hat er schon das Korn gedroschen? Er hacke danach das Holz.* Auf dieser Kassettenaufnahme von 1986 bin auch ich zu hören mit meiner etwas vorlauten Sechsjährigenstimme: *Was haben die Pferde da gemacht?* Meine Mutter erzählt in den Jahren vor der Polenreise hin und wieder, wie sie als Sechsjährige vor der eigentlichen Flucht mit ihrem jüngeren Bruder Flucht spielt, ihre Puppen und Puppensachen auf einen Spielzeugpferdewagen lädt, erst als sie dann gemeinsam mit ihren drei Brüdern, ihrer Mutter und ihren Großeltern einen Leiterwagen besteigt, um schließlich tatsächlich den Hof vor der anrückenden Front im Januar 1945 zu verlassen, realisiert sie den Ernst der Situation: Ihr Großvater weint, was zuvor nie vorkommt. Sie fliehen in Richtung Nordwesten, ziehen, wie meine Mutter gelegentlich mit stockender, ernster Stimme erzählt, in einem langen Treck mit anderen Flüchtenden über das zugefrorene Frische Haff, links und rechts der Strecke auf dem Eis stehen immer wieder Leiterwagen, die Wagenlenker sitzen noch aufrecht auf dem Kutschbock, vom Maschinengewehrfeuer einzelner, die Trecks beschießender Tiefflieger getroffen, die Pferde vor dem Wagen seitlich weggeklappt und bereits von Reif überzogen, Wagen, Pferde und Lenker versinken langsam im Eis, die Familie meiner Mutter schafft es über das Haff, als sie auf der Nehrung ankommen, müssen die Leiterwagen die Dünen heraufgezogen werden, dafür ist es notwendig, immer vier statt nur zwei Pferde vor die Wagen zu spannen, man hilft sich gegenseitig aus, aber es gibt notgedrungen Verzögerungen. Genau in diesem Moment kommen Tiefflieger und beschießen den Treck und die sich die Dünen heraufwindenden Leiterwagen, meine Großmutter sucht mit ihren vier Kindern Schutz in den dort wachsenden *Kujel-* oder Krüppelkiefern. Sie übernachten auf dieser Flucht in aufgelassenen Höfen oder bei Bauern, die sich weigern zu fliehen oder die noch nicht aufgebrochen sind. Sie sind auf das Wohlwollen dieser Leute angewiesen, um ihre Pferde unterstellen zu können, Schlafplätze zu finden, etwas zu essen zu bekommen, am Rand der verstopften Landstraßen baumeln in den Bäumen erhängte Wehrmachtssoldaten, die sich den Befehlen ihrer Offiziere verweigert oder versucht haben zu fliehen, wobei ich dieses Bild nicht aus den Schilderungen meiner Mutter kenne, sondern aus einem Erfahrungsbericht zur Flucht, den ich irgendwann im *Heimatbrief des Kreises Gerdauen* lese, der zweimal im Jahr per Post kommt und in Stapeln auf dem kleinen Telefontisch am Ende des Wohnzimmers liegt. Im Kreis Karthaus werden sie schließlich von der Front überrollt, Soldaten der Roten Armee kommen in das Gebäude, in dem sie zusammen mit anderen Fliehenden am Tag zuvor Zuflucht suchen, eine Art Schulaula oder Turnhalle, meine Großmutter versteckt sich unter einem Berg von Decken und Teppichen, die die Familie meiner Mutter in dem Leiterwagen mitführt, um sich gegen die Kälte zu schützen, mein Urgroßvater sitzt neben diesem Deckenberg und legt abwehrend einen Arm auf den Haufen. Meine Großmutter hat Angst, dass ihre beiden älteren Söhne als Arbeitskräfte nach Russland verschleppt werden könnten, einmal wird sie selbst zum Arbeitseinsatz mitgenommen, kann aber nach drei Tagen fliehen und kehrt zu ihrer Familie zurück. Mein Urgroßvater hört auf zu essen, damit die anderen sich die wenige Nahrung teilen können, er stirbt in einem kleinen Dorf und wird notdürftig in der gefrorenen Erde begraben, die Bauern, bei denen sie für die Nacht Unterschlupf finden, versprechen, im Frühjahr Eíen auf dem Grab zu pflanzen. Meine Großmutter beschließt im Februar 1945, nach Löwenstein zurückzukehren, 1914 flieht sie schon einmal mit ihren Eltern vor der näher rückenden Front, nach der Schlacht von Tannenberg kehren sie jedoch zurück und setzen ihr altes Leben fast ohne Bruch fort, und diese Erfahrung bewegt sie dazu, auch jetzt, im Februar 1945, den Rückweg anzutreten. Als sie nach Löwenstein kommen, sind in der Nähe einige Russen stationiert, sämtliche Autos der Umgebung, darunter auch das meines Großvaters, stehen auf einem Acker und werden als Übungsziele für Tiefflieger verwendet, meine Mutter und ihre Brüder ziehen durch die leeren Gehöfte und suchen nach Essen und Saatgut, Geld liegt auf der Straße, es gibt ohnehin nichts zu kaufen, keine offenen Geschäfte, in einem entlegenen Gehöft finden die Kinder bei ihren Streifzügen die Überreste des Bauernehepaars auf dem Küchenboden liegen, das Vieh wird in großen Herden nach Osten getrieben, meine Großmutter arrangiert sich, so gut es geht, mit den russischen Besatzern, hin und wieder schlachten sie eine Kuh und suchen dann meine Großmutter auf, die als Bauerntochter geschlachtetes Vieh zerlegen kann. *Komm, Frau, korova kaputt*, sagen die russischen Soldaten, habe ihre Mutter erzählt, sagt meine Mutter. Zwischen den russischen Soldaten und meiner Großmutter entsteht nach und nach eine Art symbiotisches *laisser vivre*, ob es dabei zu sexueller Gewalt kommt, weiß ich nicht, wenn ich meine Mutter heute frage, sagt sie, sie habe so etwas, wenn es denn passiert sein sollte, was sie nicht glaube, nie mitbekommen. Ab dem Sommer 1945 kommen mehr und mehr Polen ins Dorf und nehmen die Höfe in Besitz, sie sagen Sätze wie: *Wir dürften alles mit euch machen, wir dürfen euch nur nicht umbringen*, habe ihre Mutter erzählt, sagt meine Mutter. Ob diese Polen selbst im Krieg Opfer der Deutschen geworden sind oder ob sie aus dem sowjetisch besetzten Ostpolen zwangsumgesiedelt werden, diese Überlegungen spielen in den Erzählungen meiner Großmutter und auch meiner Mutter keine Rolle. Die russischen Besatzer raten meiner Großmutter im Herbst 1945 schließlich, nach Westen zu gehen, jenseits der Elbe gäbe es wieder Schulen, Ordnung, Geld und Staat. Meine Großmutter zieht mit einem Handkarren, ihrer Mutter und ihren vier Kindern nach Westen, sie gehen nachts und verstecken sich tagsüber in leeren Häusern oder in den Wäldern, um nicht aufgegriffen zu werden, immer in der Angst, sie oder ihr ältester Sohn könnten als Arbeits-kräfte nach Sibirien verschleppt werden, irgendwann können sie heimlich in leeren Güterwaggons Richtung Westen mitfahren, sie schlagen sich bis Berlin durch und gehen dort über die sogenannte *Grüne Grenze* nach Westberlin.

Wir tapern etwas unschlüssig um das Wohnhaus des Gehöfts herum, in dem meine Mutter geboren wird und die ersten sechs Jahre ihres Lebens verbringt, Stockrosen blühen im Garten, Flieder, die Tür geht auf, und eine etwa vierzigjährige Frau kommt heraus.

– Dzien dobry, sagt die Frau.

Wir antworten mit derselben Begrüßungsformel, ebenfalls auf Polnisch.

– Do you speak English?, fragt meine Mutter.

– No, sagt die Frau.

– Deutsch? Français?

Wieder schüttelt die Frau den Kopf.

– I was born here, sagt meine Mutter vorsichtig und deutet auf die Wand, hinter der die Küche liegt.

Die Frau zögert, hinter ihr in der Tür erscheint ihr Mann. Dann sagt sie etwas auf Polnisch, deutet auf das Haus, meine Mutter nickt, und wir treten ein.

Wir gehen durch den Flur in die Küche und weiter durch die Wohnräume, die einfach eingerichtet sind, ein Resopal-tisch, ein Elektroherd und ein zweiter, mit Holz zu befeuern-der gusseiserner Herd stehen in der Küche, niedrige Decken. Nach fünf Minuten sind wir wieder draußen. Wir gehen um das Haus herum und zwischen Wohnhaus und der langge-streckten Scheune hindurch, hinter dem Haus liegt ein Ge-müsegarten, dahinter öffnet sich das flache Land zu Äckern, in meiner Vorstellung ist es das Feld, auf dem die Autos des Dorfes versammelt werden, um als Ziele für die Flieger zu die-nen, aber ich kann nicht mehr sagen, ob meine Mutter mir das tatsächlich erzählt an jenem Tag oder ob ich mir das lediglich so zusammenreime, theoretisch könnte es natürlich auch ein anderes dorfnahes Feld gewesen sein.

– Das dahinten, sagt meine Mutter, ist der Wald meines Großvaters.

Er habe ihn zuletzt verpachtet, sagt sie, wie sein ganzes Land, auf den Wald sei er aber immer besonders stolz gewesen. Wir setzen uns wieder ins Auto und fahren über einen Sandweg dorthin. An einer Weggabelung halten wir an und steigen aus. Meine Mutter nimmt ein Marmeladenglas, das sie anscheinend schon länger für diesen Moment bereithält, und gibt zwei Handvoll Erde in das Glas.

Es ist sehr warm, tiefblauer Himmel, am Rand der Wälder Mücken und unzählige Fliegen, Bremsen, Wildbienen, ich schwitze, immer wieder gehen wir in dem nahe gelegenen See schwimmen, dem See, den ich schon vom letzten Sommer her kenne, im vorigen Jahr haftet einmal ein grünschwarzer Blutegel an meiner Wade, es ist unsere zweite Reise nach Polen. Die Wälder sind hier in Sadry dichter als zu Hause, es riecht nach Harz und Pilzen, riesige Flächen bedeckt mit niedrigem Blaubeergestrüpp. An einem Nachmittag machen meine Eltern einen Spaziergang, ich ziehe mich auf unser Zimmer zurück und lege mich auf mein Zustellbett, eine Art bessere Sonnenliege mit Schaumstoffpolster. Ich lasse meine Hand in meine Unterhose gleiten und fasse mich an, neugierig, was passiert. Meine Mutter fragt mich im Frühling auf dem Rückweg vom Schwimmkurs, ob die Jungen in meiner Klasse jetzt auch so Freundinnen hätten.

– Ja, sage ich etwas gequält und schiebe nach: Aber ich finde das komplett lächerlich.

– Gut, dass du deine Unschuld noch ein bisschen genießen kannst, sagt sie.

Ich bete dafür, dass bei mir die Pubertät endlich richtig ein-setzt. Als Neun- oder Zehnjähriger denke ich, dass ich gerne möchte, dass diese Phase bei mir früh beginnt und möglichst rasch vorübergeht, Gefühlsschwankungen, Pickel, Wachstums-schübe, der Beginn der eigenen Sexualität.

sie trägt ein ärmelloses, ziemlich weites Shirt. Wir haben einige Rechenaufgaben bekommen und sitzen still neben-einander, die Sonne scheint durch die Fenster herein, mein Blick streift umher, und ich bemerke eher zufällig, dass ich von dort, wo ich sitze, an ihrem Arm vorbei seitlich unter das weiße Shirt schauen kann. Was ich dort entdecke, schockiert mich ein bisschen, denn ich kann deutlich erkennen, dass sie kleine Brüste hat, die sich ganz leicht vom Rest des Körpers abheben. Dabei bin ich doch erst in der vierten Klasse! Ich bin von dem Anblick fasziniert und versuche immer wieder, möglichst unauffällig in die Richtung zu schauen, im dafür notwendigen Winkel. Ich kann spüren, wie sich in der Hitze ein Tropfen Schweiß unter meiner Achsel bildet und langsam an meiner Flanke herunterrinnt, was noch nie vorgekommen ist. Niemand bemerkt mein Starren, eine Weile später ist die Stunde vorbei

mittwochs ist in der sechsten Klasse nach der vierten Stunde die Schule aus, ich muss zusammen mit ein paar Freunden die fünfte Stunde überbrücken, um danach in die Instrumental-AG gehen zu können. Wir hängen im Klas-senzimmer ab, hinten steht ein Sofa, einige BRAVO-Hefte liegen herum, an der Wand haben wir Poster aufgehängt. Wir machen Hausaufgaben oder reden über die Mädchen in unserer Klasse, über die nächste Geburtstagsparty und Steh-blues, den wir Engtanz nennen, oder wir lesen uns Texte von Dr. Sommer vor. Einer meiner Schulfreunde erzählt mir kurz vor den Sommerferien, dass er einen Orgasmus gehabt habe. Wie man das mache, will ich wissen.

– Na ja, man fummelt oder rubbelt so, sagt er, und dann kommt da so eine weißliche Flüssigkeit raus, die klebrig ist. Die nennt man Spermien.

– Vielleicht ist das eher so was wie eine Fehlgeburt, sage ich und denke an die Formulierung meiner Mutter bei einem Aufklärungsgespräch, *der Samen des Mannes*, bei der ich mir vorstelle, dass man spürt, wie eine Art kleine Kugel, ein kompaktes Samenkorn den Penisschaft entlangwandert und dann heraustritt.

– Ganz sicher nicht. Ich habe auch mit einem Freund gesprochen, der schon älter ist. Bei dem ist das auch so.

– Und was macht man dann damit?

– Man wischt das in ein Taschentuch oder so

Ich überlege, ob mich hier jemand überraschen könnte. Die Tür kann ich von innen nicht verriegeln, aber meine Eltern sind vor ungefähr zehn Minuten gegangen, dass sie in den nächsten Minuten schon zurückkommen, ist unwahrscheinlich. Und dass unsere Gastgeberin oder jemand anderes einfach herein- kommt, glaube ich nicht. Ich ziehe meine Hose herunter und schaue mich auf dem Bett liegend genauer an. Es fühlt sich gut an, mich anzufassen. Ich reibe ein wenig mit beiden Händen herum, eher unschlüssig, ziehe mit zwei Fingern vorsichtig die Haut zurück, berühre mich mit den Fingerkuppen, was ziemlich schmerzhaft ist, aber mir auch einen unglaublichen Schub an Wohlgefühl verschafft, so dass ich damit weiterma- che, mit diesem tupfenden Berühren. Der Schmerz verblasst etwas, und weil es sich gut anfühlt und aufregend ist, mache ich einfach weiter, was ich noch nie so intensiv probiert habe. Das Gefühl nimmt an Intensität zu, Lust und Schmerz ziehen sich wie eine Schlinge um mich zusammen, plötzlich erst ein und dann zwei kleine Tropfen einer transparenten Flüssigkeit, in der ich milchige Schlieren erkennen kann. Ein ungekanntes Gefühl. Ich gehöre jetzt auch dazu, zu den großen, den sexuellen Wesen.

Zwei Tage später fahren wir in die Kreisstadt Olecko, sie wird zweimal umbenannt in den letzten hundert Jahren, bis 1928 heißt der Ort Marggrabowa, dann erhält er einen deutschen Fantasienamen, Treuburg, der darauf verweisen soll, dass sich bei einer gemäß den Statuten des Versailler Vertrags durchgeführten Abstimmung 1920 über die künftige Zugehörigkeit des Gebiets 28 625 Stimmen für die Zugehörigkeit des Kreises zu Ostpreußen aussprechen und nur zwei Stimmen für Polen abgegeben werden, wie mein Vater mir bei verschiedenen Gelegenheiten erzählt, auch jetzt, als ich ihn in D. zu seiner Heimatstadt befrage, flicht er diese Information ein. 1945, nachdem der südliche Teil von Ostpreußen Polen zugeschlagen wird, erhält der Ort dann wieder einen neuen Namen, er heißt jetzt Olecko, was wiederum auf eine historische Bezeichnung des Landkreises zurückgeht, in unserer Familie wird aber, wie bei allen Ortsnamen aus dem früheren Ostpreußen, mit großer Selbstverständlichkeit immer nur der deutsche Name benutzt. Wir besuchen 1991 schon einmal den riesigen kopfsteinbepflasterten Marktplatz, finden nach einer Weile zwei Straßen weiter den Standort des Hauses, in dem mein Vater aufwächst, bis er acht Jahre alt ist. Das Haus ist abgerissen worden, das Grundstück liegt brach und wartet auf Neubebauung, hinter dem vormals rückwärtigen Garten fließt ein Bach, in dem er, so mein Vater, als kleiner Junge im Hochsommer viele Male täglich baden geht. Wir gehen zurück zum Marktplatz, er zeigt uns, wo in seiner Kindheit die Fleischerei seines Großvaters und die seines Vaters steht, und auch den Standort der Synagoge, ein eher unscheinbares Reihenhaus auf der Nordseite des Marktplatzes, und erzählt uns auch, wie er Zeuge der Verwüstung in der Pogromnacht wird. An der Ostseite des Marktplatzes bleibt mein Vater stehen. Hier habe ein Trödelladen gestanden, aus diesem Laden sei einmal ein junger Mann abgeführt worden, ein Jude, er habe sich die Wange gehalten, offensichtlich sei ihm ins Gesicht geschlagen worden, er habe resigniert gewirkt und *Achott, achott* gesagt, immer nur *Achott, achott*. Davon erzählt mein Vater spontan nur dieses eine Mal, nie davor und niemals danach.

In D. frage ich ihn nach weiteren Erinnerungen an Gewalttaten gegen Jüdinnen und Juden in Treuburg. Er antwortet ausweichend.

– Ich erinnere mich, sage ich zu ihm, als wir in Treuburg waren, dass du erzähltest, wie ein jüdischer Händler abgeführt wurde.

– Es fällt mir jetzt schwer, das zur Sprache zur bringen, sagt mein Vater. Aber wenn du das sowieso schon weißt … Ich war am Marktplatz irgendwo in einem Geschäft, ich glaube, wo man auch Angelhaken und so kaufen konnte. Und dann haben zwei oder drei Leute einen jungen Mann von circa dreißig Jahren abgeführt, und der hat immer so voll Schmerz die Hände so hochgehalten und dann so jüdisch-jiddische Schmerzensrufe getan: *Auweia, auwei; auweia, auweia.* Statt dass er *O weh* sagte, war das auf Jiddisch offenbar *auweia*. Aber er sah total bürgerlich aus.

– War das der Fellhändler?

– Das war nicht dieser Händler, der Händler war sechzig. Der junge Mann war total bürgerlich, ordentlich gekleidet, wie ein höherer Bankangestellter oder ein Büromensch. Und den haben sie da abgeführt und öffentlich dann weggeführt. So viele Autos gab es nicht. Die haben sich auch nicht gescheut, den so öffentlich über die Straße zu führen.

– War das dann auch im Rahmen der Novemberpogrome?

– Ja, wahrscheinlich, sagt mein Vater. Obwohl, er hatte keinen Mantel an oder so, es muss Sommer gewesen sein. Vielleicht war das doch schon vorher.

– Ich habe in Erinnerung, sage ich, dass du erzählt hast, der hätte *Achott, achott* gesagt.

– Vielleicht war es das!, sagt mein Vater, aufgeregt von der sich wieder einstellenden Erinnerung. Vielleicht hat er *Achott, achott* gesagt! Das wäre auch Ostpreußisch. Das war das übliche Wort des Bedauerns und des Wehklagens.

– Du hast damals die Vermutung geäußert, dass das ein Jude war.

– Das war immer meine Vermutung. Ich habe niemals mit wem darüber gesprochen. Auch damals nicht. Aber wenn ich auf unserer Reise das so erzählt habe, dass der *Achott, achott* gesagt hat, damals war meine Erinnerung noch näher, das ist dann eher wahrscheinlich.

Die Erinnerung meines Vaters an dieses Erlebnis wird 1991 vom Lokalaugenschein in Treuburg ausgelöst, kommt kurz an die Oberfläche, rund fünfzig Jahre nachdem er Zeuge dessen geworden war, um dann wieder zu verschwinden und fünfundzwanzig Jahre in meinem Gedächtnis zu überwintern, um jetzt, zumindest was Details angeht, wieder seiner Erinnerung auf die Sprünge zu helfen. *Land der dunklen Wälder.*

Auf unserer Reise suchen wir auch das Grab des Vaters meines Vaters. Unweit des Marktplatzes liegt ein halb verwilderter Stadtpark, der frühere evangelische Friedhof, Gestrüpp und Giersch wachsen dort und überwuchern verwitterte, umgefallene oder umgestoßene Grabsteine, wir irren über das verkrautete Gelände, stoßen schließlich auf eine Lichtung, auf der eine Reihe von steinernen Kreuzen steht, namenlose deutsche und russische Gefallene des Ersten Weltkriegs sind hier begraben, ich erinnere mich, wie meine Eltern mir in den Achtzigerjahren immer zehn Pfennig in die Hand geben, wenn wir einem der uniformierten Spendensammler der Deutschen Kriegsgräberfürsorge begegnen, auf dem Holm etwa oder einmal bei einem Ausflug nach Kiel in der dortigen großen Halle des Hauptbahnhofs, und ich die Münze durch den Schlitz der verplombten Dose stecken darf, die Dose wird in regelmäßigen Abständen geschüttelt, um mit dem Rasseln der Münzen Aufmerksamkeit zu erzeugen; die Bahnhofshalle in Kiel mit ihren gusseisernen Trägern stammt anders als der Bahnhof in Flensburg aus der Kaiserzeit, ein dreischiffiger Kopfbahnhof, durch dessen Dach es bei Regen hier und da ein wenig auf die Gleise tropft, das Holz des Tonnengewölbes und auch die mittig sich hinziehenden Oberlichter sind vom Ruß der bis in die Siebzigerjahre hinein hier verkehrenden Dampfloks dunkel eingefärbt. Vielleicht hat die Kriegsgräberfürsorge auch diese Lichtung auf dem Friedhof rund um die Kreuze von Brombeerranken und Brennnesseln freigehalten, denke ich damals, jedenfalls kann mein Vater sich erinnern, dass das Grab seines Vaters von hier aus etwa hundert Meter hügelan liegt. Wir suchen im Gestrüpp, finden keine intakten Grabsteine, nur immer wieder Grabumfassungen, dunkle steinerne Rahmen, knöchelhoch über den Erdboden hinausragend, aus denen Birken, verschossene Lebensbäume und Hainbuchen wachsen. Wir bleiben vor einer mit Giersch überwucherten Fläche stehen, die gleiche Pflanze, die immer wieder in den Garten meiner Eltern in Flensburg hineinwuchert, aus dem verwilderten Garten eines unbewohnten Nachbargrundstücks kommend, *hinter der Hecke* nennen wir Kinder dieses wilde Grundstück, auf dem wir ganze Nachmittage spielend verbringen, während unsere Mutter versucht, den Giersch im Garten auszurotten, ihn mit den knotenbildenden Rhizomen aus der Erde zu ziehen, eimerweise kippt sie die Blätter, die hellen Wurzeln zwischen den Heckenbäumen hindurch in den verkrauteten Nachbargarten. Mein Vater bleibt stehen, wir drei knietief im

130

Giersch. Plötzlich höre ich ein Schnaufen, begleitet von einem gepressten, hohen Jaulen, ein Geräusch, das ich zuvor noch nie in meinem Leben gehört habe, mein Vater steht vorgebeugt da, schief, Tränen laufen seine Wangen hinunter, tropfen von seinem Vollbart auf die Erde. Zum ersten Mal seit der Beerdigung seiner Mutter sehe ich meinen Vater weinen. Wir stehen zu beiden Seiten neben ihm, keiner sagt ein Wort. Meine Mutter beginnt, mit einer zusammengerollten Zeitung Blätter und Blütendolden des Gierschs herunterzuschlagen, nach und nach legt sie eine zwei mal einen Meter große Fläche frei. Als sie damit aufhort, kann man jedoch sehen, dass die freigelegte Fläche quer zu den steinernen Grabumfassungen liegt.

mein Vater zieht sein Oberhemd und Unterhemd aus, setzt sich mit nacktem Oberkörper auf den Drehstuhl in der Mitte der Küche. Meine Mutter legt ihm ein Handtuch über die Oberschenkel und beginnt, mit einer Schere Haare und Bart meines Vaters zu schneiden, Barthaare fallen hinunter, verfangen sich im Brusthaar meines Vaters, rieseln auf seinen kräftigen Bauch und weiter auf den weißen Fliesenboden der Küche. Meine Eltern unterhalten sich dabei mit gedämpften Stimmen, hin und wieder klemmen die Barthaare in der Schere, mein Vater stöhnt auf, meine Mutter wartet kurz, dann schneidet sie weiter, bringt den Vollbart auf Zentimeterlänge, kürzt die gesamte Restbehaarung des markanten Schädels meines Vaters, die Haare über den Ohren, am Hinterkopf, im Nacken, die spärlichen Einzelhaare oben auf dem Kopf

Beim Blick aus dem Fenster der Arbeitswohnung stelle ich mir vor, mein Körper würde eine Spur hinterlassen, der durchmessene Raum würde von langen schlangen- oder tunnelförmigen Spuren markiert, je öfter ich an einer bestimmten Stelle war, desto dunkler ist die Markierung. In der Draufsicht ergäbe das eine Karte, ich stelle mir vor, dass ich diese Karte – etwa so wie bei Google Earth – näher heran- oder aus ihr herauszoomen kann und wie die Knotenpunkte der Markierungslinien an Orten zu sehen sind, an denen ich Jahre meiner Lebenszeit verbracht habe, Flensburg, Berlin, Hildesheim, Freiburg und, etwas schwächer, in D., wo das Ferienhaus meiner Eltern steht; kleinere Ballungen ergäben sich an den Orten, an denen ich im Rahmen von Projekten oder Stipendien gearbeitet habe, München, Ludwigsburg, Stuttgart, Köln, Hamburg, New York, Los Angeles, Schreyahn im Wendland; längere Auslandsaufenthalte als Schüler wären ebenfalls deutlich markiert, Bellport, New York, Columbus, Ohio, Sausset-les-Pins und Saint-Cyr-sur-Mer bei Marseille. Als feine Gespinste kämen Reisen hinzu, die nur durch zwei spinnfadendünne Linien, die Hin- und Rückflüge, mit den übrigen Knäulen verbunden wären, Südtirol, mehrere Kanadaaufenthalte, Algonquin Provincial Park und Vancouver Island, Polen, Russland, Brasilien, Estland, mehrere Male Schweden, mehrere Aufenthalte in der Provence, Granada und die Costa del Sol, Baja California und Sinaloa in Mexiko, Japan, Vietnam, Hongkong, Singapur, Australien, Graz, Salzburg, Klagenfurt, Paris, London, Leeds, Tel Aviv und Jerusalem, Sardinien, Lanzarote; und die mit dem Zug oder dem Auto zum Teil auch wieder häufiger aufgesuchten Orte, L., Budapest, Bukarest, Sofia, Wien, Istanbul, Amrum, Sylt, Tübingen, Marburg, Karlsruhe, Schaffhausen, Leipzig und Frankfurt, neben diversen weiteren Orten, an denen ich nur wenige Tage oder Stunden verbracht habe. In diesem Moment wird mir klar, dass meine Mobilfunkgesellschaft im Prinzip die nötigen Daten besitzt, um diese Karte meiner Aufenthaltsorte seit 2003 zu erstellen. Und mir wird im gleichen Zug klar, dass diesem Luxus von Mobilität immer auch ein gewisser Klassenhabitus anhaftet – neben der Tatsache, dass viele dieser Reisen in Länder der sogenannten *Neuen Welt* gehen und damit eine touristische Form der postkolonialen Landnahme darstellen.

Wenn ich auf dieser Karte meiner Bewegungsspuren sehr nah heranzoomen würde, könnte ich mir Arbeitswege anschauen, oft genommene Fahrradrouten durch Städte, und bei noch stärkerer Vergrößerung einzelne Räume in Gebäuden betrachten, Seminarräume, Schlaf- und Arbeitszimmer; die Orte, an denen meine Schreibtische und Betten gestanden haben, würden die dunkelsten Färbungen zeigen. Ich stelle mir vor, ich könnte jederzeit etwa mit einem Klick zu dieser Spur der privaten Bewegungstopografie die Spuren anderer Menschen hinzunehmen, Eltern, Geschwister, Partnerinnen, Affären, Freundinnen und Freunde, zunächst nur dort, wo ich Zeit mit ihnen in denselben Räumen verbracht habe, dann auch die Spuren, bei denen ich um die jeweiligen ungefähren Aufenthaltsorte dieser Menschen weiß, und dann, als weitere Stufe, das Davor und Danach, die gesamte Lebensspur, um zu sehen, wo sich Spuren berühren, kreuzen und überlagern, zeitgleich und zeitversetzt. Man könnte, so stelle ich mir vor, für ein und denselben Raum unterschiedliche Zeiten wählen, wer war hier in genau dieser Wohnung am Maybachufer vor zwanzig, vor achtzig oder vor einhundertzehn Jahren, und wohin hat sich diese Person bewegt.

Judith und ich fahren zusammen zur Kita, an meinem Fahrrad hinten der Anhänger mit Anouk, über meinem Gepäckträger sitzt Milan im Kindersitz. Vor der Kita schließen wir unsere Fahrräder ab, Judith hebt Anouk aus dem Anhänger und läuft mit ihr die restlichen fünfzehn Meter bis zum Eingang der Maikäfergruppe, ich schnalle Milan ab und gehe mit ihm in die Garderobe der Wiesenkäfer. Heute sind wir ausnahmsweise nicht zu spät dran, anders als sonst immer, wenn ich das Gefühl habe, meinem Leben permanent fünf oder zehn Minuten hinterherzulaufen, Milan zieht sich träumerisch langsam aus, Handschuhe, Helm, Mütze, Schal, Regenjacke, Fleecepullover, Schuhe, Schneehose. Kleidungsstück für Kleidungsstück, mit längeren Pausen dazwischen. Drei Kinder, die mit je einem Elternteil nach uns in die Garderobe kommen, überholen uns. Milan wartet darauf, dass ich ihm helfe, oder er schaut den anderen Kindern zu, wie sie sich umziehen, zeigt ihnen sein mitgebrachtes Spielzeugflugzeug. Anders als sonst empfinde ich sein gemächliches Tempo nicht als anstrengend und quer zu meinem gehetzten, ambitionierten Alltag, vielmehr finde ich diesen kleinen Menschen in seinem Sosein, seiner leichten Ängstlichkeit, seinem traumverlorenen, sensiblen Weltwahrnehmen heute schlicht berückend. Ich hänge seine Jacken und die Hose für ihn auf den Haken, dann gehen wir über den Flur zum Gruppenraum, ich drücke ihm den mitgebrachten Apfel in die Hand, wir klopfen, öffnen die Tür, die Erzieherin begrüßt Milan, der den Apfel zu dem anderen Obst in den bereitstehenden Korb legt, er wendet sich mir zu, wir geben uns einen Abschiedskuss, auf den Mund, so wie es hier alle Eltern auf der Schwelle zum Gruppenraum täglich machen, er schaut mich mit seinen schalkhaften, immer auch etwas traurigen, Rückhalt suchenden Augen an.

– Holst du mich ab?, fragt er.

– Klar, heute Nachmittag!

– Bringst du mir was mit?

– Ich schau mal, was mir einfällt.

Er läuft zu den anderen Kindern, die aus Holzgestellen und Vorhängen eine Höhle gebaut haben.

Wieder draußen schließe ich Fahrradanhänger und Kindersitz an einem Poller fest, Judith kommt dazu, wir radeln zur Sonnenallee. Im Café Espera bestellen wir zwei Cappuccino und eine Zimtschnecke und setzen uns in den kleinen Hinterraum, barhohe Tische aus alten hölzernen Mineralwasserkästen, auf die jemand eine Platte geschraubt hat, rechts die Tür zur Küche, hinten die Toiletten.

– Wir müssen erst kurz Termine besprechen, sagt Judith und zieht ihren Terminkalender hervor.

Ich klappe meinen Laptop auf.

– Hilde hat gemailt, dass sie Ostern kommen könnte, wenn wir das wollen, sagt sie.

Wir gleichen ab, in welchen der drei Wochen Kita-Osterferien Milan in der sogenannten Sammelgruppe betreut werden kann, und überlegen, ob wir vor oder nach Ostern eventuell nach L. zu Judiths Eltern fahren, ob Judith mit den Kindern länger dortbleibt, ich früher nach Berlin zurückkomme, um ein paar Tage konzentriert schreiben zu können. Judith teilt mir zwei weitere Termine mit, an denen sie, anders als geplant, die Kinder doch nicht betreuen kann wegen ihres Projektes im Wedding. Ich erinnere sie daran, dass ich nächsten Montag über Nacht für eine Moderation nach Hamburg fahre.

– Richtig, sagt sie, das habe ich hier stehen. Wann kommst du da zurück?

– Nicht bis 13 Uhr, du müsstest also Milan abholen, ich kann dann vor dem Schwimmkurs die Kinder übernehmen. Oder Milan bleibt dann nächste Woche Dienstag bis nachmittags in der Kita.

– Dann machen wir das so. Ich kann dann am Nachmittag noch diesen einen Termin wahrnehmen, und du holst ihn ab.

– In Ordnung.

Vor mir liegt der See, grau und undurchsichtig, eine Nuance dunkler als der Himmel, von diesem getrennt durch das bruchwaldbestandene Ufer, das sich weiter hinten im Nebel verliert. Die Bäume sind noch kahl, nur die wilden Kirschen zeigen erste tiefrote Knospen. Gestern komme ich mit dem Zug in

Flensburg an, ich nehme den Bus, meine Eltern fahren beide nicht mehr gerne Auto. Am Twedter Plack steige ich aus, als ich mich wenig später kurz umdrehe, sehe ich plötzlich meine Mutter hinter mir, sie hat an der Bushaltestelle auf mich gewartet, aber ich habe sie anscheinend übersehen und warte jetzt kurz auf sie. Auch diesmal wieder für einen Moment der kleine Schreck darüber, wie alt sie inzwischen ist. Wenn ich meinen Vater treffe, ist dieses Erschrecken noch ausgeprägter, sein Blick, dem es an der früheren Schärfe mangelt, der verminderte Reaktionsradius, die Gedämpftheit, die leichte Verzögerung in der Mimik, der Ausdruck der Freude darüber, mich zu sehen, alles wie zurückgeschraubt, geringere Amplituden. Meine Mutter und ich umarmen uns, laufen gemeinsam bis nach Hause.

Vorgestern äußere ich am Telefon den Plan, meinen Vater vor der Weiterfahrt nach D. noch einmal zu interviewen; er hat in der Zwischenzeit alte Fotos aus seiner Kindheit herausgesucht und aus den Jahren bis zur Hochzeit meiner Eltern, und obwohl wir jetzt essen, beginnt er gleich, anhand der Bilder von einzelnen Momenten und Stationen zu erzählen. Ich stelle, von meinen Eltern unbemerkt, die Aufnahmefunktion meines Smartphones an, ich will meinen Vater in seinem Erzählfluss nicht unterbrechen und auch keine richtige Aufnahme machen, auf der dann nebenbei Essgeräusche, Besteckklimpern und so weiter zu hören sind, gleichzeitig denke ich, es wäre schade, nicht mitzuschneiden, da vielleicht Interessantes zutage kommt, das ich mir im Einzelnen und vor allem im Wortlaut nicht werde merken können. Mein Vater zieht ein Passbild hervor, mit dem er sich an der *Napola* in Stuhm beworben hat, ein zehnjähriger Junge ist darauf zu erkennen, er erscheint klug, sensibel, große, wissbegierige Augen, Zurückhaltung und kindliche Unschuld, die Haare zu einem wie mit dem Lineal gezogenen Seitenscheitel gelegt, er trägt ein Hemd, das ein wenig nach Uniformhemd aussieht, erst im Nachhinein fällt mir auf, dass es ein Hemd der *Hitlerjugend* sein könnte, ich weiß nicht, ob er in der *HJ* ist, und ich frage ihn auch nicht danach, mein Vater sagt, leider sei der Abzug nicht so gelungen, wahrscheinlich habe er den selbst mal in der Dunkelkammer angefertigt, tatsächlich ist das ganze Bild etwas verschattet. Ein anderes Bild ist auf eine dünne Pappe aufgezogen, es zeigt seinen Vater und seinen Onkel Paul als Halbwüchsige in dem Studio eines Fotografen, seinen Vater sitzend, seinen Onkel hinter seinem Vater stehend, Kleidung, Frisuren, Möbel aus der Kaiserzeit. Auf einem weiteren Schwarzweißbild, wenig größer als eine Visitenkarte, ist eine kleinere Gruppe Menschen in einem Garten zu sehen, ein Familienfoto, womöglich zu einem Fest aufgenommen, an einem vielleicht frühwarmen Ostersonntag, sieben Personen, ich erkenne rechts am Rand des Bildes meine Großmutter als Ende dreißigjährige Frau mit einem etwa vierjährigen Kind auf dem Schoß. Als ich meinen Vater frage, wer der Mann am linken Rand der Gruppe sei, bestätigt er meine Vermutung – das sei sein Onkel Paul.

Ich stelle mir als Kind, wenn mein Vater von diesem Onkel erzählt, einen reiferen Mann vor, jemanden, der Ruhe und Warmherzigkeit ausstrahlt. Das verändert sich schlagartig, nachdem ich auf mein Nachfragen hin vor einigen Monaten erfahre, dass dieser Onkel meines Vaters Parteifunktionär und als solcher auch an der Ermordung von Menschen beteiligt gewesen ist. Ich stelle mir seitdem, und das fällt mir jetzt erst richtig auf, einen harten Durchgreifertypen vor, mit Buckel, kalten Augen, lederner, glatt rasierter Gesichtshaut – eine Geschichtsbuchvisage. Jetzt sehe ich ihn tatsächlich auf einem Foto: Dieser Mann steht fast wie geduckt da, mit breitem, ungesund eckigem Brustkasten und zugekniffenen, vielleicht wegen des Sonnenlichts blinzelnden Augen, er hat, anders als die anderen Männer, ein Uniformhemd an, keine dunkle

Anzugjacke, das Hemd ist, dem Grauton des Bildes nach zu urteilen, in gedeckter Farbe, vielleicht olivgrün oder braun, am Kragen und an der Brust je ein rundes Abzeichen oder ein Orden, wegen der leichten Überbelichtung des Bildes kann ich keine Einzelheiten erkennen. Wie ein glatt rasierter *Herrenmensch* sieht er jedenfalls nicht aus, es gibt da eine steife, soldatische Anspannung, aber auch etwas Fahriges, als stelle er sich nur kurz für das Bild dazu und müsse sofort wieder los zu einem Manöver oder einer politischen Aktion. Zugleich erinnern mich die Augenpartie, der etwas verkniffene Gesichtsausdruck und die Körperhaltung an meine älteste Schwester, Sigrid. Und erst jetzt wird mir mit einem Mal klar: Ich bin mit diesem Großonkel verwandt.

In der Mitte des Bildes steht, in einem schwarzen Frack oder einer Jacke, ebenfalls mit Abzeichen am Hals, ein weiterer, Mitte vierzigjähriger Mann, sein Onkel Walter, wie mein Vater erklärt, dazwischen seine Tante Aenne. Die sei mit seiner Mutter zusammen mit dem Schiff aus Königsberg herausgekommen. Der Junge auf dem Schoß seiner Mutter sei er selbst. Und hinter seiner Mutter, das sei sein Vater. Sein Vater erscheint mir erstaunlich alt, aber vielleicht ist es auch die Art, sich zu kleiden, dunkles Jackett, Hemdkragen, gezwirbelter Schnauzbart. Kaiserreich. Er wirkt ernst, zugleich scheint er keine wirkliche Verbindung zu Frau und Kind zu haben. Meine Mutter schaut sich das Bild genauer an. Sein Vater habe da auch so ein Abzeichen am Kragen wie die beiden anderen Männer, sagt sie.

– Er war aber nie in der Partei!, sagt mein Vater. Also er hat mal diesen Antrag gestellt, aber der ist dann … Und er wollte auch gar nicht in die Partei! Aber er hat da tatsächlich …

– Na ja, sagt meine Mutter, ist ja auch nicht so wichtig.

– Man kann gar nicht erkennen, was das ist, sagt mein Vater.

Irritiertes Schweigen.

– Dieses Bild, sagt er dann und deutet auf das Porträt einer jüngeren Frau, das ist die Tante Margarethe. Die war nett. Freundlicher als die Tante Aenne. Die hatte etwas Kühles.

– Ich weiß, sagt meine Mutter, ich habe sie ja selbst auch getroffen.

Mir fällt ein, dass ich meiner Großtante Aenne auch einmal begegne. Nach der Beerdigung meiner Großmutter, also der Mutter meines Vaters, im Haus meiner Tante. Ich muss etwa fünf Jahre alt sein, wir fahren mit dem Auto nach Bremen. Meine Großmutter kenne ich kaum. Sie verbringt die letzten Jahre immer die Weihnachtsfeste bei uns, kann aufgrund ihrer Demenz meine Geschwister und mich aber nicht mehr richtig zuordnen. Sie hat eine strenge, mitunter herrische Ausstrahlung, dunkle Vogelaugen, graues, gewelltes Haar, manchmal streitet sie sich mit meiner Mutter. Meine nächstälteren Geschwister, die Zwillinge Franz und Uta, damals neun Jahre alt, treiben Streiche mit ihr, imitieren, wie sie vom Gästezimmer zur Toilette humpelt, und tun so, als würden sie wie die Großmutter einen Stiefel mit der Toilette verwechseln und hineinpinkeln. Ich habe keinen liebevollen, warmherzigen, zugewandten Moment mit ihr in Erinnerung – was bestimmt auch daran liegt, dass sie damals schon sehr krank ist, in ihre Demenz eingeschlossen. Mein Vater weint bei der Beerdigung, heftig schluchzend sitzt er in der ersten Reihe der Trauergemeinde, ich selbst bin fünf und weine auch ein bisschen, aber eher wegen der allgemein gedrückten Stimmung. Danach gibt es für die Trauergäste in dem Haus meiner Tante Borschtsch. Das Haus ist ein prächtiger Jahrhundertwendebau, schmal und hoch wie so viele Bremer Häuser, dieses ist ein besonders prachtvolles Exemplar, es liegt sehr ruhig gegenüber einem Park am Rand des Stadtkerns. Irgendetwas an dem Haus bereitet meiner Tante jedoch Schwierigkeiten, das Dach ist undicht, die Mieter der oberen Etage zahlen deshalb nicht, die Renovierung ist kostspielig und zieht sich lange hin, insgesamt haben das Haus und die Art, wie meine Tante darin lebt, einen viel provisorischeren Charakter als die von ausgesuchten Möbeln, Bildern und festen Ritualen geprägten Räume im Haus meiner Eltern, die über Jahre und Jahrzehnte hinweg nur wenige, meist wohlüberlegte Veränderungen erfahren. Im Hochparterre hier gibt es dieselbe Raumfolge wie bei uns zu Hause, Esszimmer, Wohnzimmer, Wintergarten, nur kleiner, schlauchartiger, und die Räume sind höher, mit Stuck an den Decken, Parkettfußboden, im Gegensatz zu den grünen und beigen Spannteppichen in den Wohnräumen meiner Eltern. Die *Rote-Beete-Suppe*, wie der Borschtsch bei meinen Eltern heißt, wird hier mit einem Klecks Schlagsahne gereicht. Im Flur spricht meine nächstälteren Geschwister und mich etwas später eine alte Frau an, sie hat schulterlanges weißes Haar und trägt ein altertümliches, rüschenhaft weites Kleid.

– Kennt ihr mich denn?, sagt sie. Ich bin eure Großtante Aenne.

Vielleicht sitze ich auch einen Moment lang auf ihrem Schoß. In meiner Erinnerung fahren wir bald danach zurück nach Flensburg, im Sommer darauf fliegen wir für neun Monate in die USA. Diese Großtante von mir sehe ich nie wieder.

Wir sitzen am Esstisch, mein Vater erzählt noch eine Weile weiter, er zieht immer wieder einzelne Fotos hervor und erklärt davon angeregt etwas. Als ich später die Aufnahme anhöre, fällt mir auf, wie häufig er die Sätze vor dem Ende abbricht, sie ohne Prädikat belässt, nachdenkt oder direkt schon den nächsten Satz, den nächsten Gedanken anfängt. Er ist kein einordnender Erzähler, niemand, der Überblick verschafft, er setzt immer schon voraus, dass man die Namen und Orte zuordnen kann. Im Gegensatz dazu stehen seine geschliffene Wortwahl, seine mitunter ausgestellte Artikulation, die Breite seines Wortschatzes, die er durch Pausen und Betonungen unterschwellig herauskehrt. Das alles ist schon immer so bei ihm, ich kenne ihn eigentlich nicht anders, neu ist allerdings diese Tendenz, in vielen kleinen, unaufmerksamen Momenten die Artikulation zu verschluren, Wörter nur halb auszusprechen oder dunkel masurisch dialektal gefärbt, Kontaminationen, alles nicht durchgehend und im normalen Gespräch kaum auffällig, aber ich meine zu beobachten, dass dieses dialektale Verschwimmen unmerklich zunimmt in den letzten Jahren.

Ich unterbreche das Schreiben hier in D. und gehe eine Runde unten am Seeufer entlang. Diese Pfade laufe ich unzählige Male, sie sind verwachsen mit mir, gehören zur innersten Topografie, auf diesem Regenwasserauslass aus Beton sitze ich als Achtzehnjähriger und schreibe meinen ersten ernsthafteren literarischen Text, zehn Jahre zuvor hocke ich Stunden und Tage an derselben, auf den See zulaufenden offenen Rinne und baue mit Franz und Uta, mit Schulfreunden oder auch allein Dämme aus Steinen, Holz, Grassoden, Wurzeln, Sand und Lehm, immer wenn heftiger Regen einsetzt, laufen wir nach draußen und errichten rasch einen solchen Damm und erwarten das anflutende Wasser aus den Gullys der oben am Hang gelegenen Straßen. An diesem flachen Feldstein spielen wir Apotheke, der Stein ist dabei unser Verkaufstresen, an dieser kleinen sandigen Bucht schütten wir unzählige Deiche auf gegen die bei Ostwind schaumbekront anbrandenden Wellen, hinter dem Deich graben wir den Sand auf, bis wir zu einer hellgrauen, von wenigen Schwarzerlenwurzeln wie von Kapillaren durchzogenen Lehmschicht vorstoßen, aus dem Lehm formen wir Wellenbrecher. Der Weg führt weiter bis zu der früher in unserer Familie *Kap* oder *Kap Nordost* genannten, in den See hinausragenden Landzunge, die Bezeichnung geht auf meine älteste Schwester, Sigrid, zurück, in der Wortwahl klingt das Nordkap an, vielleicht indirekt abgeleitet von ihrer lange währenden Islandbegeisterung, ihre fünf Kinder tragen germanisch-nordische Namen, Erika, Arthur, Hedvig, Edda, Hermann, in den letzten Jahren verlagern sich ihre Interessen über das Baltikum zunehmend nach Osteuropa, sie ist überzeugt davon, dass wir alle Russisch werden sprechen müssen, sobald die islamische Revolution in Deutschland das Ruder übernommen hat; Kap Nordost erinnert zugleich aber auch an Kapstadt, das Kap der Guten Hoffnung, mein Vater und auch meine älteste Schwester hegen starke Sympathien für das Apartheid-Regime in Südafrika, mein Vater kauft zu jener Zeit im Großmarkt kartonweise Kapwein, um die Winzer dort zu unterstützen, als das Ende der Apartheid absehbar ist, sagt er immer mal wieder zu meiner Mutter: *Die reiben sich schon die Hände*, mit *die* ist dabei die Schwarze Bevölkerung Südafrikas gemeint, die seiner Meinung nach eine Art Coup, eine unrechtmäßige Annexion vorbereitet, diese Ideen und Werte hat meine älteste Schwester übernommen, dabei tendenziell noch ausgebaut und radikalisiert. Sumpfdotterblumen blühen im Sommer auf der sattschwarzen Bruchwalderde, einmal finden wir direkt hinter dem Kap einen toten Höckerschwan, ich begrabe ihn dort zusammen mit meinem Vater, nachdem wir den Vogelring an seinem rechten Fuß entfernen, indem wir mit einer Kombizange das kurze Bein am Gelenk durchtrennen, eine winzige Menge Blut läuft über die leicht furchige, schiefergrau glänzende Haut des Schwanenfußes, über Knorpel und Knochen, den Ring schicken wir an die in dem Blech eingestanzte Adresse nach Kopenhagen. Ich gehe weiter um die Siedlung herum bis zu dem Gatter am Vogelschutzgebiet, von wo aus man einen Blick hat über nasse Seewiesen, das Westende des Sees mit seinen drei Inseln, dahinter in einem Kilometer Entfernung die wenig befahrene Kreisstraße nach V., die Feldmark, Weiden, umgebrochene Äcker, Waldstücke auf der buckeligen Endmoränenlandschaft. Hinter dem Bruchwald geht die Sonne unter, *zum goldenen Schein laufen* wird dieser Sonnenuntergangsspaziergang in unserer Familie genannt. Ich mache ein Foto von diesem Panorama mit dem Plan, das Bild später bei Facebook zu posten. Ich laufe durch die Siedlung nach Hause, stelle das Radio an. Es ist kurz vor 18 Uhr, Wahlsonntag. In einer Art Countdown wird die Zeit bis zum Schließen der Wahllokale heruntermoderiert, bis es Punkt 18 Uhr ist und die erste Hochrechnung verkündet werden kann. Die Ansager klingen seltsam angespannt, fast nervös. Silvestergefühl. Kretschmanns Grüne sind stärkste Kraft in Baden-Württemberg, und Julia Klöckner ist deutlich hinter Malu Dreyer gelandet. Dann erst sinken die am Radio natürlich nur akustisch genannten Zahlen richtig ein: Die AfD ist in alle drei Landesparlamente eingezogen, mit zweistelligen Ergebnissen, in Sachsen-Anhalt mit beinahe 25 Prozent. Draußen wird es allmählich dunkel, die Scheiben reflektieren mehr und mehr das Licht, die Möbel, mein Gesicht, der See unten ist nur noch schemenhaft zu erkennen. Ich kann mich unmöglich wieder an meinen Rechner setzen und weiterschreiben. Ich scrolle auf meinem Smartphone durch Einträge, zahlreiche Facebook-Freunde machen ihrem Entsetzen Luft, *12, 14, 25* steht da, der Schock über die AfD-Prozentzahlen, Links auf erste Kommentare und Analysen; ein Landschaftsbild mit dem Stichwort *Herkommensforschung* möchte ich in diesem Umfeld nicht posten, zugleich fällt mir keine treffende Formel ein, um meinen eigenen Schock pointiert in Worte zu fassen, also poste ich nichts. Etwas später am Abend stoße ich auf den Eintrag von Liane Bednarz, einer Publizistin, die, wie ich später herausfinde, zwei kritische Bücher über die AfD geschrieben hat, aktuell empört sie sich über meine Lieblings-Facebook-Hassfigur Ulf Poschardt, der einen AfD-freundlichen Tweet abgesetzt hat: *Giovanni di Lorenzo verweigert die Exklusions- und Denunziationsfront gegen die AfD.* Die Diskussion unter dem Post ist voll im Gange, ich springe Bednarz an einer Stelle bei, als sie von einem offensichtlich älteren Herrn für ihre Kritik an Poschardt mit gönnerhafter Strenge kritisiert wird: *Du kannst doch nicht jedes Mal, wenn Du abweichende Ansichten feststellst, den Häresie-Hammer rausholen. Und, Liane: Es gibt eine Menge Leute, die Dir zuhören und folgen. Das bringt auch Verantwortung mit sich. Verantwortung, den Bogen nicht zu überspannen und Deine Followers mitzureißen.* Ich schicke Bednarz parallel eine Freundschaftsanfrage, die sie prompt annimmt, und hole zu einer Kritik Poschardts aus, dessen Meinungen und vor allem dessen Post- und Klickverhalten mich schon seit Jahren aufregen.

Ich schreibe: *Ulf Poschardt kultiviert doch schon seit Jahren einen eleganten, mit Coolness u. Ironie garnierten Tanz auf den Grenzlinien des geistigen Stammtischareals – drei Schritte vor, zweieinhalb zurück usf. – und das auf den verschiedensten Diskursfeldern: Gender-/Feminismusdebatte, Umwelt- u. Autofahrerthemen, Merkel Be- u. Entgeisterung, Familienpolitik, Flüchtlingsdebatte u. Umgang mit der AfD – to name just a few. Um Aufmerksamkeit zu generieren, werden immer wieder Kracherbegriffe u. kleine Grenzüberschreitungen gewagt und mal beinhart verteidigt, mal grinsend als ironische Volte abgetan. Insofern sehe ich auch bei diesem Move eher Kontinuität.*

Das tippe ich im Einfingersystem auf dem Touchscreen meines Mobiltelefons. Poschardt reagiert prompt und so, wie ich das von ihm gewohnt bin, erst mit Emojis oder kleinen Piktogrammen, einem Strichmännchen, das über einem gebrochenen Herzen in Tränen ausbricht, dann mit einem Piktogramm, das das Wort *EPIC* in der Form eines violetten Schlosses zeigt. Poschardt-Fans keilen zurück, Stammtisch sei eine überhebliche Kategorie, Rechtspopulismus im Grunde nicht minder, ich halte dagegen. *Das ist die drei-damen-vom-grill-variante der antifa,* meldet sich auch Poschardt dann noch mal, *deutsches provinztheater.*

Zwischendurch starre ich auf die Like-Zahlen für meine Angriffe und die Like-Zahlen für die Gegenseite, Bednarz selbst hält sich zurück, sagt dann nur etwas später, sie sei eigentlich Poschardt-Fan und nur in diesem konkreten Fall entsetzt. Auch weil das Telefon die Netzdaten hier draußen schleppend langsam lädt, vergehen darüber einige Stunden. Zwischendurch lese ich eine Reihe Kommentare, Artikel, Hintergrundanalysen, das Radio läuft immer weiter, an Schreiben ist nicht zu denken. Gegen 20 Uhr klingelt das Telefon, Milan ist am anderen Ende. Seine am Telefon wie immer wahnsinnig hohe, zarte Stimme. Einerseits höre ich diese Stimme so häufig wie kaum eine andere, gleichzeitig kommt es mir am Telefon jedes Mal so vor, als hätte ich diese Stimme noch nie vernommen. Sofort bin ich bestrickt, ein Wesen von einer anderen Welt. Solange ich mit ihm spreche, ist mir völlig unklar, warum ich hier bin, in meiner Schreib-Einöde, und nicht an seiner Seite. Er fragt, was ich so mache.

– Nichts, sage ich. Also arbeiten, ich sitze so am Tisch und tippe Sachen in meinen Computer. Ich schreibe ein Buch.

– Sind Oma und Opa auch da?

– Nein, ich muss hier ganz allein sein, dann kann ich besser arbeiten.

– Aha, sagt er. Wann kommst du?

– Noch fünfmal schlafen.

Der Facebook-Kleinkrieg darüber, wie die Ereignisse zu bewerten seien, wie man mit Kritik umgehen sollte, was der angemessene Ton in solchen Threads ist, geht noch einige Stunden weiter. Um Mitternacht fällt mir auf, dass ich seit dem Frühstück nur einen Apfel gegessen habe, aber jetzt ist es zu spät, um noch Pasta zu kochen, wie ich das nachmittags geplant hatte. Zugleich fällt mir auf, wie sehr sich mein Fokus im Verlauf des Abends von der Tatsache wegbewegt, dass eine offen rassistische Partei mit dem rechtsextremen Landesvorsitzenden André Poggenburg in Sachsen-Anhalt 24,3 Prozent der Stimmen holt und die AfD mit zweistelligen Ergebnissen in drei verschiedene Landtage einzieht. Statt mich konkret inhaltlich damit auseinanderzusetzen, bin ich über Stunden hinweg mit Kommentarscharmützeln, Like-Zahlen und der Frage beschäftigt, wer meine Posts auf Facebook wie unterstützt und wer mich dort angreift. Wahrscheinlich ist diese Netzeitelkeit auch eine Form der Verarbeitung der diffus bedrohlichen Ereignisse des Tages, der unbewusste Versuch, mich abzulenken und diesen neuen, bislang unvorstellbaren Tatbestand irgendwie in mein alltägliches Denken zu integrieren. Ich esse zwei Scheiben Brot, trinke ein großes Glas Wasser und gehe dann schlafen.

Am nächsten Morgen liege ich im Bett und greife nach dem Mobiltelefon, um zu schauen, wie spät es ist. Der Daumen wandert zum Icon der Facebook-App, dann fällt mir ein: Ich kann diese ganze Diskussion auch einfach einen halben Tag lang ignorieren, ich sollte mich da besser nicht gleich wieder hineinstürzen. Den Gedanken finde ich ungemein erleichternd.

Vom Wohnzimmer aus blicke ich durch die drei großen, beinahe bodentiefen Holzrahmenfenster auf den Balkon, die Bäume und den See unten. An das rechte der drei Fenster habe ich wie bei jedem meiner Schreibaufenthalte einen der beiden resopalumleimten Esstische gerückt, um mit Blick auf den See arbeiten zu können. An dem kleinen Stück Wand neben dem Fenster hängt in einem dunkelbraunen Bilderrahmen ein Bild im Postkartenformat, von dem mein Vater mir schon als Kind mehrmals erzählt, dass es von seinem Onkel Paul stammt. Es ist nicht ganz gerade und etwas zu weit nach links auf die beige Hintergrundpappe geklebt. Eine Tuschezeichnung, rechts unten die im Graugrün des Waldbodens beinahe verschwindende Signatur: *P. Brodowsky 45*. Das Bild zeigt ein Waldhaus, vielleicht ein Ausflugslokal oder ein kleineres Landschulheim mit spitzgiebeligem Dach, der Strichelung gemäß ein Reetdach, wobei mir die Form für ein Reetdach als zu steil erscheint, und auch an der Traufe wird keine Reetschicht erkennbar. Ein wenig fühle ich mich an Schwarzwaldhöfe erinnert, an bayrische Landgasthöfe, ich kann aber auch nicht ausschließen, dass das Vorbild in der Lüneburger Heide steht. Hinter dem Haus tiefgrüner Nadelwald und auch vorne ein paar dünne hohe Stämme. Im Vordergrund des Bildes zwei aus behauenen Natursteinen gemauerte flache Treppen, je sechs Stufen, sie enden an einer kreisrunden, hellen Scheibe, vielleicht einfach eine kleine zementierte Fläche oder ein zugefrorener Teich. Dazu passen auch der Grauschleier auf Teilen des Hausdaches und das Weiß auf den die Treppenstufen begrenzenden Mäuerchen. Schnee, Winter. Aber dann fällt mir auf, dass in den Blumenkästen auf dem Balkon und vor den Dachgaubenfenstern in ganz kleinen Tupfern hingemalte mohnrote Blüten zu erkennen sind. Es kann also unmöglich Winter sein. Das Bild ist mit Sicherheit nach der Flucht meines Großonkels nach Niedersachsen entstanden, im späten Frühling oder Sommer 1945. Ob er dabei ein reales Gasthaus in den Wäldern um Lüneburg abzeichnet oder eines aus seiner Erinnerung nachmalt, bleibt unklar. Oder ist es eine Station auf der Flucht? Ein annektiertes, zwangsgeräumtes Gebäude? Je länger ich das Bild so von Nahem anschaue, desto merkwürdiger erscheint es mir, desto mehr Fehler springen ins Auge. Die Fluchtpunkte scheinen nicht ganz klar gesetzt, das Gebäude wie leicht verzerrt, unklar auch, ob die eingezeichneten Gauben das Obergeschoss abstützen oder nur eine Art überdachte Veranda oder einen Laubengang bilden. Einer der Baumstämme wächst mitten aus den Treppenstufen empor. Kein Mensch ist auf dem Bild zu sehen. Es erscheint mir zunehmend gespenstisch, nicht durch seine begrenzten ästhetischen Qualitäten, sondern weil hier so etwas wie Kahlschlagkunst probiert wird, genauer gesagt Kahlschlagkunsthandwerk, also ein Waldgasthof zum Vergessenmachen der Gräuel, die man gerade noch bis vor ein paar Wochen oder Monaten selbst verübt hat. Und zugleich scheint auch aus diesem vermutlich bewusst gewählten, unschuldigen Motiv Deutschtum hervor: Wald, eichendorffsche Naturverbundenheit, Blumen, Mystik, Beschaulichkeit, Reinheit und Ordnung.

Weil ich von meinem Vater wenig erfahre zu seinen zwei Jahren in der *Nationalpolitischen Erziehungsanstalt* in Stuhm und überhaupt zu seinen ersten zwölf Lebensjahren im Nationalsozialismus, versuche ich, diese Zeit und ihre Einstellungen, ihre geistigen Voraussetzungen, anhand anderer Quellen besser zu begreifen. Klaus Theweleit analysiert in *Männerphantasien* den Typus des *Soldatischen Mannes*, der für die Zwischenkriegszeit prägend ist. Er nähert sich diesen Männern anhand ihrer Lebenserinnerungen und der stark autobiografisch gefärbten Romane, etwa der Schriftsteller Ernst Jünger und Ernst von Salomon oder des Auschwitz-Kommandanten Rudolf Höß – der wie so viele andere Nazigrößen auch nach Kriegsende in Mürwik untertaucht –, und legt Erscheinungsformen dieses Typus frei. Er stellt dabei insbesondere mit Rückgriff auf Deleuze / Guattari und Margaret Mahler Thesen auf über die Entstehung der psychischen Strukturen dieser Männer. Von Salomon schreibt: *Und wenn unsere Haltung ein Gerichtetsein bedeutete, dann darum, weil sie es sich zum Ziele setzte, die Gewalt gegen die Erscheinungen, das Leben gegen die Konstruktionen, den Rang gegen das Glück, die Substanz gegen die Verfälschungen durchzusetzen, dann darum, weil es uns nicht genügte, nach dem Sinn des Kommenden zu fragen, sondern auch nach den Maßstäben. Das war die Aufgabe. Es gab nur ein einziges Verbrechen, das, sie nicht zu erfüllen. Das Feld war weit und offen, auf dem der Kampf Gottes und der Dämonen spielte.*

Vor etwa zwölf Jahren sucht meine Schwester Uta das Gespräch mit unserem Vater, sie möchte ihn konfrontieren mit dem, was sie in ihrer Kindheit als problematisch erlebt und was ihr noch heute zu schaffen macht, Momente der Gewalt, der fortlaufenden Herabsetzung, des Markierens kognitiver Überlegenheit vonseiten unseres Vaters. Meine Schwester fiebert diesem Gespräch seit Wochen mit Grauen entgegen und kündigt es mir vorher an mit der Bitte, dabei zu sein, wenn sie die Konfrontation sucht. Wir sitzen im Wohnzimmer, unser Vater auf der Couch, meine Schwester und ich auf Sesseln ihm gegenüber. Wir tasten uns heran und sprechen eine Weile über Erziehung und Erziehungsfragen, halten unserem Vater vor, dass es diese Momente körperlicher Gewalt gibt in unserer Kindheit, unser Vater sagt, er verstehe gar nicht, warum Prügelstrafen so in Misskredit geraten seien, eine über Jahrhunderte bewährte Methode, Kinder zu sozialisieren. Der Satz sitzt, es fällt erst mal nicht leicht, so dagegen zu argumentieren, dass bei ihm eine Einsicht in eigene Fehler oder Fehlleistungen erfolgte. Je länger wir sprechen, desto stärker zeichnet sich bei mir innerlich ein Bild seiner argumentativen Axiome ab, ein unerschütterliches Gebäude, eine Festung kohärenter Logik, in die keine Bresche zu schlagen ist, kein Mitleidsappell wird dort durchdringen, keine Bitte, diese Ansichten zu überdenken, weil alles schon seit Jahrzehnten fest gefügt ist. Dieses stringente, in sich durch und durch schlüssige Gebäude fußt dabei, und das ist das tragische Moment, das unser Gespräch zum Scheitern verurteilt, auf für meine Schwester und mich problematischen Grundannahmen und Werten – Wissenschaftspositivismus, Vulgärdarwinismus, Leistungsethik – und einem Selbstbild, das davon ausgeht, eigentlich allen Menschen seiner Umgebung kognitiv überlegen zu sein. Ich frage unseren Vater, ob er glaube, in der Erziehung seiner Kinder, also in unserer Erziehung, Fehler gemacht zu haben.

– Dass ich mit euch nicht mehr Fußball gespielt hab, sagt er. Dafür habe ich euch aber die Sagen des klassischen Altertums erzählt.

Das sei nicht die Ebene, die wir meinten, antwortet meine Schwester. Bis heute sei sie oft unglücklich, aufgrund von Dingen, die er, unser Vater, getan oder über sie gesagt habe. Das habe aber nicht unbedingt etwas mit ihm zu tun, meint unser Vater dazu, sondern eher damit, wie sie, meine Schwester, diese Dinge sehe. Ich setze neu an und frage ihn, ob er mir nicht zustimmen würde, dass das Wichtigste im Leben sei, glücklich zu werden.

– Das kann ich so nicht teilen, sagt unser Vater.

– Was ist denn dein wichtigstes Ziel?

– Viele Kinder zu haben und einen hohen gesellschaftlichen Status.

Beides sind Kategorien, in denen er selbst ausgesprochen gut dasteht. Und wieder gibt es kein direktes Argument gegen diese Werte, höchstens Kritik daran, die sich zudem in dieser Gesprächssituation ad hoc nicht so leicht formulieren lässt. Es gehe uns nicht um Fußball oder die Frage, welcher Grad an Bildung uns vermittelt worden sei, versucht meine Schwester nochmals nachzufassen, sondern eher darum, wie er beispielsweise ihr wieder und wieder suggeriert habe, sie sei nicht wirklich klug. Das habe er so sicherlich nie gesagt und auch nie gedacht, antwortet unser Vater.

– Aber du hast mal geäußert, sagt meine Schwester, ich hätte vielleicht besser kein Studium anfangen sollen.

– Nein. Ich glaube nur, dass ausgerechnet Biochemie an einer Uni der falsche Studiengang für dich war. Vielleicht wäre ein Studium an einer Fachhochschule besser gewesen für dich, das habe ich immer gedacht.

Unsere ältere Schwester, Sigrid, habe sie, Uta, dann aber mit der Idee angesteckt, Biochemie zu studieren, da sei er dann nicht mehr gegen angekommen. Meine Schwester nimmt das zunächst stoisch auf, mir selbst wird erst später klar, wie sehr diese Äußerungen genau das fortsetzen, was sie so tiefgreifend verletzt. Wir sprechen noch eine Weile weiter, bis meine Schwester das Gespräch beendet.

Den Rang gegen das Glück durchsetzen. Im Fall unseres Vaters den eigenen gesellschaftlichen Rang, verbunden mit der Idee der Fortsetzung des eigenen Ichs in den Kindern, im eigenen Genmaterial; ob es den Kindern dabei gut geht, ob sie glückliche Menschen sind oder nicht, spielt eine lediglich untergeordnete Rolle. Theweleit spricht bei diesen soldatischen Männern, zu denen er von Salomon zählt, von der unterdrückten Wunschproduktion, der Unfähigkeit, die eigenen Bedürfnisse produktiv zu machen. Er beschreibt diese Männer als Nicht-zu-Ende-Geborene, als Wesen, die ihrer Haut, ihrer Hülle, ihrem eigenen Körper gegenüber kein positives Verhältnis entwickeln, weil ihnen nach der Entbindung und in den prägenden Jahren der frühen Kindheit nicht genügend Körperkontakt und emotionale Wärme von ihren Eltern entgegengebracht wird. *Halbfertig ausgestoßen vor der Zeit, / schnell abgenabelt in die Atemwelt / ein Auswurf* – so beschreibt sich Richard III. selbst, Shakespeares brutalster, intrigantester Schlächter, ein soldatischer Mann im theweleitschen Sinne. Diese Männer beginnen, so Theweleit, sich einen *Körperpanzer gegen die Frau* zuzulegen, eine Art Exoskelett, das aus Fühllosigkeit und Gewaltlust besteht, dem Wunsch, Ambivalenzen zu tilgen, das, was man selbst begehrt, zu blutigem Brei zu schlagen, das ungeordnete Gewimmel der Außenwelt durch die eigenen Handlungen in die grundlegendste aller Ordnungen zu versetzen, die Leere, den leeren Platz. Die Revolution niederschießen. Ordnung, Sauberkeit und Kontrolle wiederherstellen. Geschotterte Vorgärten, sauber gestutzte Thujahecken. Dieses Exoskelett findet sich bei meinem Vater wieder in seiner seltsamen Körperlichkeit, der Kontaktlosigkeit, dem vordergründig Asexuellen, das zugleich aber, vor allem in den Jahren meiner Kindheit, von einer männlichen Bedrohlichkeit grundiert ist. Noch exoskelettaler in diesem Sinn scheint mir das starre Gedankengebäude meines Vaters, das sich selbst als herausragend begreift, das keine Ambivalenzen, keine tiefgreifende Selbstkritik erlaubt, das seine unbeleuchteten Flecken kultiviert, insbesondere in Bezug auf den eigenen Jähzorn, auf Gewaltlust, den Wunsch, zu vernichten. Möbelverrücken, Wutmasken. Gewürztraminer, innerfamiliäre Isolation. *Schafe schlachten.* Dass dieses Potenzial zu Wutausbrüchen und der Lust, alles kurz und klein zu schlagen, auch in mir steckt, erlebe ich bewusst am Anfang der Pubertät mit zwölf oder dreizehn Jahren, als ich beim Sport frustriert bin. Damals trainiere ich dreimal die Woche in der Sportfechten-Abteilung eines Flensburger Vereins, besuche Trainingscamps und fahre zu Turnieren. Eine Aktion misslingt mir, ich verliere ein Gefecht, reiße die Maske vom Kopf und knalle sie mit voller Wucht auf den Boden. Der Trainer sucht etwas später das Gespräch mit mir, sagt, ich dürfe mich nicht so gehen lassen, das sei unsportlich und auch für meine Leistungen nicht gut. Solche Ausbrüche kommen zu dieser Zeit wiederholt vor, ich bin jedes Mal über mich selbst erstaunt, über das Volumen dieser Wut, ich denke damals kurz, dass ich das von meinem Vater habe, geerbt wahrscheinlich, aber diese Phase vergeht, und die Disposition zum Jähzorn verschwindet für die nächsten achtzehn oder neunzehn Jahre in einer Art Tiefschlaf, einer Lebensphase des emotionalen Mezzo. Natürlich erlebe ich in diesen Jahren durchaus viele starke Gefühle, Angst, Glück, Erfolge, Verliebtheiten, Melancholie, existenzielle Einsamkeit, Abschieds- und Verlusttrauer, aber die großen Ausschläge, die kalte, gedeckelte Wut, die irgendwann umschlägt in Schreien, in den bei mir nie ausgelebten Drang, auf etwas einzutreten, bis es in Stücken, als

Brei vor einem liegt – diese Ausbrüche sind weg. Sie kehren erst wieder mit Anfang dreißig, als ich selbst Vater bin. Zugleich liegt in der Mitte dieser Mezzojahre eine Phase der sich mir öffnenden, sich mir zuwendenden Welt: Mit fünfzehn entdecke ich das Theaterspielen, dann Schreiben als Ausdrucksformen, zwischen achtzehn und achtundzwanzig scheint mir in diesem Feld praktisch alles zu gelingen, fast jeder Text, den ich mit der Absicht schreibe, ihn zu veröffentlichen, wird tatsächlich publiziert, ich gründe mit Henrike, einer Freundin und Kommilitonin, die Literaturzeitschrift *Bella triste*, stelle gemeinsam mit weiteren Freunden das Literaturfestival *Prosanova* auf die Beine, publiziere zwei viel besprochene Bücher, schreibe meine ersten drei Stücke, erhalte Stipendien und Preise, bekomme ständig von verschiedenen Seiten gespiegelt, welche Begabung in mir stecke; meine Eltern finanzieren mir mein Studium, ab dem zweiten Semester bin ich studentische Hilfskraft und führe eigene Seminare durch, ab dem fünften Semester beginne ich, als Autor Geld zu verdienen, mehr als ich ausgeben kann, ein beinahe Thomas-Wolfe-haftes Selbstbewusstsein bildet sich in mir in Bezug auf mein Schreiben aus. Die Erleichterung, endlich dem Rahmen der Schule, meines Abiturjahrgangs den Rücken kehren zu können und zugleich das sich damals für mich dezidiert unurban, nichtmetropolenhaft anfühlende Flensburg zu verlassen, ist immens und wird an der Uni im eigentlich noch viel unurbaneren Hildesheim aufgefangen von dem sich gerade erst konstituierenden Studiengang Kreatives Schreiben und Kulturjournalismus, der Studiengang existiert zunächst fast nur auf dem Papier, ein Versprechen auf die Zukunft, für das ich selbst nach eineinhalb Jahren zu einem Versprechen werde, als sich abzeichnet, dass ein namhafter Verlag mein erstes Buch publiziert. Das Gefühl, herauszustechen aus meinem Studienjahrgang, der Redaktion der Zeitschrift, meiner Umgebung, wird zu einem angenehmen, als selbstverständlich erachteten Grundzustand. Wenn ich meinem damaligen Selbst in den Texten aus jener Zeit, in alten E-Mails an Freundinnen oder Freunde und Mitstudierende begegne, überkommt mich eine Beklommenheit wegen dieser ungebrochenen Selbstsicherheit, dem mitunter subtil herrischen Ton, in dem ich beispielsweise schreibe, was jetzt als Nächstes für die Zeitschrift, für die Organisation des Festivals zu tun sei. In einer Redaktionssitzung zur nächsten Ausgabe der *Bella triste* diskutieren wir, welche der eingesandten Texte wir in das Heft aufnehmen wollen. Es brandet ein kurzer Streit über eine Erzählung auf, die ich halbwegs gut gearbeitet, im Kern aber konventionell, zu ausrechenbar finde. Thorsten und Jonas halten dagegen, der Text sei feinsinnig und subtil, in der Technik meisterhaft. Ich argumentiere, dass der Text dem Kern dessen zuwiderlaufe, was die Zeitschrift ausmache, Experimentelles zu feiern, Neues zu entdecken. Aber Jonas und Thorsten halten weiter dagegen, Henrike schließt sich den beiden an, ich stehe mit meiner Meinung plötzlich allein da. Es droht das erste Mal zu werden, dass in dem Heft ein Text erscheint, von dem ich wenig halte, bei dessen Auswahl ich gewissermaßen überstimmt werde, und zwar, weil sich die anderen beiden Herausgeber und die Herausgeberin entschlossen gegen meine Position stellen, ich überlege kurz, ob ich ein Veto einlegen soll, auch das wäre ein Novum, *Rang gegen das Glück*, denke dann aber, dass die Qualität der Zeitschrift mit der Vielstimmigkeit, dem Zusammenkommen verschiedener Perspektiven nur gewinnen kann, und stimme schließlich zu. Die Idee, dass es für die Sache selbst sinnvoll ist, wenn ich nachgebe, verschafft mir innerlich in der Sekunde der Entscheidung den Ausweg, mit dessen Hilfe ich gesichtswahrend und ohne bleibende Konflikte die Situation bewältigen kann, zugleich erlaubt mir diese Auslegung wiederum ein inneres Souveränitätsnarrativ. Der exoskelettale

Glaube an meine eigenen, quasi unbegrenzten Potenziale bleibt ungebrochen.

Mit neunundzwanzig dann scheitert mein drittes Buchprojekt. Ich komme mit meinem ersten Romanmanuskript über fünfzig, sechzig Seiten nicht hinaus, während ich mit einem Aufenthaltsstipendium in Schreyahn im Wendland sitze, das ich mir zuvor hübsch verschneit ausmale, es ist Februar, aber vor dem Fenster formen sich keine Schneebilder, die mich umgebenden Äcker versinken in Schneematsch und Regen, ich gehe jeden Tag eine Stunde joggen, aber statt abzunehmen und den Umfang des Manuskripts anzureichern, überarbeite und kürze ich lediglich den Text und lege einige Kilo an Körpermasse zu, weil ich täglich ein Stück Kuchen esse, um mir angesichts meines von Einfällen und Inspirationen freien Herumdenkens und der gleichförmigen Tage mindestens dieses Highlight zu gönnen. Hinter der zentralen Wand der Doppelhaushälfte des Stipendienhauses sitzt der Schriftsteller Jens Wendt und brütet an seiner eigenen Schreibkrise, wir kennen uns über die Zeitschrift und sind lose befreundet, anfangs essen wir noch zusammen, irgendwann bekomme ich nur noch gelegentlich E-Mails, in denen er mich bittet, meine Musik leiser zu drehen, am Ende der zwei Monate grüßen wir uns nur noch karg im Vorübergehen, ein paar Wochen nach Ende des Stipendiums schickt er mir eine E-Mail, in der er mich beschimpft, unter anderem weil ich zum Joggen ein Pali-Tuch getragen habe, was ein antisemitisches Zeichen par excellence sei, ich solle mich mal unter diesem oder diesem Link dazu informieren. Ich bin froh, als ich den Ort endlich verlassen darf, das Manuskript rühre ich danach nicht wieder an.

Im Sommer darauf ziehe ich nach Freiburg und beginne die Arbeit an meinem vierten Theaterstück, meinem ersten Stückauftrag. Ich verbringe viel zu viel Zeit mit Konzipieren, ich verfasse parallel ein Schreibtagebuch, das bald halbwegs interessante Metatexte, Absichtserklärungsessays, ein spannendes Protokoll zu meinen Schreibbemühungen enthält, aber der eigentliche Text bleibt eher dünn, zündende Ideen kommen mir keine. Meine bisherigen drei Stücke fliegen mir beim Schreiben regelrecht zu, bei diesem vierten plane ich viel zu wenig Zeit ein und verstricke mich in zu vielen Nebenprojekten. Der Regisseur verliert das Zutrauen in den Text, zum Glück hält die Dramaturgie des Theaters zu mir, ich schreibe bis zum Probenbeginn fieberhaft weiter und entwickle während der Proben gemeinsam mit Regisseur, Dramaturgin und Ensemble das Stück zu Ende. Nach der Premiere erscheint ein Fundamentalverriss in der Badischen Zeitung und ein Text mit ähnlichem Tenor bei nachtkritik.de. Zwei Monate später wird Milan geboren, mein Leben stülpt sich um.

Die Zeit meiner ungebrochenen Erfolge, des Gefühls, immer weiter ungebremst mein scheinbar unerschöpfliches Potenzial zu entfalten, geht zu Ende. Zugleich vergeht auch das emotionale Mezzo. Die Geburt von Milan ist das intensivste Erlebnis meines bisherigen Lebens. Judith leidet unter den Wehen, wie ich bislang keinen Menschen habe leiden sehen, jede neue Welle von Schmerz lässt sie aufschreien, ich stehe neben ihr, unfähig, ihr etwas von diesem Schmerz abzunehmen, ich halte ihre Hand, streiche ihr über die Stirn, massiere ihr Kreuzbein, wie es uns Vätern in dem Geburtsvorbereitungskurs gezeigt wird, aber nichts davon scheint zu helfen. Wir fahren am späten Vormittag zum Geburtshaus, bei dem wir angemeldet sind, in den Monaten zuvor besuchen wir die zwei Geburtshäuser Freiburgs und die Entbindungsstationen dreier Krankenhäuser, mir erscheinen die Krankenhäuser als die sichereren Orte, sollte es zu Komplikationen kommen, beide mögen wir zugleich die viel persönlichere Atmosphäre des Geburtshauses lieber, Judith zieht es vor, sich bei der Geburt von den Hebammen betreut zu wissen, die sie bereits von den Voruntersuchungen kennt, ich male mir aus, was passiert, sollte es bei dem Kind zu einem Sauerstoffmangel kommen, Wissenschaftspositivismus und Rang des Krankenhauses gegen das Glück der persönlicheren Beziehung im Geburtshaus, kategorisiere ich innerlich, freilich noch ohne diese Begrifflichkeit, letztlich überlasse ich die Entscheidung Judith. Die unterdrückte Angst, dass etwas schieflaufen könnte oder längst schrecklich schiefläuft, verlässt mich dann die ganze Geburt über nicht, auch wenn ich natürlich versuche, davon nichts nach außen dringen zu lassen. Ohnehin bin ich immer wieder damit beschäftigt, Judith zu unterstützen, sie gemeinsam mit der Hebamme zu beruhigen, sie daran zu erinnern, wie sie die Wehen wegatmen soll, so, wie wir das im Geburtsvorbereitungskurs gelernt haben.

– Kann ich das Kind kriegen?, ruft Judith kurz vor der Pressphase, fast schon verzweifelt.

Die Hebamme und ich reden beruhigend auf sie ein. Die Hebamme spricht zwei Monate später davon, dass Judith panikähnliche Zustände während der Geburt gehabt habe, sie selbst sei kurz davor gewesen, die Geburt ins Krankenhaus zu verlegen. In der Schlussphase kommt eine zweite Hebamme hinzu, Judith wirkt jetzt fokussiert, die Hebammen sagen ihr, sie solle pressen, plötzlich erscheint zwischen Judiths Beinen der kleine Kopf und eine Presswehe später der ganze Körper dieses neuen Menschen, mit dem ich mich sofort auf eine fast schon spirituelle Weise verbunden fühle, als sei dieses Wesen, diese Handvoll Mensch ein Teil von mir, Teil meines Körpers, meines eigenen Selbst. Milan hebt seine Lider halb an, schaut ungläubig und erschöpft in die Welt, schreit nicht, gibt eher ein heiseres Krächzen von sich, die Hebammen legen den kleinen Menschen Judith auf die Brust, eine der Hebammen drückt mir eine chirurgische Schere in die Hand, damit ich die Nabelschnur durchschneide, die Schnur ist erstaunlich rigide, scheint fast wie aus Knorpel, erst rutsche ich mit der Schere leicht ab, aber kann die Schnur dann mit zwei beherzten Schnitten durchtrennen. Die zweite Hebamme zeigt Judith, wie sie den kleinen Menschen an ihre Brust anlegen kann, er trinkt kurz, anschließend legen sie Milan auf meine nackte Brust, um sich in Ruhe um Judith kümmern zu können.

– Darf ich jetzt weinen?, frage ich.

– Na klar, nur zu, sagen die Hebammen.

Ich lasse alle Angst, alle Erleichterung aus mir heraus. Drei Stunden später fahre ich Judith, die den gewaschenen, in Wolle-Seide eingepackten kleinen Körper in ihren Armen hält, nach Hause. Wir legen ihn, so wie es die Hebammen vorschlagen, in unserem Bett zwischen uns, und ich schlafe ein paar Stunden. Am Morgen nach der Geburt gehe ich auf den Markt und kaufe ein Biohuhn, Gemüse und einen Strauß blassrosa Tulpen für Judith, koche eine Brühe, von der wir zwei Tage essen. Das Gefühl der Angst lässt aber in den Tagen nach der Geburt kaum nach, zumal Milan Schwierigkeiten hat, gut zu trinken, und zwei Tage lang an Gewicht verliert. Die betreuende Hebamme droht damit, dass wir uns mit dem Kind in stationäre Behandlung begeben müssten, wenn Milan nicht besser trinke und an Gewicht zunehme. Wir sollen uns nachts alle zwei Stunden einen Wecker stellen und versuchen, ihn anzulegen. Angst, Enttäuschung über das Kind, das nicht richtig an die Brust andocken und trinken will, Judiths Schmerzen durch zu viel Milcheinschuss, Überforderung, akuter Schlafmangel und allgemeine Erschöpfung bilden eine sich selbst verstärkende Spirale. Immer wieder stehe ich vor der Frage, wen ich zuerst versuchen soll zu trösten, das schreiende, verzweifelte Kind oder die gleichfalls weinende, verzweifelte Judith, die diese Krise anders als ich nicht nur psychisch, sondern ganz direkt am eigenen Körper durchlebt. Die Leiterin des Geburtshauses erkundigt sich, ob und wie lange Judith von ihrer Mutter gestillt worden sei, und spricht von Traumata, die bis zu sieben Generationen lang weitergegeben werden. Jeder Tag fühlt sich überwältigend an, wir wollen auf keinen Fall in stationäre Behandlung und unbedingt ohne Pulvermilch auskommen, die in der Darstellung der Hebammen einem weitgehenden Versagen gleichkäme. Unser Zeitgefühl ist völlig aus den Fugen. Die Tage liegen unter einem Mehltau der Schlaflosigkeit und der untergründigen Verzweiflung, in den Nächten wechseln wir uns damit ab, Milan zu beruhigen. Wenn wir gerade alle drei schlafen, klingelt oft der Wecker, um uns zu ermahnen, Milan wieder anzulegen, was in diesen ersten Tagen eigentlich nur im Sitzen gelingt, woraufhin Judith meist eine Weile lang nicht wieder einschlafen kann. Zugleich fühlt sich alles roh, direkt, existenziell an, und es gibt immer wieder Momente des Unglaubens, der Begeisterung über diesen kleinen Menschen, Inseln der Euphorie. Aus der latenten Überforderung, meinem bedrohlichen Grundgefühl, gerade schlimme Fehler im Umgang mit dem Kind zu machen, und Judiths Impuls, die Situation einfach für immer verlassen zu wollen, finden wir erst nach und nach und mit der Hilfe der Hebammen wieder heraus. Nach einem Monat nehme ich meine Arbeit wieder auf, eine neue Arbeitsroutine stellt sich ein, zugleich ist die Zeit, die ich mit Schreiben zubringen kann, schlagartig verringert, ich kann nicht mehr frei bestimmen, wann genau ich arbeite. Ein halbes Jahr nach der Geburt gehe ich in Elternzeit, weitere sechs Monate später gewöhnen Judith und ich Milan alternierend in einer Waldkita ein, ein paar Wochen später wird Milan wochentags zwischen neun und siebzehn Uhr dort betreut. Wenn ich außerhalb dieses Zeitfensters schreiben möchte, muss ich das mit Judith absprechen, spontan einem nachmittäglichen Schreibflow weiter zu folgen ist selten möglich. Wir schlafen beide fast nie mehr als sieben Stunden, an den Wochenenden wechseln wir uns damit ab, wer als

Erstes mit dem Kind aufsteht und wer noch länger liegen bleiben darf.

Die Arbeit als freischaffender Autor geht in den Jahren danach weiter, an meine früheren Erfolge kann ich nicht anknüpfen, der offene Horizont potenziell unbegrenzter Möglichkeiten als Autor verengt sich auch noch einmal nach der Geburt Anouks. Ich kann an mir selbst beobachten, dass ich in alltäglichen Situationen viel schneller emotional reagiere, auf politische Diskussionen auf Facebook, bei denen sich andere Diskussionsteilnehmerinnen starrsinnig, aggressiv oder ignorant verhalten, die Sturköpfigkeit der Kinder, die auf etwas beharren, was mir schlicht widersinnig erscheint, oder Milan, der seine jüngere Schwester schlecht behandelt, seine körperliche Überlegenheit in einem Konflikt mit ihr ausnutzt und sie zum Weinen bringt. Ein rechts abbiegender Autofahrer nimmt mir die Vorfahrt, ich muss scharf bremsen, um nicht in seine Beifahrertür zu rasen, ich schreie ihn an, stelle mir vor, wie er aussteigt, ich das Fahrrad abstelle und mit ihm eine Schlägerei beginne. Immer wieder die zum Glück nie ausgelebte Fantasie, einfach loszuschlagen, die mich jedes Mal ein wenig erschreckt und die mich unfreiwillig, auf einer subkutanen Spur, mit den Überlegenheits- und Machtphantasmen der soldatischen Männer verbindet. Während meines Schreibaufenthaltes in Schreyahn lungern vor den großen Wohnzimmerfenstern zwei heimatlose, halb verwilderte Katzen herum. Draußen ist es knapp über null Grad, ich lasse die mit ihren Blicken bettelnden Tiere in meine Wohnung, gebe ihnen etwas Wurst oder verdünnte Milch auf einem Teller. Die Tiere genießen die Wärme, dösen auf den fußbodenheizungswarmen Terrakottafliesen. Ich möchte sie allerdings nicht in der Küche, in meinem Schlafzimmer oder im Bad im Obergeschoss haben, das versuche ich ihnen klarzumachen, indem ich sie von dort wieder nach unten scheuche, sobald sie beginnen, die Treppe nach oben zu erkunden. Ich öffne jeden Morgen in Schreyahn das Dokument meines Romanmanuskripts, auch wenn die uneingestandene Angst täglich größer wird, dass dieses Projekt scheitert. Plötzlich höre ich hinter mir von oben ein Geräusch. Als ich mich umdrehe, kann ich auf der Galerie die schwarzweiße Katze erkennen. Ich springe auf und stürme die Treppe hoch. Die Katze flüchtet sich ins offene Bad. Ich laufe ihr hinterher, mit einem kurzen Laut der Verzweiflung quetscht sie sich an meinen Füßen vorbei durch die Tür und springt mit einem waghalsigen Satz von der Galerie ins Dachgebälk, wo ich sie unmöglich erreichen kann. Mein Puls rast, ich schreie die Katze an, die sich immer weiter auf dem Balken zurückzieht und dann am Ende des Balkens von rund zweieinhalb Metern Höhe auf die Terrakottafliesen springt und weiter zur Haustür trabt. Schon während ich der Katze wutentbrannt hinterherlaufe, um sie aus dem Bad zu scheuchen, kommt mir kurz der Gedanke, dass Täter bei Pogromen wahrscheinlich von der gleichen kalten Wut angetrieben werden, dem Wunsch, ihre Opfer zu kontrollieren, ohne dass ich meine Handlungen deswegen abbrechen würde. Erst nach dem waghalsigen Sprung des Tiers in die Tiefe setzt mein schlechtes Gewissen ein. Ich lasse die verschreckte Katze nach draußen. Simone Weil schreibt: *Das ist das Wesen der Gewalt. Ihre Macht, die Menschen zu Dingen zu machen, ist eine doppelte und vollzieht sich auf beiden Seiten; sie versteinert auf unterschiedliche Weise, aber in gleichem Maße die Seelen der sie Erleidenden und der sie Ausübenden. [...] Die Schlachten werden nicht zwischen Männern entschieden, die kalkulieren, nachdenken, Beschlüsse fassen und ausführen, sondern zwischen Männern, die dieser Fähigkeiten beraubt sind, indem sie entweder auf die Stufe lebloser Materie herabsinken, die bloße Passivität ist, oder auf die blinder Kräfte, die bloßer Vorwärtsdrang sind.* Anders gesagt: Im Akt der Gewalt tut sich der Täter selbst Gewalt an, dehumanisiert sich. Zwei Tage später sitzt die Katze wieder mit großen Augen vor meinem Fenster, ich öffne ihr die Terrassentür und hole ihr aus der Küche zwei Scheiben Wurst. Ohne das Polster fröhlicher Unbekümmertheit in Bezug auf meine berufliche Situation, meine Arbeitsmöglichkeiten, bin ich in ganz alltäglichen Situationen wesentlich dünnhäutiger, aggressionsbereiter.

Unter meinen Facebook-Kontakten gibt es zwei bis drei Personen, die immer wieder AfD-affinen Content teilen, einer dieser Menschen begegnet mir gegen Ende meines Studiums als Workshopleiter, ich nehme ihn als etwas eigenwilligen Akademikertypus wahr, der sich für experimentelle Schreibweisen und gesellschaftskritische Stoffe begeistert und sich auch nach dem Workshop mit Nachdruck für meine Texte einsetzt. Der ohnehin eher sporadische Kontakt schläft jedoch nach meinem zweiten Buch ein, vor ein paar Jahren dann fallen mir seine auf Facebook geteilten Inhalte ins Auge, weil sie immer wieder latent xenophobe und rassistische Inhalte propagieren und sich mit Vehemenz gegen eine geschlechtergerechte Sprache und für durchgehende Verwendung des generischen Maskulinums starkmachen. Aus einzelnen Posts geht hervor, dass er in der Gründungsphase der AfD an der Spitze eines Landesverbandes aktiv ist, dann nach der Abwahl von Bernd Lucke als Parteivorsitzendem ebenfalls aus der Partei austritt, wenngleich er politisch weiterhin ultrakonservative Werte vertritt. Ich bin ein wenig geschockt über diesen politischen Sinneswandel, vielleicht kommt hier aber auch nur etwas zum Vorschein, was er vor fünfzehn Jahren in dieser Form einfach nicht öffentlich äußert. Wenn man sich auf YouTube durch Aufzeichnungen der AfD-Parteitage klickt, fällt insbesondere bei den westdeutschen Parteimitgliedern auf, dass ein Großteil dieser Personen nicht dem Klischee des glatzköpfigen rechten Schlägertyps entspricht, auch nicht dem des schneidigen

Burschenschaftlers – insbesondere die Funktionäre strahlen eher Bürgerlichkeit und Gediegenheit aus, und von dem Ehrenvorsitzenden Gauland abwärts bis zu den einfachen Delegierten gibt es dort jede Menge mittelalte Herren mit Brille und Tweedjackett. Atomphysiker, Fridays-for-Hubraum-Enthusiasten und passionierte ICE-Fahrer mit stolzem Blick auf die einzeln in der Landschaft stehende Eiche in einem aufgeräumten deutschen Mittelgebirgstal irgendwo zwischen Fulda und Kassel-Wilhelmshöhe. Mein Facebook-Kontakt passt in dieses Schema, er arbeitet neben seinem Brotberuf als Privatdozent. In seinen Posts, aber auch schon in unseren Begegnungen lange vor Gründung der AfD tritt einerseits eine kultivierte Arroganz zutage, die Ausstrahlung, den meisten Personen des Literatur- und Literaturwissenschaftsbetriebs haushoch überlegen zu sein, andererseits eine Verbitterung darüber, nicht die angemessene Würdigung für die eigenen Fähigkeiten erfahren zu haben, eine untergründige Frustration, dass die akademische Laufbahn nicht in eine reguläre Professur mündet, sondern lediglich dem unbezahlten Privatdozentenstatus verhaftet bleibt, das Gefühl, irgendwie zu kurz gekommen zu sein, nicht das zu erreichen, was man sich ausgemalt hat und von dem man meint, dass es einem zusteht. Meine Erfolgsphase, die Jahre des emotionalen Mezzo, gründen auch auf meinen Privilegien: Ich bin ein junger, weißer, cis-männlicher Autor mit bildungsbürgerlichem Habitus und eklektischem Wortschatz, dem alles einfach so zuzufallen scheint. 1930 gibt es in der mittleren Kreisstadt Treuburg, dem Geburtsort meines Vaters, zwei Fleischereibetriebe, die unter dem Namen Carl Brodowsky im Gewerberegister angemeldet sind: die Wurstfabrikation des Großonkels meines Vaters mit einem großen Ladengewerbe am zentralen Platz der Stadt, mit Wurstversand bis nach Westdeutschland, und das kleinere Geschäft des Vaters meines Vaters. Daneben existiert noch die Fleischerei des Großvaters meines Vaters, der jedoch nicht Carl heißt, sondern August Brodowsky. Diese drei Läden koexistieren innerhalb eines Radius von wenigen hundert Metern. Theweleit benennt als wichtige ökonomische Ursache für das Aufkommen des *soldatischen Typus* die geringen Arbeits- und Aufstiegsmöglichkeiten einer Vielzahl junger Männer gegen Ende der wilhelminischen und dann postwilhelminischen Zeit. Insbesondere die jungen Kriegsheimkehrer, die mit siebzehn oder achtzehn in den Ersten Weltkrieg ziehen, tun sich schwer damit, nach bis zu vier Jahren Soldatenexistenz im Krieg eine Ausbildung in zivilen Berufen zusammen mit deutlich jüngeren Jahrgängen zu beginnen. Auch hier gibt es sicherlich vielfach die Idee, dass einem nach den Entbehrungen und dem traumatisierenden, zugleich aber prägenden *Dienst am Vaterland*, wie es auf den Kriegsgefallenendenkmälern noch heute standardmäßig heißt, anderes zustehe, als sich als statusloser Lehrling einem Betrieb unterzuordnen. Mein Großonkel Paul, sagt mein Vater, habe sich sein Erbe auszahlen lassen und mit dem Geld in Berlin gemeinsam mit einem Ehepaar einen Tabakwarenhandel eröffnet. Nach einigen Jahren des Wirtschaftens sei dieser Tabakhandel pleitegegangen. Sein Onkel habe dann erfahren oder vielleicht auch nur gemutmaßt, dass das Mitgesellschafterehepaar konstant Geld aus der Kasse genommen habe, jedenfalls habe es wenige Monate nach dem Konkurs des gemeinsamen Geschäfts einen neuen Tabakladen eröffnet, habe sein Onkel erzählt, sagt mein Vater. 1933 ist dieser geprellte Onkel dann in die Partei eingetreten, zehn Jahre später wird er Kreisgeschäftsführer der NSDAP in Treuburg.

es gibt Lachssuppe, die mein Vater direkt aus der Schale trinkt, wobei kleine Stückchen Lachs, Mohrrüben oder Selleriewurzel in seinen Barthaaren über der Oberlippe hängen bleiben; ich stelle mir vor, wie aus dem Bart kresseähnliche Pflanzen wachsen, Zwiebeln, Mohrrüben, Stichlinge daraus hervorschwimmen und in das Dickicht zurücktauchen

bei Schilowskis auf der anderen Seite der Straße nistet auf einem Stapel Feuerholz eine Spinne. Ihr Körper ist etwa so groß wie ein halber Fußball, ihr Beine sind behaart, sie ist violett. Wenn man sich dem Holzstapel nähert, verschwindet sie in dem etwa einen Meter langen, igluförmigen hellweißen Kokon, aber nur, um wenig später wiederaufzutauchen und die zwei vordersten Beine zu heben, bereit zum Angriff. Ich weiß, wenn man auch nur mit einem der violetten Beinhaare in Kontakt kommt, ist man sofort mit dem Coronavirus infiziert

ich sitze im Oberstufenneubau meines Gymnasiums, in dem großen Raum, in den hinten eine provisorische Bühne eingebaut ist und der auch als Aula genutzt wird. Wie alle anderen sitze ich an einem eigenen Tisch, zwischen den Tischen ist jeweils ein Meter Platz. Ich bin allerdings nicht mehr neunzehn, sondern vierzig, Frau Bemmler-Palippe öffnet einen versiegelten Briefumschlag, dem sie die zu verteilenden Aufgaben entnimmt, und beginnt, die Prüfungsbögen auf unsere Tische zu legen. Ich muss es schaffen, denke ich. Als die Lehrerin an meinem Tisch vorbeikommt, schüttelt sie wortlos den Kopf, während sie mir den Aufgabenbogen hinlegt. Meine Mitschüler links und rechts beginnen sofort damit, die Aufgaben zu lösen, aber sie sitzen zu weit weg, als dass ich unauffällig in ihre Hefte blicken könnte. Ich kann mich beim besten Willen nicht mehr erinnern, wie man Differenzialgleichungen löst

ich nehme die Axt und gehe ins Kinderzimmer, schlage auf die Playmobil-Eisenbahn ein, die krachend zerbirst. Dann dresche ich auf das Spielzeug-Regal ein, die Kleiderschränke der Kinder, Holz splittert, der Spiegel in der Vorderseite des Schrankes geht zu Bruch, die Klamotten fliegen durcheinander, noch mehr Scherben bei den zwei gerahmten Bildern an den Wänden, die Spielküche, ein chinesisches Billigfabrikat, leistet wenig Widerstand. Die Kisten mit dem Lego zerbersten, die zusammengebauten Legostücke brechen auseinander, einzelne Bausteine werden von der Axt zertrümmert, aber in den Haufen der Einzelteile richten meine Schläge keinen substanziellen Schaden an. Ich hole wieder aus und schlage die Axt mit voller Wucht in mein Schienbein, höre, wie etwas knackt, bricht, ein dumpfer Schmerz, ich humple zum Fenster, öffne es, stütze mich am Fensterbrett ab und zünde mir eine Zigarette an

Die Sexualität meiner Eltern bleibt für mich eine absolute Leerstelle. Vonseiten meiner Mutter ist alles Sexuelle mit fast grenzenloser Scham behaftet, tabuisiert, beinahe unbesprechbar, und mit meinem Vater ist nie das Vertrauen da, sich über solche Dinge, über Körperliches zu unterhalten. Die Sexualität meiner Eltern bleibt für mich im Heizungskeller des Kanzlerbungalows eingesperrt, im Gewürztraminer ertränkt, ein schemenhaftes, eher widerwillig imaginiertes Bild in der Dunkelheit des Schlafzimmers, hinter dem Eichengestell des elterlichen Ehebettes, eine unklare Vorstellung, diese Sexualität, von der ich mich auch als Kind schon mit Schaudern abwende. Es gibt fast keine Berührungen zwischen meinen Eltern, von denen ich Zeuge werde, abgesehen von einer kurzen Umarmung zur Begrüßung nach einer Reise, dem trockenen Kuss auf den Mund zum Abschied. Auch sonst umarmt mein Vater niemanden, und niemand umarmt ihn, sei es auch nur freundschaftlich, die Kollegen schon gar nicht, Studienfreunde nicht, höchstens die erwachsenen Kinder kurz zur Begrüßung oder Bekannte, beim formalisierten französischen Links-rechts-Wangenkuss, mit dem Besucherinnen bei einer Einladung zum Abendessen empfangen werden. Nach dem Abendessen, das alltags immer um 18:15 Uhr aufgetragen wird, sitze ich als Kind bei meinem Vater auf dem Schoß oder spiele kurz mit ihm im angrenzenden Wohnzimmer; ich darf auf seinem Bauch liegen, er kitzelt, streichelt mich, streicht mir über den Kopf, mit einem überstarken Druck der Hand, so dass meine Haare schmerzhaft am Kopf heruntergezogen werden, etwas, was wir Kinder als *Hageziehn* bezeichnen, sein linkischer, deutlich übersteuerter Ausdruck der Zuwendung. Bis auf diese wenigen erinnerten Momente von Berührung ist der Körper meines Vaters tabu oder auch einfach freiwillig von uns Kindern gemieden.

Als Kind wundere ich mich über das Wort *Geschlecht*. Das Wort scheint das Organ zwischen den Beinen in einer eher diffusen Bezeichnungswolke zu benennen, oder, genauer, das Wort vermeidet es, dieses Organ zu benennen, denn diese Wölbungen und Öffnungen, mit denen man Urin ausscheidet und anscheinend auch Sex hat, sind, soweit ich erkennen kann, bei Jungen und Mädchen, bei Männern und Frauen ziemlich unterschiedlich – zumindest wird mir erzählt, dass Jungen und Mädchen, Männer und Frauen sich insbesondere in diesen Körperzonen fundamental unterscheiden –, zugleich bleibt mir aber unklar, was genau mit dem Wort bezeichnet werden soll. Passend zu der schamhaften Tabuisierung ist *Geschlecht* phonetisch und morphologisch nah an dem Wort *schlecht*. Ich begegne dem Wort als Kind vor allem in den Texten der Lutherbibel, insbesondere in der Weihnachtsgeschichte: *vom Geschlechte Davids*. Ich stelle mir vor, dass damit gesagt werden soll, dass es eine Art patrilineare Weitervererbung der Form und Beschaffenheit des Geschlechtsteils gibt, das also von David, der ein paar Generationen vor Jesus lebt, die konkrete Morphologie des Geschlechtes weitergereicht wird bis zu Joseph und von diesem dann in einer Art transsubstanzieller Übertragung – da Maria ihren Sohn als Jungfrau zur Welt bringt – bis zu Jesus.

Jeden Sonntagabend gehen wir als Familie in die Sauna im Keller unseres Hauses. Der Keller wird Anfang der Vierzigerjahre in einen Behelfsluftschutzkeller umgebaut. Es gibt in einem der Kellerräume eine verstärkte Betondecke, an deren rauer Oberfläche man die Maserung des Schalholzes noch erkennen kann, nebst zusätzlichen gemauerten Stützen und einem unter der Decke angebrachten, massiven T-Träger aus Stahl, der diesen Bereich des Kellers vor dem Einstürzen bewahren soll, sollte das Haus darüber in Trümmern auf der Decke des Kellers lasten. Der Träger wird während der Renovierung des Hauses Anfang der Siebzigerjahre an einer Stelle mit einem Schweißbrenner durchschnitten, die Arbeiten daran erweisen sich aber als so aufwendig, dass von dem Ausbau des Trägers dann doch abgesehen und der Träger in seiner durchtrennten Form an Ort und Stelle belassen wird.

Manchmal besuchen wir mit meiner Mutter Frau Rasp, die freundliche, ältere Nachbarin, bringen ihr ein Stück Kuchen und bleiben eine Weile zum Klönschnack, manchmal bekommen wir Kinder von ihr ein Stück Schokolade. Einmal erzählt Frau Rasp, dass ihr Mann während eines Bombenangriffs im Haus geblieben sei, um notfalls Brände löschen zu können. Tatsächlich durchschlägt eine Magnesiumbombe das Dach und kommt feuersprühend auf einem Sofa zum Liegen. Herr Rasp ruft seine Frau aus dem Schutzkeller herauf, und gemeinsam schaffen sie es, das brennende Sofa aus dem rasch geöffneten Fenster in den Garten zu werfen, wodurch sie ihr Haus retten und vielleicht auch das Haus, in dem wir jetzt wohnen. In unserem Keller gibt es eine abschließbare Stahltür zur Gartentreppe. Ich stelle mir als Kind vor, dass diese Tür einen Teil der Schutzarchitektur bildet. Der Kellerraum mit dem Stahlträger, der heute von uns Saunakeller genannt wird, hat ebenfalls eine eigenartige Tür. Statt einer Klinke sind zwei ellenlange Hebelgriffe auf Brust- und auf Schienbeinhöhe angebracht, Griffe, wie ich sie sonst nur aus den Schottluken des Museums-U-Bootes aus dem Zweiten Weltkrieg kenne, das wir bei einem Besuch in Kiel einmal besichtigen und das mich nachhaltig beeindruckt, vor allem auch, weil mir von Schulfreunden das Gerücht kolportiert wird, dass in der Außenförde von Flensburg, genauer in der Geltinger Bucht, noch mehrere solcher U-Boote am Grund der Ostsee lägen. Ein Großteil der Boote sei geborgen und in Flensburg abgewrackt worden, einzelne seien aber so tief im Schlamm versunken, dass eine Bergung unmöglich wäre.

Mithilfe dieser Tür lässt sich der teils unter der Terrasse liegende Saunakeller im Haus meiner Eltern weitgehend luftdicht gegenüber dem Rest des Kellers abschließen, was Schutz bieten soll vor einem möglichen Giftgasangriff oder dem viel wahrscheinlicheren Fall einer starken Rauchentwicklung und dem Absinken von Kohlendioxid, wenn das Haus oben in Flammen steht. Als Notausgang aus diesem Schutzraum gibt es zudem eine leichte Einbuchtung in der Brandmauer zum Keller des Nachbarhauses hin, eine 50 mal 50 Zentimeter große Mulde, die anders als die umgebende Mauer kein Ziegelwerk erkennen lässt und nur aus Mörtel besteht. Unter der weißen Farbe habe zur Zeit ihres Einzugs an dieser Stelle noch der Schriftzug *HIER DURCHSCHLAGEN* oder *NOTAUSGANG* gestanden, erzählt mein Vater. Wir ziehen uns aus, legen unsere Kleider mehr oder weniger ordentlich auf die alten Stühle, die hier parat stehen, nehmen eines der bereitliegenden Handtücher und gehen durch die Holztür in die auf achtzig Grad aufgeheizte Sauna. Als Kleinkind und bis ich acht oder neun Jahre alt bin, gehe ich mit meiner Mutter, meinen Schwestern und einer Nachbarin in die Sauna, später dann mit meinen Brüdern und meinem Vater. Bei diesen Gelegenheiten sehe ich dann auch beiläufig, wohl oder übel, ohne dass ein besonderer Fokus darauf läge, das Geschlecht.

»Geschlecht: deutsch« als Passvermerk – das hätte, sagt Theweleit in *Männerphantasien* an einer Stelle, die *soldatischen Männer*, die Protofaschisten der Zwanzigerjahre, über die er schreibt, sicher *in Entzücken versetzt*.

Später erhält dieses Wort, *Geschlecht*, noch eine dritte Bedeutung für mich, erst diffus, dann irgendwann konkreter, als ich anfange, Texte von Genderwissenschaftlerinnen und -wissenschaftlern zu lesen, welche die Trias von biologischem Geschlecht, sozialer Geschlechtsidentität und dem auf das andere biologische Geschlecht ausgerichteten Begehren infrage stellen. Aus dieser Perspektive wird Geschlecht zu etwas primär Performten, etwas, was wir andauernd durch Kleidung, Stimmlage, Interessen, Handlungen, Blicke, Sprechakte und soziale Interaktionen als Bild über uns in die Welt senden. Zugleich sind wir von dieser Struktur so tief geprägt, dass wir andauernd Menschen in die Kategorien *Mann* und *Frau* einordnen, sie als solche lesen und immer die Erwartung mitbringen, dass sie sich weitgehend so verhalten, wie es die implizite Norm für diese jeweiligen Geschlechter vorschreibt. Wie tief diese binäre Konditionierung auch in mir eingeschrieben ist, wird mir nach und nach vor allem durch meine Kinder bewusst. Natürlich kaufen wir Milan auch eine Puppe, aber wundern uns nicht weiter darüber, dass er sich stärker für Autos, Eisenbahnen und Lego interessiert als für Puppenkleidung und Pferde. Bei Anouk fällt uns viel stärker ins Auge, dass Kindermärchen für Prinzessinnen meist nur passive Rollen ausmalen, dass es viel weniger Kinderbücher mit Mädchen und Frauen als Protagonistinnen gibt als solche, bei denen Jungen und Männer die Welt entdecken und neue Länder erobern oder sich Gefährtinnen aussuchen. Deshalb fange ich an, das Geschlecht von Figuren umzudrehen, wenn ich den Kindern Pixi-Bücher vorlese oder ihnen Geschichten nacherzähle, etwa die von Herkula, der stärksten Frau der Welt im alten Griechenland. Und es gibt die bewusste Entscheidung von mir, Anouk als Spitznamen nicht ein niedliches kleines Tier zuzuordnen, sie nicht *mein Spatz*, *mein Kätzchen* oder *mein Hase* zu nennen, sondern *meine Tigerin* oder *meine starke Tigerin*, etwas, was sie voller Freude annimmt. Zum Fasching in der Vorschulklasse geht sie auf ihren eigenen Wunsch hin als Piratin. Und trotzdem spielt sie stundenlang mit Puppen, räumt ihre Spielsachen und allgemein die Wohnung gerne auf, trägt mit Vorliebe rote, violette, pinke Klamotten, während Milan sich vorwiegend grau, blau, schwarz oder grün kleidet. Milan hat fast nur Jungs als Freunde, Anouk praktisch ausschließlich Freundinnen. Ich kann an mir selbst beobachten, wie ich davon ausgehe, dass Milan sich ungefähr für die gleichen Dinge begeistert wie ich in dem Alter: Dinge zusammenbauen und auseinandernehmen, Lego, ferngesteuerte Fahrzeuge. Zugleich interessiert er sich auch für Backen und Kochen und hat viel Empathie für kleine Tiere aller Art, rettet Hummeln vor dem Tod an der Fensterscheibe, fängt Fliegen oder Spinnen mit der Hand und bringt sie nach draußen, liebt die Katzen unserer Nachbarn. Wichtiger noch als diese Oberflächencodes scheint mir aber etwas, was eine Freundin von mir einmal so ausdrückt: dass sie erst nach und nach gelernt habe, das *make the dude feel comfortable*-Dogma hinter sich zu lassen. Insgesamt merke ich, dass der in Spielsachen, Büchern, Filmen und ganz allgemein subtil kommunizierten Verhaltensnormen suggerierte Möglichkeitsraum bezüglich dessen, was die spätere Rolle meiner Kinder in der Welt sein könnte, bei meiner Tochter und meinem Sohn stark divergiert und mir intuitiv vor allem bei meiner Tochter als problematisch ins Auge fällt. Und mir fällt auf, dass ich bei ihr viel aktiver daran arbeite, diesen Raum für sie umzuschreiben, umzudeuten, auszuweiten. Erst in einem zweiten Schritt versuche ich, Milan bewusster dahingehend zu prägen, dass er sich sozial verhält, kleine Haushaltsaufgaben übernimmt, sich um seine Schwester und andere Menschen kümmert, keinen Unterschied in der Wertschätzung von Personen aufgrund ihres biologischen oder sozialen Geschlechts macht. Insgesamt doktern diese Versuche, klassische Rollenbilder zu überwinden, natürlich nur an der Oberfläche, an den Symptomen herum, im Kern ist das immer noch binär gedacht. Trotzdem möchte ich für meine Kinder nicht als Mann präsent sein, sondern als Mensch.

Fünf Wochen nach meinem ersten Besuch im Bundesarchiv bekomme ich eine E-Mail. Unter dem Namen meines Großvaters fände sich keine Akte, allerdings zu meinem Großonkel, also unter dem Namen Paul Brodowsky, geboren 1896. Ich mache per Mail einen Termin aus und fahre eine Woche später mit dem Fahrrad quer durch die Stadt nach Lichterfelde. Ich melde mich an der Pforte als Besucher an, gehe den Weg über die eichenbestandene Wiese in banger Erwartung der umfangreichen Akte eines Nazitäters, der meinen Namen trägt. Während ich über die Wiese laufe, muss ich an das dokumentarische Theaterstück *Hans Schleif* denken, das ich ein paar Monate zuvor sehe. Der Schauspieler Matthias Neukirch erzählt darin von der Recherche zu seinem Großvater, einem Architekten, Bauhistoriker und SS-Standartenführer, ich muss insbesondere an den Moment denken, in dem Neukirch erzählt, wie ihm im Bundesarchiv die NSDAP-Akte seines Großvaters ausgehändigt wird und diese zu seinem Entsetzen einen halben Meter Leitzordner umfasst. Ich frage mich, ob ich jetzt Informationen zu den von meinem Großonkel angeordneten Hinrichtungen erhalte oder ganz allgemein Konkreteres zu seiner Täterschaft vor 1945. Ich melde mich bei einem der Archivare. Er bittet mich, kurz zu warten, und holt dann eine dünne Pappmappe mit dem Namen und Geburtsdatum meines Großonkels. Die Mappe enthält lediglich zwölf Blätter, Korrespondenz des *Gauschatzmeisters* Ostpreußens mit dem *Reichsschatzmeister der NSDAP* in *München 33* aus dem September und November 1943, es geht darin um die Anstellung meines Großonkels als *Kreisgeschäftsführer* des Kreises Treuburg, der zugestimmt wird, dann auf weiteren Formblättern um eine *Veränderungsmeldung*, also eine standardisierte Gehaltserhöhung anlässlich der Hochzeit meines Großonkels. Mein Großonkel ist der Akte nach nicht, wie ich bisher einer Äußerung meines Vaters nach annehme, *Stellvertretender Kreisleiter*, sondern lediglich *Kreisgeschäftsführer*. Ich merke, dass ich einerseits erleichtert bin, zugleich eine Spur enttäuscht, nicht noch mehr in dieser dünnen Akte zu finden. Als Letztes liegt in der Mappe noch die Kopie seines NSDAP-Mitgliedsausweises, mit Foto und Mitgliedsnummer, aus dem hervorgeht, dass er am 1. April 1933 in die Partei eintritt. Auf dem Bild im

Mitgliedsausweis ist ein Mann in mittleren Jahren zu sehen, um den Mund die Andeutung eines Lächelns, drahtige Haare, ein eher breites, mir nicht völlig unähnliches Gesicht, hohe Stirn und zurückweichender Haaransatz. Er trägt ein dunkles, vielleicht dunkelbraunes oder schwarzes Hemd unter einem schweren Jackett, eine Reversnadel mit Hakenkreuz und eine Krawatte mit verspieltem, beinahe mesmerisierendem Muster, das aus einer Vielzahl kleiner, regelmäßig ineinandergreifender Hakenkreuze zu bestehen scheint.

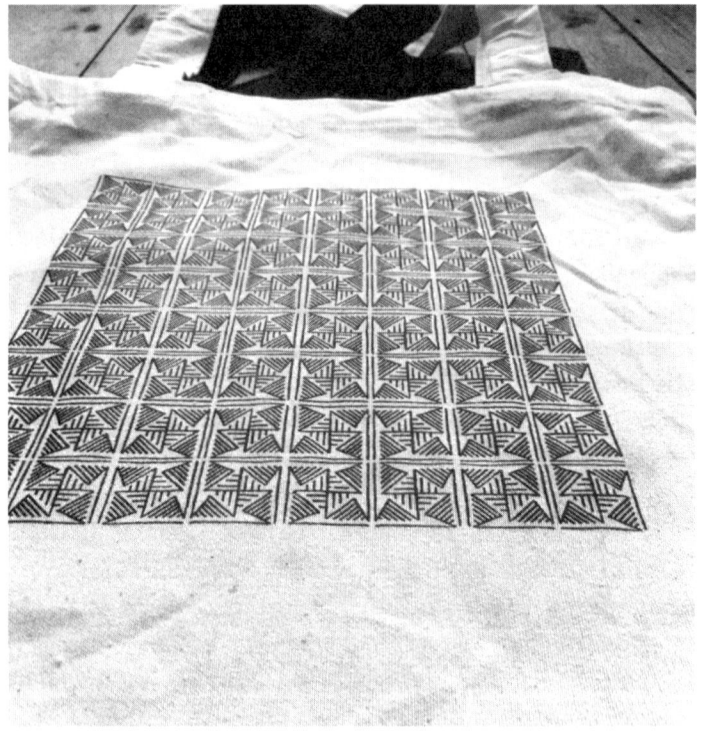

Ich komme in der Arbeitswohnung am Maybachufer an, klappe den Rechner auf, lese eine Stunde lang Artikel auf der Web-

seite der New York Times zur kommenden Präsidentschafts-
wahl; wie immer fällt es mir schwer, den Blick von diesen
Facetten der in Zeitlupe implodierenden Demokratie abzu-
wenden. Dann wechsle ich zu einer Recherchelektüre, *Täter –
Wie aus ganz normalen Menschen Massenmörder werden* von
Harald Welzer, eine sozialpsychologische Untersuchung zu
den Anfängen der Massenmorde während des Russlandfeld-
zuges, die von Wehrmachtsangehörigen, SS und insbesondere
von sogenannten *Reserve-Polizeibataillonen* im *rückwärtigen
Heeresgebiet* durchgeführt werden, in besetzten Gebieten also,
die deutlich hinter der Front liegen. Welzer beschreibt, wie
ein Haufen zusammenrekrutierter Männer, die davon ausge-
hen, dass sie militärpolizeiliche Aufgaben haben wie die Be-
kämpfung von Partisanen, sukzessive zu Vollstreckern des
einsetzenden Holocausts werden und sich daran gewöhnen,
innerhalb von wenigen Stunden Tausende, teils Zehntau-
sende Jüdinnen und Juden zu ermorden. Er beschreibt sehr
eindrücklich, wie diese Personen in Feldbriefen genauso wie
in den Kriegsverbrecherprozessen Jahre und teils Jahrzehnte
nach dem Krieg für sich reklamieren, im Rahmen des Gesche-
hens moralisch integer gehandelt zu haben, und sich selbst
als wohlmeinende, liebenswerte Menschen sehen. Noch irri-
tierender ist, wie wenig Widerstand diese Männer leisten, als
sie Befehle erhalten, massenhaft unschuldige Zivilisten zu erschießen, und dass sie eigene Handlungsspielräume, sich diesen Verbrechen zu entziehen, fast durchgehend nicht nutzen.
Dabei spielt natürlich eine Rolle, dass sie Anhänger der nationalsozialistischen Ideologie sind, vor allem aber, wie sie sich
durch subtilen wechselseitigen Sozialdruck in der Gruppe
und das Abstreiten von eigener Verantwortung für die Ausführung von Befehlen gegenseitig darin bestärken, lediglich
das Notwendige und Richtige zu tun. Was schließlich greift
und das ethische Hinterfragen der eigenen Handlungen ersetzt,

ist ein technischer Rationalismus, der das Handwerk des Tötens perfektioniert und serielle Erschießungen von Tausenden Männern, Frauen und Kindern innerhalb weniger Stunden ermöglicht – etwa die sich herausbildende Praxis, die Opfer zu zwingen, sich auszuziehen, anschließend bäuchlings auf die in einer zuvor ausgehobenen Grube liegenden Körper der zuletzt Erschossenen zu legen und dort auf den Genickschuss zu warten, damit man anschließend die Leichen nicht noch bewegen muss. Oder die Gewohnheit, erst Kleinkinder zu erschießen und anschließend ihre Mütter, weil sonst die Kinder ohne die Mütter in Panik ausbrechen, schwerer zu kontrollieren sind und hin und wieder bei den Tätern Gedanken an die eigenen Kinder aufkommen und dann auch Gewissensbisse bei ihnen aufflackern, was die Effektivität des Tötungsablaufs stört. Es treten einem in diesen Vorgängen Rationalismus, Effizienzdenken, Pragmatismus und Pflichtbewusstsein entgegen, Eigenschaften, die etwas zutiefst Deutsches an sich haben und in denen ich mich selbst in Facetten wiedererkenne. Vorsprung durch Technik. Die Vatergrimasse, Schafe schlachten, *Brodowsky Supremacy*. Das ganze sozialdarwinistische Gedankengebäude, das die eigene sogenannte *Volksgruppe*, eine durch weitgehend zufällige historisch-kulturelle Entwicklungen und eher willkürlich gebildete Landesgrenzen umzirkelte Entität von Menschen, als überlegen ansieht gegenüber anderen. Der aus mir und aus Len herausbrechende Jubel, als Mario Götze im WM-Finale 2014 das Siegtor gegen Argentinien schießt. Der subtile Stolz über die durch konsequent durchgehaltene Maßnahmen im Nationenvergleich geringe Zahl der Corona-Toten in Deutschland. Der gleiche Rationalismus ist sicherlich auch prägend für meinen Großonkel Paul, der wegen seiner körperlichen Einschränkung meinen Recherchen nach primär oder ausschließlich als Schreibtischtäter, als Organisator für den Tod von Menschen verantwortlich ist, darin aber, davon gehe ich aus, ebenfalls pragmatisch, effektiv und eben rational handelt. Reitunfall als Kind, verkrümmter Brustkasten, Täterkarriere.

Milans rechte Schulter ist etwas höher als seine linke. Wir lassen das von unserer Kinderärztin begutachten, dann von einer auf Kinder spezialisierten Orthopädin, die ihm Krankengymnastik verschreibt. Nach dreißig Sitzungen hat sich das ebenfalls diagnostizierte leichte Hohlkreuz gebessert, weshalb die Krankengymnastik nicht weiter verlängert wird. Stattdessen beginnt Milan mit ganzheitlich gedachten Körperübungen, die ein Heileurhythmielehrer in der Schule mit ihm macht, der auch darum bittet, dass Milan diese Übungen Montag bis Samstag zu Hause durchführt. Nebenbei sollen sie insgesamt die Körperhaltung, aber auch die Konzentration fördern. Judith und mir sind diese Übungen wichtig, Milan sind sie lästig, weshalb er sie regelmäßig bis kurz vor dem Schlafengehen hinausschiebt. Als ich ihn am Samstag bitte, die Übungen zu erledigen, verschiebt er sie auf Sonntag und sagt mir zu, dass er sie dann erledigen werde. Da ich Samstag etwas unter Zeitdruck bin, lasse ich mich darauf ein, mache ihm aber klar, dass es wichtig sei, dass er am Sonntag die Übungen dann auch wirklich mache. Jetzt ist es Sonntag, Judith ist auf einer Dienstreise in München, wir verbringen einen schönen Herbstnachmittag, ich backe einen Pflaumenkuchen und spiele mit den Kindern ein Brettspiel, eine Freundin kommt zum Kuchenessen vorbei, beide Kinder baden und waschen sich mit meiner Hilfe ihre Haare, ziehen ihre Schlafanzüge an, ich koche nebenbei Tofu, Reis und Möhren, wir essen, es ist 20:20 Uhr, wie sind wir da jetzt wieder hineingerutscht, denke ich, eigentlich schon eine Viertelstunde zu spät, um die Kinder entspannt ins Bett zu bringen. Ich frage Milan, ob er alles für den nächsten Tag im Ranzen habe, seine Mathehefte, seinen BVG-Fahrausweis.

– Oh nein, ich bin so blöd!, sagt er plötzlich.

– Was ist denn los?

– Ich habe meine Englisch-Hausaufgaben vergessen!

– Habe ich dich nicht gestern gefragt, ob ihr Hausaufgaben habt?

– Ich hab morgen Englisch!

– Wie viel ist das denn?

– Ich kann die Hausaufgaben gar nicht machen, weil ich mein Heft in der Schule vergessen habe! Ich bin so blöd!

Milan legt sich jammernd aufs Sofa.

– Komm, dann gehen wir jetzt ins Bett! Dann kann man es eh nicht ändern. Wir müssen nur noch die Übungen machen.

– Ich will aber nicht! Ich bin zu müde.

Milan rührt sich nicht und liegt weiter jammernd auf dem Sofa.

– Das ist sicherlich sehr sinnvoll, dass man, wenn man seine Hausaufgaben schon nicht machen kann, auch einfach seine Gymnastikübungen nicht macht.

– Du bist scheiße!, ruft er.

– Und sich einfach aufs Sofa fallen lässt und alles verweigert, sage ich. Komm, es wird immer später, du musst ins Bett. Komm jetzt, bitte!

– Ich mach gar nichts mehr!

Ich packe ihn unter den Schultern und den Kniekehlen und trage ihn aus dem Wohnzimmer.

– Au, du tust mir weh!, ruft er.

– Das kann gar nicht sein, rufe ich, jetzt ebenfalls aufgebracht. Ich trage dich ja nur! Ich tue dir nicht weh. Aber es muss jetzt mal vorangehen! Du musst jetzt diese Übungen machen!

Ich stelle ihn auf seine Füße. Er beruhigt sich wieder ein wenig und schleicht langsam Richtung Treppe.

– Ich mach heute gar keine Übungen mehr!, sagt er.

– Aber du hast es mir versprochen!, sage ich.

– Ich hab gesagt, dass ich es später machen werde, aber ich habe es nicht versprochen!

Diese Haarspalterei hat er von mir übernommen, manchmal differenziere ich so kleinlich, um klarzumachen, dass ich etwas nicht explizit verspreche oder dezidiert zusage, sondern eher vage in Aussicht stelle, eine Differenzierung, die mir jetzt selbst auf die Füße fällt.

– Gut!, sage ich. Ich kann nicht mehr! Dann bringt euch selber ins Bett. Ich gehe eine Runde spazieren.

Ich greife meine Jacke von der Garderobe. Sofort fangen beide Kinder an zu weinen.

– Nein, ruft Milan, ich mache es ja, ich mache es ja, ich geh ja schon.

– Nicht weggehen, Papa, ruft Anouk.

Ich merke, dass ich hier eine Grenze überschreite. Ich formuliere ein authentisches Bedürfnis, die mich überfordernde Situation für ein paar Minuten zu verlassen, Luft zu holen, meine Gedanken zu ordnen, meine Emotionalität, die mir selbst unangenehm ist, abzukühlen. Zugleich schwingt darin eine Bedrohung für die Kinder mit – dessen bin ich mir zwar schon halb bewusst, während ich es ausspreche, aber zugleich möchte ich ja auch genau das markieren: Ihr wollt doch, dass ich euch beim Schlafengehen begleite, also lasst uns doch gemeinsam diese Situation in den Griff bekommen. Das Verhalten, die Situation zu verlassen, erinnert mich an meinen Vater, dessen größere, sich etwa halbjährlich abspielende und mitunter zwei Tage anhaltende Wutausbrüche oder Phasen der durchgehaltenen kalten Wut und Nicht-Ansprechbarkeit am ersten Abend immer den Verlauf nehmen, dass er anderthalb oder zwei Flaschen Wein trinkt, brüllend irgendwelche Auseinandersetzungen führt oder auch nur seine Wut auf meine Mutter, meine Geschwister oder mich herausbrüllt, wobei immer das Potenzial von physischer Gewalt mitschwingt, um dann im wörtlichen oder übertragenen Sinne türenschlagend das Haus zu verlassen, ins Auto zu steigen und für einige Stunden fortzubleiben – wo er sich in dieser Zeit aufhält, wissen wir nicht. Während sein Verschwinden damals eher Erleichterung bedeutet, weil die direkte Bedrohung vorübergehend wegfällt, ist meine Drohung, die Kinder auch nur für einen Spaziergang zu verlassen, existenziell, vielleicht auch, weil ich allein mit ihnen zu Hause bin, während wir damals immer noch unsere Mutter haben, das wird mir in diesem Moment jedenfalls schlagartig klar.

– Also, dann gehe ich nicht, sage ich. Entschuldigt, das war falsch von mir, das zu sagen.

Milan geht mit lauten Schritten hoch ins Arbeitszimmer und macht dort seine Übungen, durch die Tür kann ich ihn weiter leise schimpfen hören. Ich nehme Anouk, die immer noch weint, auf den Arm, trage sie die Treppe hoch, sage ihr, dass es mir leidtue, dass ich sie nicht so habe erschrecken wollen und dass ich mich nur ein wenig mit Milan streite. Ich gebe ihr einen Becher Wasser, was sie immer etwas beruhigt, mache ihre Zahnbürste fertig und reiche sie ihr. Sie putzt ihre Zähne, Milan kommt aus dem Arbeitszimmer, ich gebe ihm seine Zahnbürste, er hat aufgehört zu schimpfen. Wir legen uns auf das große Bett, in dem normalerweise Judith und ich schlafen und in dem die Kinder immer einschlafen dürfen, wenn Judith auf Dienstreise ist, ich entschuldige mich bei Milan, er entschuldigt sich bei mir, ich singe drei der Lieder, die sie immer zum Einschlafen hören wollen, lege dabei jedem Kind zur Beruhigung eine Hand auf den Bauch. Nach den drei Liedern stehe ich vorsichtig auf, sage beiden Kindern gute Nacht und gehe nach unten, um den Abendbrottisch abzudecken, die Küche aufzuräumen und alles für den nächsten Morgen vorzubereiten.

Wir warten darauf, in die Turnhalle gelassen zu werden. Stehen da in Zweierreihe und halten uns an den Händen, Mädchen und Mädchen sowie Jungen und Jungen, Ranzen auf den Rücken, Turnbeutel umgehängt, die letzte Stunde für heute. Die Lehrerin kommt, schließt uns auf, wir ziehen uns um, Völkerball, ich bin nicht sonderlich gut darin, Bälle zu fangen, werde in der ersten Runde früh rausgeworfen und schaffe es nicht, mich wieder ins Spiel zu bringen, in der zweiten Runde habe ich etwas mehr Glück und kann mich länger auf dem Feld halten, aber dann trifft mich der Ball am Oberschenkel und wieder muss ich ins gegenüberliegende Außenfeld. Nach der Stunde gehen wir zurück in die Umkleide, die nach Magnesiumpulver und dem Schweiß der älteren Schüler riecht, drehen im Waschraum das Wasser auf, das aus den Hähnen in große Steinbecken läuft. Wir sind in der dritten Klasse, unser Schweiß riecht nach nichts, wir waschen uns nicht, klatschen uns höchstens zur Abkühlung etwas Wasser mit der Hand auf die Stirn. Als ich aus dem Waschraum komme, wartet mein Freund Malte auf mich, neben meinem Ranzen liegt mein Turnbeutel, daneben der Beutel von Elian, der schon draußen ist. Malte und ich blicken uns stumm an, nicken uns zu, ich nehme Elians Turnbeutel mit seinen Turnklamotten darin, wir packen den Beutel rasch, aber möglichst unauffällig in meinen Ranzen, genau so, wie Malte und ich das ein paar Tage zuvor besprechen, wir verlassen die Schule und gehen zu mir nach Hause. Meine Mutter sagt, bis zum Mittagessen sei noch etwas Zeit, ich hole eine Schere aus der Küche. Mit Elians Turnbeutel über der Schulter gehen Malte und ich zum Strandbad Solitüde, das jetzt, um die Mittagszeit, völlig verwaist ist. Wir ziehen Elians Turnschuhe heraus, seine Sporthose, das T-Shirt und zerschneiden den Stoff mit der Schere, stechen Löcher in die Schuhe, zerreißen den Turnbeutel methodisch, bis nur noch Fetzen übrig sind, werfen alles quer über den Strand, kicken die Schuhe durch den Sand. Schon seit einer Weile haben wir Lust, etwas kaputtzumachen, zu zerstören, am besten einen Turnbeutel, und nur auf die Gelegenheit dazu gewartet. Wir gucken uns dafür bewusst Elian aus, obwohl wir mit Elian eigentlich befreundet sind, uns gelegentlich zum Spielen treffen, auf seinen Geburtstag eingeladen werden und ihn zu uns einladen. Vielleicht suchen wir Elian auch deshalb dafür aus, weil wir eine andere Hautfarbe, eine andere Haarstruktur haben als er.

Am nächsten Tag fragt unsere Klassenlehrerin, ob jemand Elians Turnbeutel gesehen habe. Ich spüre, wie mein Gesicht anfängt zu glühen, der Puls geht schneller, ich schaue nicht rüber zu Malte, der neben mir sitzt, aber ich merke, wie er noch stiller wird als sonst. Wir rühren uns nicht, und da wir in der sozial sehr diversen Klasse als Musterschüler gelten, kommt niemand auf die Idee, uns zu verdächtigen. Der Moment vergeht. Zwei Wochen später frage ich Elian beiläufig, ob denn sein Turnbeutel wiederaufgetaucht sei.

– Der war am Strand, oben beim Solitüde, sagt er, aber ganz kaputt.

– Wer macht denn so was Blödes?, sage ich.

Zu Beginn der vierten Klasse ist immer wieder von der Empfehlung für die *weiterführende Schule* die Rede und davon, dass das Halbjahreszeugnis dafür entscheidend sei. Meine Mutter sagt mir, dass ich mir mit meinen Noten keine Sorgen zu machen brauche. Wer in unserer Klasse welche Empfehlung bekommt, erscheint mir daher eher wie ein Spektakel, das ich entspannt beobachten kann – das Sichabmühen der anderen, eine Empfehlung fürs Gymnasium zu bekommen. Aber dann schreibe ich Anfang der vierten Klasse in einem Diktat eine Fünf, im dann folgenden Diktat eine Sechs, was in mir eine leichte Panik auslöst: Rechtschreibung kommt mir fast wie eine Glückssache vor, beinahe Willkür, ob am unteren Rand dieser Seite mit meiner Handschrift und den roten Korrekturen eine große 2 oder eine entsprechend große 6 steht. Bei anderen Tests und Klassenarbeiten gilt das in milder Form genauso, wie später auch bei eigentlich allen Prüfungen, deren Stoff ich nicht vollkommen souverän beherrsche, aber in der vierten Klasse beginne ich, mich vor Diktaten regelrecht zu fürchten. Diese Angst zieht sich durch bis zum Abitur, noch von meiner Deutsch-Leistungskurs-Abiturklausur werden mir von der eigentlichen Note zwei Punkte wegen mangelhafter Orthografie abgezogen. Das Problem erledigt sich schlagartig mit Beginn des Studiums und mit dem Schreiben auf Computern, auch weil ich genügend Zeit habe, meine Texte Korrektur zu lesen, und im Schriftbild am Bildschirm oder auf Ausdrucken Fehler fast immer schnell erkenne, was mir bei meiner eckigen, unregelmäßigen Handschrift viel schlechter gelingt. Um zu verhindern, dass ich in der vierten Klasse im Fach Deutsch zu sehr abfalle und unter die Note 3 rutsche, setzt sich meine Mutter jeweils abends mit mir hin und diktiert mir zur Übung ein paar Sätze, die ich widerwillig aufschreibe. Ich hasse diese Extraarbeit zutiefst, aber sie führt dazu, dass sich meine Rechtschreibleistungen allmählich etwas verbessern.

Im Herbst sind Malte und ich zusammen mit anderen Jungs aus unserer Klasse bei Mike zum Geburtstag eingeladen. Mike ist ein schmächtiger, ziemlich wehrhafter Junge, der auf seinem BMX-Rad freihändig Kurven fahren kann, wie er uns auf dem Schulhof erzählt. Ich selbst lerne mit sechs Jahren Fahrradfahren, auf den dunklen Fußwegen am Seeufer in D. hin- und herfahrend, auf einem kleinen weißen Klapprad, zunächst mit Stützrädern, dann mit meiner Mutter, die neben mir läuft und meine Schulter hält. Während unseres neunmonatigen USA-Aufenthalts verlerne ich das Radfahren wieder vollständig. Als wir zurückkommen, ist zudem das Klapprad aus unklaren Gründen verschwunden. Erst in der dritten Klasse erreiche ich vom Sattel des nächstgrößeren Fahrrads aus mit den Füßen den Boden, ein 24-Zoll-Modell, das ich von meinem Bruder Franz erbe, und allmählich bringe ich mir selbst wieder Radfahren bei. Freihändig zu fahren ist für mich jedoch weiterhin ein eher theoretisches Konzept, und dass man Kurven fahren könnte, ohne den Lenker zu berühren, schließe ich schon aus rein physikalischen Gründen aus, bis Mike es Malte und mir im Twedter Holz auf meine Nachfrage hin einmal eher gelangweilt demonstriert. Jetzt sind wir zu seinem Geburtstag eingeladen, und schon zu Beginn des Festes wird uns zugeraunt, dass es später diese kleinen Würstchen geben soll, die man sonst nur bei Grillständen auf dem Jahrmarkt bekommt. Jens, Malte und Elian sind in heller Begeisterung und kündigen an, jeder zehn Stück davon essen zu wollen. Ich kenne die Würstchen nicht, aber simuliere ebenfalls Begeisterung, damit meine Unkenntnis in dieser Sache nicht auffällt. Bevor eine Reihe von Geburtstagsspielen beginnt, stehen wir in Mikes Kinderzimmer in der Dreizimmerwohnung an der Mürwiker Straße und bewundern sein Spielzeug. Er besitzt ein ganzes Arsenal an Spielzeugpistolen, die Malte und ich sofort ausprobieren wollen. Wir können uns bei dem schönsten der Revolver, einem Exemplar mit extralautem knallrotem Kunststoffpatronenring, nicht einigen, wer ihn sich zuerst anschauen darf, Malte hat die Pistole in der Hand, ich umgreife den Lauf der Waffe mit beiden Händen und versuche, sie ihm zu entwinden, beide ziehen wir mit aller Kraft, bis die Pistole in der Mitte auseinanderbricht.

— Das hast du jetzt davon!, sagt Malte. Das ist alles deine Schuld.

— Die müsst ihr neu kaufen, sagt Mike sichtlich verärgert.

— Klar, sage ich.

Ich rechne durch, wie viel Wochen Taschengeld es mich kosten wird, die Pistole zu ersetzen, und welches Lego ich dann nicht werde kaufen können. Die Situation entspannt sich, als Mikes Mutter ins Zimmer kommt. Sie hat blonde, lockige Haare, die über der Stirn eher kurz geschnitten sind und im Nacken länger auslaufen. Sie sagt, das mit der Pistole sei doch kein Problem und so was passiere eben manchmal.

Die Toiletten an unserer Schule sind schreckliche Orte, die man nur ungern aufsucht. Es gibt keine Spiegel über den Waschbecken, die Klobrillen sind heruntergerissen, so dass in den Kabinen nur noch die Kloschüsseln als offene Schlünde dastehen, es gibt grundsätzlich kein Klopapier, weil die Rollen, wie uns unser Direktor einmal erklärt, sonst von älteren Schülern in die Klos gestopft werden, damit diese überlaufen. Fast täglich hört man von Schlägereien oder wird Zeuge davon, in der Klasse, auf dem Schulhof. Die Lehrerinnen und Lehrer scheinen weitgehend überfordert mit der sich immer wieder Bahn brechenden Gewalt, um Prügeleien auf dem Schulhof bilden sich rasch Trauben, ganze Ringe von Schaulustigen, die wie bei Gladiatorenkämpfen zuschauen.

Mike ist in der zweiten Klasse gut mit Dennis befreundet, was abrupt endet, als Dennis die zweite Klasse wiederholen muss. Wir alle bewundern Dennis dafür, dass er so gut kämpfen kann, *Dennis hat sich mit einem aus der Fünften geprügelt und gewonnen*, raunen wir uns schaudernd und ein bisschen mitstolz zu, während unsere Klassenlehrerin draußen auf dem Gang klärt, wer die Schlägerei angefangen hat und wer wie zu sanktionieren ist. Dennis ist unberechenbar, alle haben Respekt vor ihm und nehmen sich vor ihm in Acht. Zwei- oder dreimal treffe ich mich nachmittags mit ihm, einmal bin ich bei ihm zu Hause, aus dem Nebenzimmer ist eine E-Gitarre zu hören, das sei sein Bruder, der dort spiele, sagt Dennis. Weil ich das kaum glauben kann, E-Gitarren-Sounds nur aus dem

Radio oder von Schallplatten kenne, öffnet Dennis die Tür, um mir seinen Bruder zu zeigen, der auf diesem Instrument tatsächlich spielt und ihm diese wundersamen Töne entlockt. Eine Freundschaft wird aus diesen Treffen mit Dennis nicht. Ein halbes Jahr später baut er im Laufe eines Schultages eine aggressive Stimmung mir gegenüber auf.

– Dich machen wir nachher fertig, sagt Dennis in der großen Pause und lacht sein schrilles Lachen.

Vielleicht wegen eines falschen Blicks, vielleicht ohne einen wirklichen Anlass, vielleicht weil ich irgendetwas Provozierendes, Neunmalkluges gesagt habe, jedenfalls lachen Mike, Jens und Murat mit, ich bin markiert, kann aber nichts dagegen unternehmen, weil nichts Konkretes vorfällt. Den Rest des Schultages verbringe ich mit dieser unterschwelligen Angst, nach der letzten Stunde packe ich meine Sachen. Jens, mit dem ich zu dieser Zeit eher lose befreundet bin, steht draußen auf dem offenen Gang vor dem Klassenraum, er blickt zu mir in den Flur mit den Garderobenhaken, ich zögere hinauszugehen, weil diese seltsame, unheilvolle Stimmung im Raum ist.

– Komm doch mal raus, sagt Jens zu mir, lächelt irgendwie gezwungen und blickt dann zur Seite.

Ich ignoriere ihn, warte, bis unsere Sachkundelehrerin mit dem Einpacken ihrer Tasche fertig ist, und verlasse im Windschatten ihres Schutzes den Klassenraum. Als sie Richtung Lehrerzimmer abbiegt, verlasse ich schnellstmöglich und alleine die Schule. Ich laufe, so zügig ich kann, in Richtung Zuhause, aber Dennis ist schneller, holt mich ein, verpasst mir noch im Laufen einen Schlag an den Kopf. Ich wehre mich kaum, versuche nur, meinen Ranzen zwischen seine Schläge und mich zu bringen, werde mit einem Judogriff zu Fall gebracht und dann getreten, gegen die Beine, in den Bauch, ich höre Dennis lachen. Als er von mir ablässt, sammle ich meinen Ranzen ein und gehe weinend nach Hause. Auf der Treppe zur

Haustür beginne ich, wieder stärker zu weinen, damit meine Mutter sofort den Ernst der Situation erkennt.

Als ich Ende der ersten Klasse meiner ältesten Schwester, Sigrid, von Elian erzähle, meint sie, der solle zurück nach Afrika.
  – Aber seine Mutter ist doch Deutsche, sage ich.
  – Trotzdem, sagt meine Schwester.
  – Er ist hier geboren. Und halb Deutscher. Wenn er nach Afrika geht, da gehört er doch auch nicht mehr hin als hier.
  – Trotzdem, sagt meine Schwester, er ist anders, solche brauchen wir hier nicht.
  Ganz logisch erscheint mir das nicht. Vielleicht hat er dann einfach keinen richtigen Ort, denke ich.

Wir kommen nach dem Sportunterricht in den Klassenraum zurück, es ist warm, vielleicht sogar heiß genug, dass wir in der fünften Stunde Hitzefrei bekommen.
  – Halit hat Scheiße an der Hose, sagt Mike plötzlich.
  Er zeigt mit dem Finger auf ihn. Einige der anderen Jungs lachen.
  – Halit, du hast da Scheiße an der Hose, sagt Mike noch mal.
  Halit ist der kleinste Junge, zugleich der stillste der Schüler mit türkischen Eltern in meiner Klasse, er beugt sich zurück und verdreht den Kopf, um die Stelle zu sehen, auf die Mike zeigt und auf die wir alle schauen, jetzt alle lachend, tatsächlich hat er dort einen etwa zweimarkstückgroßen braunen Fleck über der rechten hinteren Tasche seiner hellblauen Sommerhose, es sieht aus wie ein plattgewalzter Lakritz, irgendetwas, auf das er sich zuvor draufsetzt, das in der Umkleidekabine an seiner Hose festklebt. Er beginnt zu weinen, dreht sich nochmals vergeblich um, um die Stelle zu sehen, und läuft los, verlässt den Klassenraum, durch die Fenster können wir sehen, dass er vom Schulhof aus über den Zaun auf die Wiese

dahinter springt und weiterläuft, den Hang hinunter. Wenig später kommt unsere Klassenlehrerin, sie beginnt den Unterricht, stockt kurz, schaut vom Klassenbuch auf und fragt, wo denn Halit sei. Wir erklären, der sei nach Hause gelaufen, einfach weggerannt. Mitten am Schultag, das gehe ja überhaupt nicht, sagt unsere Lehrerin und notiert etwas im Klassenbuch, vielleicht sieht sie einige von uns grinsen, aber sie hakt nicht weiter nach. In der nächsten Stunde ist Halit wieder da, er hat jetzt eine andere, eine schwarze Hose an.

Ich gehe mit Malte nach Hause, wir sprechen über den Wechsel aufs Gymnasium. Das Gymnasium liegt in der Nähe der Grundschule, meine Geschwister machen dort alle ihr Abitur, ich kenne die Schule von Aufführungen des Schulchores, von den Abiturfeiern von Sigrid, Claire, Isabelle und Hans und von den Erzählungen meiner älteren Geschwister.

– Dort wird alles ganz anders, sage ich zu Malte. Nicht mehr diese Schlägereien, nicht mehr diese ganzen anderen, langsamen Kinder, auf die wir im Unterricht immer warten müssen. Wir sind dann nicht mehr die besten Schüler der Klasse, sondern um uns herum sind dann lauter solche Schüler wie wir.

– Das wird toll.

– Ich kann es auch kaum erwarten. Wir finden bestimmt schnell neue Freunde.

Im Februar erhalten unsere Eltern einen Brief, in dem von unserer Lehrerin ausführlich unsere Stärken und Schwächen beschrieben werden. Er endet mit einer Empfehlung für eine der drei weiterführenden Schulformen. Wer welche Empfehlung bekommt, spricht sich ziemlich rasch herum. Ich wundere mich kurz, dass Mike eine Realschulempfehlung erhält, seine Noten sind in meiner Wahrnehmung meinen sehr ähnlich oder denen meiner anderen Freunde. Aber irgendwie erscheint es mir auch schlüssig – seine Eltern leben in einer anderen Welt, in einer Wohnung auf wenigen Quadratmetern, es gibt bei Mike zu Hause fast keine Bücher, und Mike drückt sich anders aus, benutzt andere Wörter. Das Gymnasium hat für so einen wie Mike keinen Platz, und obwohl ich lose mit Mike befreundet bin, empfinde ich das als Erleichterung.

Die sozialen Klassengrenzen in der Grundschule sind insgesamt wenig durchlässig, noch viel deutlicher zu spüren ist die Trennung zwischen den Schülerinnen und Schülern mit und ohne Migrationserfahrung in der Familie. In meiner Klasse sind fünf oder sechs Schülerinnen und Schüler mit türkischen Eltern, Kinder sogenannter *Gastarbeiter*, die in den Jahren zuvor für Arbeit in den Industriebetrieben, den Werften der Schiffbau-Gesellschaft nach Flensburg kommen, sie sprechen alle nur gebrochen Deutsch, der Förderunterricht, den sie erhalten, schafft kaum Abhilfe, es gibt auch sonst keine Maßnahmen, um sie gezielt zu unterstützen oder in die Klassengemeinschaft einzubinden, weder von den Lehrerinnen noch von den Eltern, muslimische Feiertage etwa spielen im Schulalltag keine Rolle, diese Kinder werden in erster Linie mitgeschleift, so gut es eben geht, und auch in der Freizeit jenseits der Schule gibt es keinerlei soziale Interaktion zwischen mir, meinen toastbrotbleichen Freunden und diesen Kindern.

Aufs Gymnasium gehe ich mit Jens, Elian, Ida und Malte. Nach der kleinen Einschulungsfeier im Musiksaal werden wir von unserem neuen Klassenlehrer, der uns in Biologie, Erdkunde und Sport unterrichtet, in unseren Klassenraum geführt. Wir suchen uns Plätze an den Tischen aus, der Lehrer bittet uns, unsere Namen auf Schilder zu schreiben und diese vor uns aufzustellen. Er schlägt das Klassenbuch auf und geht unsere Namen alphabetisch durch, ruft uns auf, wir melden uns, er blickt uns kurz an. Es gibt zwei Mädchen mit türkischen Namen in der Klasse, die von einer anderen Grundschule kommen, Nuray und Hatice, zwischen lauter Julias, Kathrins, Lisas, Ingos und Thorstens. Als Hatice an die Reihe kommt, hebt unser Klassenlehrer seine Augenbrauen und fragt, wie man diesen Namen ausspricht – Hatice lächelt und spricht es ihm vor. Er gibt sich sichtlich Mühe, und auf den zweiten Anlauf gelingt es ihm. Er geht die Namensliste weiter durch.

– Nuray, sagt er, als sie an die Reihe kommt und ihm ebenfalls ihren Namen vorspricht. Nuray, Nuray, Nuray, sagt er, das ist ja ein richtig schöner Name!

Das Gleiche wiederholt sich bei einigen anderen Lehrern auf ähnliche Weise. Nach einem halben Jahr wechselt Nuray auf eine Realschule.

– Ihr habt es einfach schwerer, wenn Deutsch nicht eure Muttersprache ist, erklärt unser Lehrer vor der Klasse, als klar wird, dass auch Hatice uns zum Ende der fünften Klasse verlässt. Ihr müsst ja alles, was gesagt wird, erst ins Türkische übersetzen, das ist kaum zu schaffen.

In den drei Parallelklassen gibt es keine Kinder mit Migrationserfahrung, diese Zusammensetzung der Schülerschaft ändert sich bis zum Abitur nicht, mit der Ausnahme einer Tochter von sogenannten *Spätaussiedlern*, die in der zehnten Klasse von der benachbarten Realschule zu uns wechselt, und Elian als *Person of Color*, auch wenn wir damals diesen Begriff natürlich nicht verwenden. Elian wächst bei seiner weißen, alleinerziehenden Mutter auf und hat zu seinem Vater in Nigeria wenig Kontakt. In der Oberstufe ist Elian wie ich im Mathe-Leistungskurs. In der ersten Stunde, in der wir als Leistungskurs zusammensitzen, fragt die Lehrerin nach, wie sein Name ausgesprochen wird.

– Eli-jan?

– Nein, El-ian, sagt Elian.

– Also nicht englisch, nicht Eli-en?

– Nein. El-ian.

– Ah, El-jahn!, sagt sie.
– Nein, Elian lächelt. El-ian.
– El-jahn, in Ordnung, sagt sie.

wir sitzen am Rand. Nebeneinander in der vorletzten Reihe am Fenster, ich leicht übergewichtig, Malte eher schlaksig mit Knubbelknien und schulterlangen strohblonden Haaren. Im Sportunterricht werden wir immer als Letzte in Fußball-, Basketball- oder Völkerballmannschaften gewählt, umso größer ist unser Selbstbewusstsein in allen anderen Fächern, wir melden uns viel. In der Erdkundestunde bittet uns unser Klassenlehrer, unsere Hefte herauszuholen, zur Kontrolle der Hausaufgaben. Wir schreiben in der Stunde zuvor eine Liste von der Tafel ab: *Im Süden von Flensburg liegt ...*, *Im Südwesten von Flensburg liegt ...*, *Im Westen von Flensburg liegt ...*, und so weiter. Wir sollen zu Hause mithilfe unseres Schüleratlasses Ortschaften ergänzen. Jetzt ziehen wir die Hefte heraus, und mir fällt ein: Ich habe die Hausaufgabe vergessen! Ich habe nichts eingetragen! Gleich wird Herr Müller herumgehen und sehen, dass ich die Hausaufgabe nicht gemacht habe! Ich flüstere Malte zu, was mir passiert ist. Er rät mir, mich gleich zu melden und es zuzugeben.
– Herr Müller, ich habe die Hausaufgabe leider vergessen!
Herr Müller schaut mich genervt an.
– Das ist schlecht. Sieh zu, dass du nicht so schusselig wirst in solchen Sachen wie deine Geschwister!
Herr Müller nimmt nacheinander andere Schülerinnen und Schüler dran und lässt sich ihre Ergebnisse vorlesen, um ihre Richtigkeit zu überprüfen. Ich frage mich, welche meiner Geschwister er meint und ob sie tatsächlich so vergesslich sind. Zugleich ist es mir unangenehm, so in Sippenhaft genommen zu werden

Nach einigen Monaten habe ich zum ersten Mal in meinem Leben das klare Gefühl, grundlegend etwas verändern zu wollen. Ich möchte nicht mehr der brave Streber sein, der am Rand sitzt, sich viel meldet, immer Bescheid weiß. Auch die Freundschaft zu Malte langweilt mich, seine gerade Handschrift, die sauber geführten Hefte, sein Ordnungssinn. Über Jens, mit dem ich noch aus der Grundschule lose befreundet bin, suche ich die Nähe zu Piet, der vorne mittig in der ersten Reihe sitzt, ungemein schlagfertig ist, der beste Fußballspieler in der Klasse. Zufällig weiß ich, dass er demnächst Geburtstag hat. Zu seiner Party will ich unbedingt eingeladen werden.

– He Piet, du hast doch demnächst Geburtstag. Wenn du willst, kannst du mal bei mir zu Hause vorbeikommen und deine Einladungen auf unserem Computer schreiben. Die können wir dann mit unserem Neun-Nadel-Drucker ausdrucken.

– Das klingt cool.

Wir verabreden uns für Freitag nach der Schule. Bei mir zu Hause hören wir zusammen Herbert Grönemeyer, *4630 Bochum*, die Kassette leihe ich von meinem Bruder, wir hören den Titelsong, *Flugzeuge im Bauch* und *Männer*. Wir sprechen darüber, welche Mädchen aus der Klasse wir attraktiv finden: die Zwillinge, Lisa und Nathalie, aber auch ihre gemeinsame Freundin Nastasia, die wir immer Nasti nennen, alle drei sind Freundinnen und kommen jeden Tag aus einem Vorort mit dem Bus zur Schule. Ich fahre den 286er-Rechner hoch und öffne den Texteditor, dessen Funktionsweise mir meine Schwester Uta einige Wochen zuvor erklärt. Der Bildschirm zeigt in groben Pixeln currygelbe Schrift auf schwarzem Grund. Gemeinsam überlegen wir einen Einladungstext.

Hey du, ja genau du! Ich habe Geburtstag! Und zwar am 22.1. Ich feiere bei mir, Grönholm 15. Fühl dich eingeladen! Los geht's um 14h. Dein Piete-Fiete

Ich schalte den Drucker ein. Wir drucken den Text zehnmal

nacheinander aus, graue, pixelige Buchstaben. Das Papier hat an den Seitenrändern links und rechts Löcher, mit deren Hilfe der Drucker es zeilenweise weiterschiebt, den Lochstreifen kann man entlang einer Perforierung abreißen. Wir trennen die Ränder ab, schneiden die zehn Einladungen als kleine Papierstreifen auseinander. Eine der Einladungen bekomme ich.

In der nächsten Woche lädt mich Piet zu sich nach Hause ein. Ich suche die Straße mithilfe des Straßenverzeichnisses auf dem Stadtplan und setze mich aufs Fahrrad. Von der Fördestraße biege ich in den Friedheim ab, an der B 199 setzt ein leichter Regen ein, ich überquere die Bundesstraße und fahre weiter in die Kauslunder. Weil ich mir nicht mehr sicher bin, ob ich richtig fahre, ziehe ich den Stadtplan heraus, den ich zu Hause eingepackt habe. Tropfen fallen auf das Papier, als ich den Plan auffalte, der Wind bauscht ihn auf, aber ich finde die Stelle, an der ich bin, und kann mich orientieren. Ich fahre weiter durch die Weiden und Äcker, über mir fliegt eine Schar Krähen zu ihren Schlafbäumen im Naturschutzgebiet Twedter Feld, schließlich erreiche ich Grönholm und das Haus mit der Nummer 15. Ich klingle. Wir verbringen den Nachmittag im Zimmer von Piets großer Schwester, die eine beeindruckende Platten- und Musikkassettensammlung besitzt, vieles deckt sich mit dem Musikgeschmack meines Bruders Franz, an dem ich mich in Sachen Musik orientiere, U2, a-ha, The Cure, Sting und Police, Depeche Mode. Piet kennt sich mit der Musik seiner Schwester gut aus, er zeigt mir etliche Sachen, gerade ist seine absolute Lieblingsband Genesis. Wir hören mehrere Alben durch. Alles Populärkulturelle wird bei uns zu Hause verachtet oder nur naserümpfend geduldet, aber einige meiner Geschwister hören im Teenageralter dennoch Popalben und -bands, Franz kauft sich Ausgaben der Zeitschrift BRAVO und hängt in seinem Zimmer Bandposter auf, geht zu Konzerten. Das fasziniert mich, auch weil mir klar ist, dass ich mit Kenntnissen zu Bach, Brahms und Beethoven niemanden von meinen Mitschülerinnen und Mitschülern beeindrucken kann. Als ich anfange, Herbert Grönemeyer zu hören, fällt mir auf, dass ich mich mit diesen Songs ganz anders verbinden kann als mit den Opern von Mozart oder den Symphonien von Strawinsky. Wenn Grönemeyer in *Flugzeuge im Bauch* vom Schmerz des Verlassenwerdens singt, kann ich mich darin wiederfinden oder zumindest eindenken, selbst wenn ich zu dem Zeitpunkt noch nie verlassen wurde. Genesis gefällt mir erst nur halb, ich lasse mich ein bisschen anstecken von Piet, der den Song *No Son of Mine* liebt, ich kann mich für *I Can't Dance* begeistern, als es wenige Monate später erscheint: *I can't dance / I can't talk / only thing about me is the way I walk*, diese Schüchternheit, die ein nerdiges, ironisches Selbstbewusstsein aus der eigenen Ungelenkigkeit zieht, spricht mich unmittelbar an.

Neben Grönemeyer entdecke ich die Beatles. Meine Eltern haben in ihrer CD-Sammlung neben etwa achtzig Klassik-CDs ein Fünferset mit frühen Beatles-Songs aus Japan, vielleicht von einem Ramschtisch oder ein Mitbringsel von einer Asienreise. Es handelt sich um die Zusammenstellung, die 1964 unter dem Namen *The Japan Box* veröffentlicht wird, wie ich jetzt im Netz herausfinde. Meine Eltern hören diese Musik selbst nie an, aber da es ihre CDs sind, traue ich mich, sie auch in ihrer Anwesenheit auf der Hi-Fi-Anlage einzulegen. *Yesterday* höre ich ungefähr zehnmal nacheinander, danach höre ich alle fünf Platten durch, neben *Yesterday* mag ich *Norwegian Wood*, *I'm Happy Just to Dance With You* und *I Want to Hold Your Hand*. Dass meine Eltern mit dieser japanischen Beatles-Compilation ausschließlich frühe Stücke der Band erwerben, ist vermutlich purer Zufall. Diese klar komponierten, Liebesgefühle in einfache, gültige Formeln verwandelnde Stücke berühren mich damals sehr, sie haben etwas Unschuldiges an sich – sie erzählen davon, sich zu einem Menschen hingezogen zu fühlen, aber strahlen keine offen sexuelle Energie aus. Trotzdem bringen sie die Entdeckung eigener Gefühle für einen Menschen außerhalb des Raumes der Mutter, der Eltern und Geschwister zum Ausdruck, etwas, was ich zu dieser Zeit und mit dem gleichen nichtsexuellen Gefühl gerade erlebe: *I don't wanna kiss or hold your hand … / I don't need to hug or hold you tight … / 'cause I'm happy just to dance with you.* Ganz anders natürlich die späteren Alben ab *Revolver*, die erkennbar von Drogenerfahrungen, Sex, der politischen Situation inspiriert sind und die damit Erfahrungen und Weltzugänge verarbeiten, die mir als Zwölfjährigem verschlossen bleiben. Die frühen Beatles und mein zwölfjähriges Ich befinden sich gewissermaßen ontogenetisch auf der gleichen Entwicklungsstufe. John Lennon ist nur ein Jahr jünger als meine Mutter, Paul McCartney gerade einmal drei Jahre jünger. Trotzdem kann ich mir nicht vorstellen, dass meine Mutter als Anfang oder Mitte Zwanzigjährige diese Musik hört. Das Gleiche gilt für meinen Vater in noch viel stärkerem Maße. Alles, was ich von ihnen von dieser Zeit weiß, die Fotos der beiden aus den frühen Sechzigerjahren, erzeugt das Bild eines viel braveren, bürgerlicheren Lebens als das, was ich über die frühen Beatles weiß – ganz zu schweigen davon, wie diese Band einerseits die Achtundsechziger präfiguriert und zugleich auch in ihren letzten Alben von dieser Jugendbewegung geprägt ist. Das Phänomen Beatles – wie auch die Studentenrevolte – spielt sich zwar zeitgleich mit dem Jungsein meiner Eltern ab, aber gefühlt in einem komplett anderen Orbit, die Synchronizität dieser Ereignisse ist rein äußerlich, bleibt ohne Kontakt.

Ein paar Wochen später höre ich mit Uta *Desintegration* von Cure, wie meine Schwester zu der Band The Cure sagt.

 – *Lullaby* ist lustig, sagt sie, hör mal, auch ganz schön gruselig, *Spiderman is having me for dinner tonight.*

Wir hören den Song an, ich verstehe nur einzelne Liedzeilen: *Looking for the victim shivering in bed* oder *I feel like I'm being eaten.* Spiderman kenne ich nur als diese Superhelden-Comicfigur, dass er hier in einem Schlaflied als Monster auftaucht und seine Schatten- oder Nachtseite offenbart, dass dies gleichzeitig aus der Sicht seines Opfers erzählt wird und dass dieses Opfer mit der Einverleibung einverstanden zu sein scheint, sich jedenfalls nicht in heller Panik abwendet, das alles kann ich aus den Fragmenten, die ich von dem Songtext aufschnappe, und der Stimmung dieses Liedes heraus verstehen. Zugleich verbindet sich die Spidermanfigur des Songs mit den Bildern des Cure-Frontmanns Robert Smith, die ich von den Postern im Zimmer meiner Schwester und von Plattencovern kenne, das markante, kajalgeschminkte Gesicht, die toupierten Goth-Haare. Bei The Cure ziehen mich insgesamt weniger die Texte an als die Stimmung der Songs, diese Feier des Düsteren, Depressiven. Ähnlich geht es mir mit der nächsten Band, deren Musik meine Schwester mir zeigt. Nachdem sie im Kino den Film *The Doors* von Oliver Stone sieht, kauft sie sich zwei CDs der Band, das nach dem Namen der Band betitelte Debüt-Album und *Strange Days.* Auch hier schnappe ich einzelne Liedzeilen auf, insgesamt fasziniert mich diese Mischung aus Humor, Rebellionspathos und dionysischer Kraft, in der sexuelle Energien zum Ausdruck kommen, auch wenn ich das damals alles eher fühle und es nicht so benennen kann. Das seltsame Plattencover von *Strange Days* zieht mich genauso an wie die freakigen Keyboardsounds, der Predigergestus und die bestechend klare Stimme von Jim Morrison.

das Klassenfest ist vorbei. Herr Müller entlässt uns auf den Schulhof, es ist gerade noch hell und frühlingshaft warm. Wir spielen Fangen, *die Mädchen die Jungs.* Wir laufen über den Schulhof, verstecken uns kurz zum Atemholen im Gebüsch. Als Lisa hinter mir herläuft, lasse ich mich leicht zurückfallen, sie berührt meinen Arm.

– Hab dich!, sagt sie.

Sie führt mich ab zum Gefängnis, am Ende des Schulhofs, außerhalb der Sichtweite der anderen und vor allem weit weg von Herrn Müller. Piet kommt uns laufend entgegen, dicht gefolgt von Nathalie. Er lächelt. Lisa und ich treten hinter einen Busch am Ende des Schulhofs. Das alles passiert wirklich. Meine Hände kribbeln. Beide sagen wir nichts, aber beide wissen wir, was jetzt kommt. Wir bleiben stehen. Sie sieht mich an, sie ist einen halben Kopf kleiner als ich, ein Hauch von einem Lächeln in ihrem Gesicht. Ich spüre ihren Atem, die Hitze vom Laufen, ihre Wimpern, als sie die Augen schließt. Unsere Lippen berühren sich. Mein Körper fühlt sich leicht an. Der Moment vergeht, vorbei, beide öffnen wir die Augen, lächeln. Bevor die Nächsten kommen, rennen wir aus dem Gefängnis und zurück auf den Schulhof

die Jungs verlassen das Zimmer, die Mädchen beraten sich und geben uns Bescheid, als sie fertig sind. Wir betreten einzeln den Raum. Als ich dran bin, trete ich durch die Tür, die Mädchen sitzen in einer Reihe da, leicht grinsend. Ich küsse Lilly auf die Wange, sie gibt mir eine zarte, fast nur angedeutete Ohrfeige und sagt:

– Nein, für dich ist jemand anderes da.

Ich verlasse den Raum wieder. Reihum kommt jeder dran, dann geht es in die nächste Runde. Diesmal gehe ich auf Lisa zu, küsse sie, sie streicht mir über die Wange, sagt:

– Richtig geraten

Ich beende für heute die Arbeit am Manuskript und fahre zur Schule, um Milan abzuholen, anschließend weiter zu Anouks

Kita. Als wir zu Hause ankommen, steckt ein Zettel der Berliner Polizei im Briefkastenschlitz der Tür. *In der Nacht von Sonntag, den 5. November, auf Montag, den 6. November 2017, wurden in Berlin-Neukölln Stolpersteine entwendet, die an Opfer des Nationalsozialismus erinnern sollen. Sie wurden offenbar komplett ausgegraben und entwendet.* Es folgt eine Liste mit den Standorten. Die Polizei bittet um Hinweise. Zwei der geklauten Stolpersteine erinnern an ein Ehepaar, das in den Dreißigerjahren in unserer Straße lebt, etwa zwanzig Meter von unserer Haustür entfernt.

An der Stelle des Fußwegs, wo sich sonst die Steine befinden, ist tatsächlich ein Loch im Boden. Ich gehe zurück und mache den Kindern ein Hörspiel an. Im Netz finde ich heraus, dass es in Neukölln ein Netzwerk von Neonazis gibt, das Brandanschläge auf einen Politiker der Partei Die Linke und eine dezidiert linkspolitische Buchhandlung verübt. 2012 wird in Neukölln vor einem Krankenhaus am helllichten Tag Burak Bektaş erschossen, scheinbar wahllos, ohne dass zuvor ein Streit oder auch nur ein Gespräch mit dem Täter stattfindet, wie eine Reihe von Zeugen berichtet. Die Struktur des Verbrechens erinnert an die Morde des NSU, der wenige Monate vor Bektaş' Tod auffliegt. Obwohl eine vielköpfige Sonderkommission der Polizei mit der Aufklärung betraut wird, ist der Mörder auch fünf Jahre später noch nicht ermittelt.

In der fünften Klasse singe ich im Unterstufenchor mit. Zu Beginn der sechsten Klasse wechsele ich in die Instrumental-AG, wir üben die Instrumentalbegleitung für ein Singspiel ein, eine Vertonung von Wilhelm Buschs *Max und Moritz*. Donnerstags haben wir immer schon nach der vierten Stunde Schluss, dann, während der Chor probt, in der fünften Stunde frei, bevor Jens, Malte, Elian und ich in der sechsten Stunde zu der Instrumental-AG in den Musiksaal gehen. Wir verbringen die fünfte

Stunde in unserem Klassenraum, unterhalten uns, machen Hausaufgaben. Oft verbringt auch eine Handvoll Jungs aus der zehnten oder elften Klasse ihre Freistunde bei uns im Klassenraum, sie treffen sich dort, um in dieser Zeit *Das schwarze Auge* zu spielen, ein Würfelrollenspiel. Und sie hören dabei jedes Mal Musik auf dem kleinen tragbaren Kassettenrekorder, den wir uns zu Beginn des Schuljahrs hinten in die Klasse stellen. Die älteren Schüler hören immer nur eine einzige Kassette, mit Musik, die ganz anders ist als das, was ich von anderen Bands oder aus dem Radio kenne. Monoton, eingängig, irgendwie kaputt, nicht nur die Gitarren sind verzerrt, sondern stellenweise auch die Stimme des Sängers, es erinnert mich entfernt an Heavy Metal, aber anders als bei Songs von AC / DC oder Metallica, die ich von einigen meiner Freunde kenne, ist hier alles ohne dieses hohle Pathos vorgetragen, weniger männlich, dafür unendlich viel cooler. Anstelle von Gitarrensoli nur einzelne, ausgestellte Gitarrenriffs, ganze Songs kommen mit gefühlt zwei Akkorden und drei Melodietönen aus, alle musikalische Virtuosität ist zurückgeschraubt auf einen echteren Ausdruck. Ich verstehe fast nichts von den Texten, nur *Hello, hello, hello, how low* oder *it's okay to eat fish / 'cause they don't have any feelings*. Es passt zu dieser Musik, dass sie aus dem Monolautsprecher des etwas leiernden, billigen Kassettenrekorders kommt. Anfangs finde ich die Songs einfach nur seltsam, aber nachdem ich sie einige Wochen lang jeden Donnerstag höre, bin ich mehr und mehr angezogen von ihrer düsteren Stimmung. Irgendwie ist das viel zeitgemäßer als die Beatles, die Doors oder Cure, die ihren Zenit schon vor ein paar Jahren überschritten haben, oder das *Bochum*-Album von Grönemeyer, das schon etliche Jahre alt ist. *Nevermind* ist das erste Album, das ich mir von meinem Taschengeld auf einer Original-Musikkassette während einer Reise mit meinen Eltern an einem Flohmarktstand kaufe und dann besitze, um es in meinem Jugendzimmer anmachen zu können, wann immer ich will. Piet entdeckt die Band über seine Schwester, gemeinsam hören wir die Kassette immer und immer wieder in seinem Jugendzimmer in voller Lautstärke.

Ungefähr zu dieser Zeit fängt meine damals etwa fünfzehnjährige Schwester Uta an, kurze surrealistische Texte zu verfassen, die bevölkert sind von singenden Schafen, pesernden Ziegenböcken, kokelnden Hufen, Müttern und Versammlungen von Tieren im Abendrot. In kleinen manifesthaften Texten ruft sie die Literaturströmung des Pulsivismus aus, *pulsi* wird für ein paar Monate zu einer Familienvokabel für alles Spontane, eigensinnig Gute. Uta schreibt ihre Texte in ein Blankoheft und liest uns gelegentlich in kleinen Dichterinnenlesungen im Garten daraus vor, lauter komische Miniaturen voller Witz und irrer Einfälle, sie nimmt zweimal an einem Bundeswettbewerb teil und bekommt eine Anthologie mit den Texten der Gewinnerinnen zugeschickt. Zusammen mit Franz führt sie außerdem gelegentlich bei Familienfesten Ad-hoc-Performances auf, bei denen beide chorisch Text sprechen, gedehnt und ironisch aufgeladen, ohne sich vorher zu verständigen, was sie sagen wollen, dennoch schaffen sie es auf fast magische Weise, jeweils von der ersten Halbsilbe eines Wortes in dasselbe Wort einzubiegen und so ganze Sätze zu formen. Beide treten in die Theater-AG der Schule ein, bei einer *Cymbeline*-Inszenierung spielen sie größere Rollen, ich schaue mir begeistert gleich drei der Aufführungen an, für eine weitere Produktion übersetzt Franz Szenen aus dem Englischen und assistiert einer anderen Spielgruppe als Beleuchter, beide singen nebenbei im Chor. Mir wird klar, dass ich das für mich auch möchte, schreiben, spielen, exzentrisch sein – auch wenn ich zu der Zeit nicht recht weiß, wie. Eigene literarische Texte schreiben, Theater spielen, das Haus meiner Eltern für ein Studium verlassen, in eine WG ziehen – auf die Idee, solche Wege aufzusuchen, komme ich in erster Linie durch meine älteren Geschwister.

In der Arbeitswohnung setze ich Wasser für Tee auf, fahre meinen Rechner hoch. Das Teewasser kocht, ich lasse es zum Abkühlen einige Minuten stehen und schütte Tee in das Sieb in der Kanne. Mein Mobiltelefon klingelt, auf dem Display steht *Sekretariat Schule*, am anderen Ende ist die Klassenlehrerin von Milan.

– Es gab hier einen Zwischenfall, sagt sie. Milan war in eine Rangelei verwickelt. Er lag auf dem Boden, und dann hat ein Mitschüler ihm auf den Hinterkopf getreten. Seine Nase ist blau angelaufen und geschwollen. Er sagt, ihm sei ein bisschen übel, aber es geht ihm schon besser, seit er sich kurz hingelegt hat.

– Oje!

– Möchten Sie, dass wir einen Krankenwagen rufen? Oder können Sie herkommen, Milan abholen und selbst mit ihm zum Arzt fahren?

– Wenn ich Sie richtig verstehe, braucht es nicht unbedingt einen Krankenwagen?

– So würde ich das einschätzen, ja.

– Ich kann hier sofort aufbrechen, aber ich bin gerade noch im Büro. Ich brauche fünfunddreißig Minuten bis zur Schule.

– In Ordnung. Milan ist in der Turnhalle, er liegt dort auf einer Matte, Herr Thal passt auf ihn auf.

Ich rufe Judith an und sage ihr, was passiert ist.

– Ich hatte gerade angefangen zu schreiben, als der Anruf kam, sage ich.

– Blöd. Aber mach ihm keine Vorwürfe, ja?

– Klar! Ich muss jetzt los.

Ich klappe den Rechner zu, packe meine Sachen rasch zusammen und eile nach unten zu meinem Fahrrad. Wer tut

Milan so was an? Einer von seinen Freunden? Einer dieser anderen Jungs, mit denen er neulich aneinandergerät, weil sie in der Umkleide keine Masken tragen wollen, was ihn aufregt?

Ich fahre, so schnell ich kann, nach Hause, schließe das Lastenrad ab, schneide mir, weil ich Hunger habe und jetzt noch Stunden unterwegs sein werde, rasch eine Brotscheibe ab. Ich packe Wasser ein, drei Bücher zum Vorlesen, falls es eine längere Wartezeit gibt, etwas Obst, das Ladekabel für mein Handy. Ich google *Kinderärztlicher Bereitschaftsdienst* und werde auf die Notaufnahme des St. Joseph Krankenhauses verwiesen. Ich beschließe, die Kinder mit einem Share-Auto zu holen, dann kann ich direkt von der Schule dorthin. Und Milan braucht sich mit seiner Verletzung nicht in das Lastenfahrrad zu quetschen. Ich reserviere das Auto auf der Share-App und laufe los zu dessen Standort um die Ecke. Das Auto hat an der Stoßstange vorne eine Schramme, die ich vor der Fahrt melden muss, damit sie nicht mir zur Last gelegt wird. Die entsprechende Meldefunktion in der App hat einen Bug und bringt mich immer wieder zur Startseite zurück. Ich mache ein Foto der Schramme. Als ich bei der Sharing-Zentrale anrufe, lande ich in der Warteschleife. Um nicht noch mehr Zeit zu verlieren, entsperre ich das Auto, schließe mein Telefon mit dem Ladekabel an, drücke auf Freisprechfunktion und fahre rasch los, während ich weiter in der Warteschleife hänge. Bis ich an der Schule bin, komme ich am Telefon nicht durch, also beende ich das Telefonat, schließe das Auto über die App ab und laufe in die Turnhalle. Milan ist einigermaßen gefasst, ich nehme ihn in den Arm. Seine Nase ist vor allem an der Nasenwurzel etwas angeschwollen, es sieht aber nicht dramatisch aus. In einem der Nasenlöcher ist etwas angekrustetes Blut. Ihm ist nicht mehr übel. Ich hole seinen Ranzen aus dem Klassenraum und anschließend Anouk aus dem Hort, die erstaunt ist, dass ich so früh komme, und eigentlich keine Lust hat, ihre Freundinnen zurückzulassen. Ich erkläre ihr, dass ich nicht wisse, wie lange ich mit Milan beim Arzt sein werde, und nicht noch ein zweites Mal zur Schule rausfahren möchte. Sie kommt nur widerwillig mit, sagt, sie habe Bauchschmerzen und Hunger und schaut mich von unten grimmig an, als ich sage, dass wir jetzt trotzdem aufbrechen müssen. Wir steigen in das Auto und fahren los.

– Können wir ein Eis essen unterwegs?, fragt Anouk. Oder Brötchen kaufen?

– Habt ihr nicht gerade Mittag gegessen?

– Das Essen war schrecklich!, sagt sie.

– Ich will jetzt erst mal zum Krankenhaus, sage ich, dann können wir da in einer Bäckerei etwas kaufen.

Ich finde einen Parkplatz in der Nähe der Klinik, wir steigen aus, ich beende die Automiete und rufe noch mal bei der Sharing-Zentrale an. Während ich mit einem Ohr in der Warteschleife hänge, laufen wir zu der Bäckerei, die ich noch aus der Zeit kenne, in der Judith hier mit Anouk auf der Intensivstation liegt, als Anouk sechs Monate alt ist und sich ihre Erkältung zu einer Lungenentzündung entwickelt. Ich sage den Kindern, sie können sich etwas aussuchen.

– Darf ich zwei Sachen?, fragt Milan.

– Wir machen mal jeder eine Sache, sage ich und beende parallel den Anruf bei der Sharing-Zentrale, weil ich nicht durchkomme. Wenn ihr nachher noch Hunger habt, dann schauen wir weiter.

– Okay. Dann nehme ich einen Berliner, sagt Milan.

– Und was möchtest du, Anouk?, frage ich vorsichtig.

Anouk dreht sich weg und krümmt sich zusammen.

– Ich hab Bauchweh!

– Ich glaube, du musst vielleicht aufs Klo?, sage ich. Aber hast du nicht auch Hunger?

– Doch!

– Dann sag doch mal, was ich dir kaufen soll.

– Wenn ich das sage, sagst du sowieso nein.

– Aber ich hab doch gesagt, ihr dürft euch aussuchen, was ihr wollt!

Anouk dreht sich wieder weg, sie sieht verzweifelt aus.

– Was möchtest du denn, Anouk? Sag doch einfach, das ist doch kein Problem.

– Einen Donut und einen Sesamkringel!

– Gut, dann bestelle ich den Sesamkringel für mich, und du darfst davon etwas abhaben.

Anouk läuft raus auf die Straße. Ich bezahle den Berliner, den Donut und den Sesamkringel, reiche Milan sein Gebäck, gehe raus auf die Straße.

Anouk hockt unglücklich an der Bordsteinkante. Ich beuge mich zu ihr runter.

– Was ist denn los, meine Tigerin?

– Ich hab Bauchweh!

In dem Moment ruft mich die Sharing-Zentrale zurück. Ich erkläre der Mitarbeiterin die Situation mit der Schramme und erkläre auch, dass ich vorhin mein Kind dringend aus der Schule abholen musste, weshalb ich mit dem Losfahren nicht warten wollte, bis das mit der Meldung klappt. Sie hat dafür Verständnis, bittet mich aber, die Fotos von der Schramme an den Sharing-Dienst zu mailen, was ich ihr zusage.

Ich gebe Anouk den Sesamkringel, dann gehen wir los zum Krankenhaus. Wir brauchen eine Weile, bis wir den richtigen Eingang finden, landen schließlich in einer Warteschlange mit zwei anderen verletzten Kindern. Ich melde uns an, Milan soll in ein Wartezimmer, ich frage nach einer Toilette und gehe mit Anouk dorthin, reinige den Klositz notdürftig und lege die Klobrille mit Klopapier aus. Anouk braucht etwa zehn Minuten, bis sie fertig ist, wir waschen unsere Hände. Jetzt sei ihr Bauchweh besser, sagt sie. Als wir wieder rauskommen, fängt uns die Stationsschwester leicht genervt ab und sagt, sie brauche noch Daten von mir. Sie habe jetzt den Vorgang abbrechen müssen. Wir sollen bitte noch mal hier warten.

– Aber mein Sohn ist in dem anderen Wartebereich!

– Der ist doch schon groß.

Wir warten. Milan kommt um die Ecke und sieht mich halb wütend, halb verzweifelt über seine Stoffmaske hinweg an. Ich rufe ihm zu, dass wir hier noch mal warten müssen, er aber bitte in seinem Wartebereich bleiben solle. Die Schwester winkt mich an den Schreibtisch und nimmt noch ein paar Daten auf. Dann dürfen wir zu Milan ins Wartezimmer. Ich lese Anouk etwas vor, währenddessen zockt Milan ein Spiel auf meinem Mobiltelefon. Nach zehn Minuten bittet uns eine Ärztin ins Sprechzimmer. Sie ist Kinderchirurgin und untersucht Milan sehr einfühlsam, ein Tritt auf den Hinterkopf, das gehe ja gar nicht an. Die Nase sei aber aller Wahrscheinlichkeit nach nicht gebrochen. Er solle, wenn er später Schmerzen habe, ruhig ein Schmerzmittel nehmen und Nasentropfen gegen die Schwellung. Dann werden wir entlassen. Draußen rufe ich Judith an und berichte ihr kurz den Stand. Es ist 16 Uhr.

– Die Ärztin war richtig nett, sagt Milan.

– Ja.

In der Nähe ist eine Ikea-Filiale, und da wir ein paar Dinge von dort brauchen, schlage ich den Kindern vor, dass wir noch dort vorbeigehen. Sie sind einverstanden, wollen aber lieber wieder mit einem Share-Auto dorthin, weil sie es so sehr lieben, mit Elektroautos zu fahren. Ich schaue in der App nach. Es sind zwei Autos in unmittelbarer Nähe, das von mir abgestellte und ein weiteres in gleicher Entfernung. Weil der Wagen von vorhin ja die Schramme hat und ich nicht wieder anrufen will, um den Schaden vorab zu melden, laufe ich zu dem anderen Fahrzeug. Wir erreichen den E-Golf, umrunden ihn. Leider hat auch dieses Fahrzeug vorne an der Stoßstange eine erhebliche Schramme.

– Dann lasst uns zu Ikea laufen, sage ich.

– Na toll, dann laufen wir, sagt Milan und überquert wutschnaubend die Straße zurück zum Gehweg.

– Gut, dann rufe ich da an!, sage ich, weil ich keine Lust habe, mir auf dem ganzen Weg bis zu Ikea sein Genörgel anzuhören. Du wirst ja sehen, wie lange das dauert.

Ich drücke den Button in der App.

– Nein, wir können laufen, sagt Milan.

– Jetzt bin ich hier schon am Telefon.

Diesmal werde ich schon nach einer Minute in der Warteschleife zu einem Mitarbeiter durchgestellt. Ich beschreibe ihm den Schaden, der für das Auto bereits registriert ist, wir können sofort losfahren.

Ich parke das Auto auf dem Ikea-Parkplatz. Als Student und in den ersten Jahren danach bin ich ein wenig stolz, nichts von Ikea zu besitzen, meine WG-Zimmer und meine erste Wohnung in Berlin ausschließlich mit selbstgebauten Möbeln sowie mit Sperrmüll- und Trödlerfunden einzurichten, eine Art Klassenhabitus. In meinem ersten Semester in Hildesheim bin ich zur Vorbereitung eines Referats in der Wohnung einer Kommilitonin, die mit einer anderen Kommilitonin in der Referatsgruppe darüber spricht, dass sie letzten Samstag wieder bei Ikea gewesen sei, obwohl sie von dort eigentlich nichts gebraucht habe, sie habe dann nur ein Schneidebrett und ein Bänkchen für die Monstera dort gekauft, so schön! Mir fällt mit einem leichten Schauder auf, dass ihre Wohnung fast ausschließlich mit Ikea-Möbeln eingerichtet ist. Meine eigene Ikea-Abstinenz endet, als ich mit Judith zusammenziehe und wir nach und nach unsere Wohnung in Freiburg einrichten. Bei meinem Umzug dorthin beschließe ich, die etwas muffige Jugendstil-Chaiselongue, die ich aus einem Sperrmüllhaufen in Hildesheim ziehe und die mich acht Jahre lang durch drei Wohnungen begleitet, nicht mitzunehmen. In Freiburg suchen Judith und ich dann nach einem neuen Sofa und finden schließlich bei Ikea ein bezahlbares hellbeiges Ledersofa, das uns beiden gefällt. Vor Milans Geburt kaufen wir dort zudem Teile der Babyerstausstattung, einfach weil es kostengünstig scheint und uns inzwischen von Judiths Patentante ein Auto überlassen wurde, mit dem wir die etwas außerhalb der Stadt in einem Gewerbegebiet gelegene Filiale gut erreichen können. Und für unsere ziemlich große gemeinsame Menge an Büchern stellen wir pragmatisch Billy-Regale auf. Als dann Anouk auf der Welt ist und wir nach Berlin ziehen, gibt es eine Phase, in der Judith und ich uns manchmal an Samstagen fragen, wie wir sinnvoll den Tag verbringen könnten, und wir dann beobachten, dass die Option *Mit den Kindern zu Ikea fahren und Dinge besorgen*, ähnlich wie *Mit den Kindern zum Baumarkt fahren*, eine gewisse Attraktivität besitzt, die uns beiden im selben Moment unangenehm ist, was wir so auch aussprechen. Trotzdem gibt es Wochenenden, an denen wir genau das tun, ein- oder zweimal essen wir sogar in der Cafeteria des Möbelhauses zu Mittag. In den Jahren danach stellt sich ein wesentlich pragmatischeres Verhältnis zu diesem Möbelgeschäft ein, wenngleich immer noch eine gewisse Faszination von ihm ausgeht. Allein die schiere Größe von Baumärkten oder sehr großen Supermärkten, etwa den Hypermarchés in Frankreich oder den Grocery Stores in den USA, löst bei mir beim Betreten eine Endorphinausschüttung aus, vielleicht auch wegen der positiv konnotierten Kindheitserinnerungen an Einkäufe mit meiner Mutter in Columbus, Ohio, der Überfülle an Essen dort, vielleicht wegen der Potenzialität, dem Möglichkeitssinn, der durch die Vielfalt der Produkte angeregt wird, ähnlich wie ich auf großen Bahnhöfen mit internationalen Verbindungen immer akute Fernwehschübe bekomme, wenn ich Endhaltestellen wie Budapest Keleti pu oder København H auf einer Anzeigentafel lese.

Milan, Anouk und ich betreten den Ikea-Markt. Ich fahre mit ihnen auf der Rolltreppe nach oben, vermeide es aber, mit den Kindern in die Möbelausstellung und die Kinderzimmerbeziehungsweise Spielzeugabteilung zu gehen, und nehme sofort wieder die Treppe in den unteren Bereich. Ich hole uns einen normalen Einkaufswagen, aber Milan möchte unbedingt, dass wir einen Wagen für große Kartons und Möbel nehmen, der nur eine offene Ebene hat und seitlich zwei Stützen, was unpraktisch ist, weil wir nur kleine Dinge kaufen wollen, die dann herunterfallen können, trotzdem lasse ich mich darauf ein, weil sich die Kinder dann auf die Ebene des Wagens setzen und kutschiert werden können. Das schwarzgrüne Geschirrhandtuch, das ich gerne für unsere Kaffeemaschine kaufen möchte, ist leider bei den Geschirrhandtüchern nicht zu finden, stattdessen nehme ich eine Grillzange mit, Bettlaken für Kindermatratzen finden wir relativ schnell, genauso wie eine Fußmatte, die wir für die Arbeitswohnung brauchen. Wir gehen zu einer Selbstbedienungskasse, Anouk scannt die Hälfte der

Waren ein, Milan den Rest, ich bezahle. Hinter den Kassen will Milan einen Hotdog, ich nehme auch einen, Anouk möchte nichts. Wir gehen mit den Hotdogs nach draußen, weil die Stehtische drinnen coronabedingt weggeräumt sind. Als wir mit Essen fertig sind, wollen die Kinder wieder mit dem Share-Auto fahren, ich bestehe aber diesmal darauf, dass wir vom Südkreuz mit der S-Bahn bequem nach Hause fahren können.

– Wieso, was kostet das denn, mit dem Auto zu fahren?, fragt Milan.

– Ich weiß nicht, vielleicht sieben oder acht Euro.

– Dann zahle ich das von meinem Taschengeld!

– Das brauchst du nicht. Wir fahren einfach mit der Bahn, okay?

– Wie weit müssen wir da laufen?, fragt er.

– Fünf Minuten.

– Das sagst du immer, fünf Minuten, am Ende ist es dann viel mehr. Und du sagst das nur, damit wir mitkommen. Wie in Frankreich!

– Da habe ich mich *ein Mal* verschätzt, ja. Aber normalerweise stimmt es ja, wenn ich so was sage.

– Du weißt ganz genau, dass es länger ist, aber sagst das so, damit wir mitkommen. In Frankreich hast du auch gesagt, eine halbe Stunde, und dann waren es zwei Stunden bis zum Strand!

– Das wirst du mir noch in Jahren vorwerfen!

Wir laufen eine Weile schweigend weiter.

– Ich hab Durst!, sagt Milan.

– Ich hab Wasser unten im Rucksack. Ich geb dir gleich in der Bahn was zu trinken.

– Ich hab aber jetzt Durst. Und ich will nicht mehr laufen!

– Weißt du was, dann gehen wir jetzt zurück und nehmen eben ein Auto!

– Nein, nein, ich hab nur Durst.

Ich bleibe stehen, setze den Rucksack ab, ziehe die verschiedenen Einkäufe raus, drücke sie Milan in die Hand, bis ich an die Wasserflasche komme, gebe sie ihm und packe die Einkäufe wieder ein.

Drei Minuten später sind wir am Bahnhof, setzen unsere Alltagsmasken wieder auf und gehen zum Gleis. In der Bahn lese ich Anouk weiter aus ihrem Buch vor. Nach zehn Minuten sind wir bei unserer Station angekommen und laufen nach Hause.

Ich schließe die Tür auf und bin sofort seltsam erschöpft. Die Kinder wollen ein Hörspiel hören, was ich ihnen im Wohnzimmer anmache. Ich packe die Einkäufe aus, wasche Kartoffeln und stelle den Dampftopf an. Ich pflücke im Garten ein paar Tomaten, wasche Salat, räume den Geschirrspüler aus, weil es bereits 19:20 Uhr ist, hole ich die Schlafanzüge der Kinder von oben, bringe sie ins Wohnzimmer und bitte Milan und Anouk, sich die Schlafanzüge schon mal anzuziehen, damit nachher alles schneller geht. Zurück in der Küche stelle ich Teller, Besteck und Gläser auf ein Tablett, lege eine Gurke, Obst und ein scharfes Küchenmesser dazu. Es ist jetzt 19:30 Uhr, gegen 20 Uhr sollten die Kinder bestenfalls im Bett liegen, was bereits nicht mehr zu schaffen ist. Als ich das Tablett ins Wohnzimmer trage, ist der Esstisch vollgestellt mit Lego, und beide Schlafanzüge liegen noch unberührt auf einem der Stühle. Ich stelle das Tablett am Rand ab und bitte Milan, das Lego wegzuräumen, wozu er sich unter Murren bereit erklärt.

– Außerdem sollt ihr bitte eure Schlafanzüge anziehen!

Ich gieße die Kartoffeln ab, schneide Tomaten in den Salat, hole das Marmeladenglas mit der Salatsoße aus dem Kühlschrank. Als ich wieder ins Wohnzimmer komme, steht das Lego immer noch da, Anouk hat ihren Schlafanzug an, ihre Kleider liegen in kleinen Haufen verstreut im Wohnzimmer herum.

– Milan, du hast ja immer noch keinen Schlafanzug an. Und kannst du jetzt bitte das Lego wegräumen, wir wollen essen! Und Anouk, bitte sammle deine Klamotten ein!

– Entspann dich mal, Papa, sagt Milan.

– Es ist gleich Viertel vor acht!

– Wann kommt Mama?, fragt Anouk.

– Wenn ihr im Bett liegt.

– Warum kommt sie so spät?

– Weil sie heute noch zum Yoga geht.

– Blöder Papa, sagt Anouk.

Milan schiebt in Zeitlupentempo einzelne Legospielzeuge beiseite, ich helfe ihm, dann decke ich den Tisch. Wir essen, Milan Kartoffeln mit Joghurt, Anouk Kartoffeln mit Butter, ich Kartoffeln und Salat. Ich schneide den Kindern Gurke, Apfelschnitze und einen Pfirsich auf.

Als ihre Teller leer sind, ist es 20:20 Uhr.

– Kann ich einen Nachtisch?, fragt Milan.

– Es ist schon nach acht, du weißt, das ist nicht gut für deine Zähne. Außerdem hattet ihr heute schon was Süßes.

– Stimmt, du hast recht, Papa, sagt Milan zu meiner Überraschung.

– Danke, Milan. Aber bitte zieh jetzt schnell deinen Schlafanzug an.

Milan steht auf und beginnt, sich umzuziehen. Ich bringe die Teller in die Küche und räume sie in die Spülmaschine. Als ich zurückkomme, sitzt Milan auf dem Sofa und blättert in einem Comic.

– Milan, es ist gleich halb neun! Ihr müsst ins Bett.

– Ganz ruhig, Papa, sagt Anouk.

Ich atme tief durch, streiche Anouk über den Kopf.

– Los, Milan, komm jetzt, bitte, es ist Schlafenszeit.

Milan legt den Comic weg und zieht seinen Schlafanzug an. Seine Kleidung lässt er auf dem Boden liegen, aber ich habe keine Energie mehr, um ihn noch mal zu ermahnen. Beide Kinder gehen mit mir ins Bad, Zähne putzen, auf die Toilette. Als ich sie gerade nach ganz oben ins Kinderzimmer begleiten will, um ihnen zum Einschlafen etwas vorzusingen, hören wir, wie Judith im Erdgeschoss die Tür aufschließt und hereinkommt. Beide Kinder rennen jubelnd nach unten und umarmen Judith von zwei Seiten. Ich gehe ins Schlafzimmer und lasse mich aufs Bett fallen.

Im Frühjahr vor meiner zweiten Reise nach Polen mit meinen Eltern sitze ich mit Piet und Jens in Jens' Zimmer, wir planen eine Party bei Piet, zu der wie auch schon bei seinem Geburtstag im Jahr zuvor verschiedene Jungen und Mädchen aus unserer Klasse kommen sollen. Dabei offenbaren mir Piet und Jens, dass sie planen, dort mit den Mädchen Engtanz zu tanzen. Irgendetwas daran empfinde ich als bedrohlich, ich sage, ich fände das irgendwie übertrieben und wüsste nicht, was das bringen solle.

– Verstehe ich nicht, sagt Piet.

– Ich finde das irgendwie so sexsüchtig, sage ich.

Piet und Jens heben die Augenbrauen.

– Das ist doch ganz normal, dass man mit einem Mädchen tanzt, und vielleicht auch etwas enger, sagt Jens.

– Mit sexsüchtig hat das nichts zu tun, sagt Piet.

– Wollen die das denn überhaupt?, frage ich.

– Das wissen wir auch nicht, sagt Jens.

Auf der Party selbst läuft dann alles viel geschmeidiger ab, Uneinigkeit herrscht vor allem über die Frage, welche Musik gespielt wird. Die Mädchen wollen eigentlich in Dauerschleife Roxette hören, Piet und ich unterstützen uns gegenseitig darin, unsere Lieblingssongs anzumachen, *Layla* von Eric Clapton oder *Light My Fire* von The Doors, alle tanzen ausgelassen vor sich hin. Dann macht Piet *Spending My Time* an, und plötzlich, wie auf ein verabredetes Zeichen hin, tanzt er mit Lisa, Jens mit Nasti und Florian mit Nathalie, und sie tanzen viel dichter als sonst, viel langsamer, quasi träumerisch, als hätten sie sich abgesprochen, was aber sicher nicht der Fall ist, sie haben die Arme umeinandergelegt, das ist jetzt wohl dieser Engtanz, alle grinsen ein bisschen verschämt, aber alle scheinen das zu genießen. Ich stehe etwas hilflos am Rand und frage dann Tove, die wie ich mitwippend danebensteht, ob sie mit mir tanzt. Wir tanzen mit etwas mehr Abstand als die anderen, aber ebenfalls langsam und mit um die Taillen gelegten Armen, auch wir müssen irgendwie grinsen. Irgendwann ist der Song vorbei, was ich schade finde, zugleich bin ich erleichtert, dass es vorüber ist.

Vielleicht spielt sich das alles so nahtlos ab, ist allen Beteiligten klar, was der nächste Schritt ist, weil alle außer mir mit einem Fernseher zu Hause aufwachsen, Teenie-Komödien sehen oder Boy-meets-Girl-Geschichten, die in der Highschool spielen, so dass sie alle in der Lage sind, in diesem von Hollywood vorgegebenen Rahmen unbewusst die kommende Entwicklung, die nächsten Schritte zu antizipieren. Vielleicht sind die anderen auch entspannter, weil sie nicht wie ich aus einem so verklemmten Elternhaus kommen, weil sie mehr BRAVO lesen oder in ihrer körperlichen Entwicklung an einem anderen Punkt sind. Ich wundere mich jedenfalls darüber, dass alle wissen, was zu tun ist, dass das der nächste Schritt ist und wie man das macht, Engtanz.

Es ist Samstagmorgen, die Kinder sind schon seit einer Weile wach und im Erdgeschoss, ich nehme mein Mobiltelefon vom Nachttisch, checke E-Mails, nichts Neues, stehe auf, gehe ins Bad und öffne nebenbei die App der New York Times. Ich gehe zurück ins Schlafzimmer, wo Judith noch liegt.

– Ruth Bader Ginsburg ist gestern gestorben, sage ich.

– Das ist traurig.

– Ja.

Vor eineinhalb Jahren schaue ich zusammen mit Judith *RBG*, den Dokumentarfilm über Bader Ginsburgs Leben. Als wir aus dem Kino kommen, sind wir beide berührt von dieser beeindruckenden Person, einer eher kleinen, unheimlich fragil erscheinenden, über achtzig Jahre alten Frau, die unter Anleitung ihres *personal trainers* Hanteln stemmt und Yogaübungen macht, um körperlich fit zu bleiben, und trotz mehrerer Krebsdiagnosen unbeirrbar weiter ihren Beruf ausübt, auch, damit ihre Richterinnen-Position nicht von Trump neu besetzt werden kann. In verschiedenen Gesprächen und bei öffentlichen Veranstaltungen lernt man sie zudem als agile, humorvolle Person kennen, die überaus neugierig auf die Welt ist. Das imponiert mir besonders bei älteren Menschen, von denen man zumindest im öffentlichen Auftreten häufig erlebt, wie unflexibel sie sind, wie ideologisch verhärtet, wie berufsgelangweilt sie ihren Ich-weiß-sowieso-schon-alles-Stiefel durchziehen – diese Haltung kann man manchmal schon bei Anfang Fünfzigjährigen beobachten, auch bei Menschen in meinem weiteren Umfeld, etwa bei Theater- und Literaturkritikern. Das Faszinierende bei Bader Ginsburg ist, dass sie sich diese Empathie und Neugierde bewahrt, diese Offenheit des Blicks, auch wenn sie mit allem Nachdruck und allem Ehrgeiz Karriere macht und dabei für feministische Kernthemen wie Gleichstellung und Freiheit mit besonnener Vehemenz, strategischer Schläue und argumentativer Brillanz kämpft. Diese Kombination von Intelligenz, Entschiedenheit und Humanismus beschert ihr spät im Leben diesen ikonischen Status, und darin ist sie, jenseits des T-Shirt- und Kaffeebecher-Hypes, auch für mich so etwas wie ein Vorbild. Note to self: Das will ich als älterer Mensch dann auch – flexibel und neugierig bleiben, ohne dabei die Entschiedenheit bei der Durchsetzung der eigenen Überzeugungen abzulegen.

Ich bin mir ziemlich sicher, dass eigentlich alle Menschen diese Zartheit, diese Zugewandtheit zur Welt, die man bei Bader Ginsburg beobachten kann, in sich tragen. Zugleich wird dieser Kern genuiner Menschlichkeit verschüttet und überdeckt von lauter Zurichtungen, die diese Weichheit im öffentlichen Raum weitgehend verschwinden lassen: kapitalistischer Leistungsdruck, Selbstoptimierung, eine diskriminierungsfreudige Alltagskultur – das alles trägt dazu bei, dass diese Offenheit und Empathie häufig verschwinden. Und sofort muss ich auch an die Kälte- und Härteideale der wilhelminischen Erziehung denken, die damit einhergehenden Männerbilder, an die körperlichen Züchtigungen, die etwa mein Vater als Kind erfährt, die emotionale Verpanzerung, die er als erwachsener Mann an den Tag legt, die Unfähigkeit, über Gefühle zu sprechen. Und wie dieses Härteideal, dieser Wunsch, das durchzusetzen, was man als das rational Richtige zu identifizieren glaubt, zu meinem leisen Entsetzen immer wieder auch bei mir durchbricht, im Umgang mit meinen Kindern.

Nach den Sommerferien und der Reise nach Polen finde ich die Idee, Stehblues oder, wie wir es nennen, Engtanz zu tanzen, nicht mehr abwegig. Vielleicht weil ich mich an den Gedanken gewöhnt habe, vielleicht auch weil ich auf der Sommerreise in Polen meine erste sexuelle Erfahrung mache, als ich mich selbst anfasse. Ich erzähle Piet und Jens, dass ich während der Ferien meine ersten beiden Orgasmen hatte, was sie johlend quittieren.

ich übernachte bei Piet zu Hause in seinem Kinderzimmer. Piet schlägt vor, dass wir beide uns befriedigen könnten, jeder für sich unter der Bettdecke. Er fängt auch schon gleich damit an. Ich frage ihn, wie er das eigentlich macht, und er zeigt mir seine Technik, mit Daumen und Zeigefinger einen

Ring zu formen und an seinem Schwanz auf und ab zu gleiten. Als ich das ausprobiere, merke ich, wie viel besser das
funktioniert, wie viel weniger schmerzhaft es ist als meine
Technik des Tupfens. Sein Schwanz sieht anders aus als meiner. Jens' Schwanz, den ich ein paar Wochen später sehe, ist
wiederum anders, er wird als Kind beschnitten, weil er eine
Vorhautverengung hat. Ich bin fasziniert von dieser Vielfalt

sich selbst zu befriedigen wird zu einer alltäglichen Praxis von uns, manchmal im Laufe des Tages zwei-, drei- oder
viermal. Manchmal zwei- oder dreimal direkt nacheinander,
aus einer Art Neugierde heraus, was möglich ist, was der
Körper mitmacht. Der zweite Orgasmus fühlt sich meistens
gesuchter, intensiver an als der erste, schnelle Erguss. Der
dritte hat eigentlich nichts mehr mit Genuss zu tun, eher den
Charakter einer sportlichen Übung, eines Selbstbeweises

Jens und ich erzählen uns am Telefon davon und benutzen ein Codewort, *kurbeln*, damit wir auch in Anwesenheit unserer Eltern darüber sprechen können, wenn wir im
Wohnzimmer oder im Flur telefonieren: *Hast du heute schon
gekurbelt?*, oder: *Ich hab heute gekurbelt, mit einem Sofa-
kissen*

wir machen es an den ausgefallensten Orten. Im Wald,
alleine in der Familiensauna, im flachen Wasser eines Sees,
auf dem Schulklo, einmal auf der Autobahn auf der Rückbank des Opel Rekord von Jens' Eltern auf der Vogelfluglinie,
dem Weg nach Schweden in die Ferien, unter einer Decke,
die dort liegt, weil Jens' Eltern um 1 Uhr nachts losfahren,
um Staus auszuweichen, wir fahren bei offenem Fahrerinnen-
fenster und mit laut aufgedrehten Grateful-Dead-Musik-
kassetten, um der Müdigkeit von Jens' Mutter entgegenzu-

wirken, die als ehemalige Taxifahrerin durchgehend am
Steuer sitzt, weshalb es im Auto kalt ist und wir auf der
Rückbank unter Decken sitzen – manchmal erzählen wir uns
in diesem Urlaub vor dem Einschlafen sexuelle Fantasien,
verpackt in kleine Geschichten, der eine dem anderen, während der andere sich selbst befriedigt, anschließend wechseln
wir die Rollen, Jens und ich fassen uns ein-, zweimal auch
gegenseitig an, um uns so die beste Technik zu zeigen oder
um ohne eigene Berührung zum Höhepunkt zu kommen –,
nachts im Hochsommer beim Schwimmen im Meer, wobei
ich aufpassen muss, nicht zu tief abzusinken, weil ich dabei
die Beine nicht wirklich bewegen kann und einen Arm dafür
brauche, mich anzufassen, ich sinke in das warme, dunkle
Wasser, immer wieder einen oder anderthalb Meter tief, das
Wasser umgibt mich, der Sauerstoffmangel betäubt und erregt,
der Wille, jetzt endlich wieder Luft zu atmen, und der Wille,
jetzt endlich zu kommen, ringen miteinander

ein paarmal übernachte ich bei Piet, als seine Eltern
nicht da sind. Wir schauen deutsches Samstagabendfernse-
hen, *WETTEN, DASS..?*-Folgen, *Police Academy*, *Rambo*, *Das
Leben des Brian*, und später ab 0 Uhr einen Erotikfilm auf
einem der Privatsender, bis zu der ersten einschlägigen Szene

als Vorlage benutzen wir alles, was uns in die Finger
kommt: das Seite-1-Girl einer zufällig gefundenen Bild-
Zeitung, die Damenunterwäsche-Seiten des Quelle-Katalogs,
wie Leon mir vorschlägt, die Bilder auf den Dr.-Sommer-
Aufklärungsseiten der BRAVO, eine Sexszene in Alberto Mora-
vias *Die Römerin*, dessen Taschenbuchausgabe ich wegen
der Zeichnung einer fast nackten Frau aus dem Bücherregal
meiner Eltern ziehe und aufblättere

Noch jahrelang machen wir keine sexuellen Erfahrungen mit Mädchen, alles spielt sich auf der Ebene von Kussspielen, Liebesbriefen und Engtanz ab, *I don't need to hug or hold you tight/I just wanna dance with you all night.* Das Ausleben anderer Praxen oder Fantasien, die wir in vager Form durchaus haben, ist auf ein unbestimmtes Später verschoben, das wir dennoch herbeisehnen. Und dass es ein anderes Begehren, eine andere Sexualität, eine andere sexuelle Identität als die cis-heteronormative geben könnte, wissen wir zwar abstrakt, das alles spielt aber in den Büchern, die wir lesen, den Filmen, die wir schauen, keine Rolle, auch im Sexualkundeunterricht wird das mit keiner Silbe erwähnt. Die Tatsache, dass wir gelegentlich zu zweit oder sogar zu dritt onanieren, uns sogar ein-, zweimal gegenseitig anfassen, sehen wir nicht als geteilte Jungssexualität an – diese Praxis steht gewissermaßen außerhalb, sie ficht unser Selbstbild als stabil cis-männlich sozialisierte Subjekte, für die wir natürlich diese Begriffe noch gar nicht zur Verfügung haben, nicht an. Bis zur Oberstufenzeit sammelt sich sukzessive ein lediglich diffuses Halbwissen zu anderen Sexualitäten an, zu Schwul- und Lesbisch-Sein; das ändert sich erst, als ich fünfzehn oder sechzehn bin und meine älteren Schwestern anfangen, Selbstverteidigungskurse für Frauen zu besuchen, die EMMA abonnieren und mehr und mehr von Frauenrechten und Feminismus sprechen. Irgendwann erzählt mir meine Schwester Isabelle, als ich sie in D. besuche, dass sie sich in eine Frau verliebt hat, was ich damals sofort gut finde, was ich ihr auch sage – auf die Idee, dass das ihre Sexualität als eine erst positiv zu bestätigende und damit von der behaupteten Norm abweichende Ausprägung markiert, komme ich damals nicht. Kurze Zeit später fängt auch Ina eine Beziehung mit einer Frau an, zwölf Jahre später heiratet Franz einen Mann, gemeinsam adoptieren die beiden ein Kind.

218

nach einer Party stehe ich mit Till und Jens vor der
Hafenspitze auf der Wasserseite der Norderhofenden, wir
sind sechzehn oder siebzehn, wir trinken Rotwein aus einer
Flasche, die wir zur Party mitgebracht und dann gegen Ende
noch halb voll wieder eingesteckt haben, Till und Jens küssen sich einen Moment lang, dann dreht sich Till mit einem
Grinsen zu mir, unsere Gesichter nähern sich, ich küsse
ihn auf den Mund, der Geschmack von Rotwein, ich spüre
die Bartstoppeln um seine Lippen, der Kuss währt nur einige
Sekunden, dann lösen wir uns voneinander und grinsen uns
an

in den Osterferien nach den schriftlichen Abiturprüfungen setzen Benno und ich uns in den Renault seiner Mutter
und fahren nach Budapest. Wir haben sechs Tage Zeit, fahren
mit zwei kurzen Schlafpausen durch, die Stadt beeindruckt
uns mit ihrer pompösen Jugendstilarchitektur, dem verfal-
lenden Charme der ruinösen Gebäude. Noch mehr genießen
wir die Freiheit, alleine hier zu sein, die Stadt selbstständig
zu entdecken, ohne Eltern und ohne Reiseführer. Abends
besuchen wir Bars und Jazzclubs, wir mieten uns in einem
Gästezimmer in einer Altbauwohnung mit vier Meter hohen
Decken ein, trinken zum Sonnenuntergang Martini auf dem
Balkon mit Blick über die Donau. Als wir uns in das Doppel-
bett legen, beuge ich mich zu Benno rüber und wünsche ihm
eine gute Nacht; ich habe Lust, ihn zu küssen, er grinst, ich
weiß nicht genau, was das bedeuten würde für mich, für uns,
unsere Freundschaft, der Moment vergeht.
– Schlaf gut, sagt Benno

während eines Stadtfestes verliebe ich mich in Lena.
Gemeinsam mit Till und Jens trinken wir Schnaps, als ich zu
betrunken bin, um noch alleine nach Hause zu fahren, nimmt

Lena mich mit zu sich nach Hause. Lena wohnt in Fruerlund, allein in einer Einzimmerwohnung, was mir sehr imponiert. Sie hat einen schön eingerichteten Raum, gebatikte Tücher, einen Wandteppich, Räucherstäbchen, und Lena lacht viel. Als wir bei ihr ankommen, macht sie eine Kassette an, ich kenne die Musik nicht, harte E-Gitarren-Riffs, verzerrte Basslines, reduziert und direkt, vor allem die Stimme fasziniert mich sofort, dieser abrupte Wechsel von zart zu kratzend, *lick my legs, I'm on fire / lick my legs of desire*, singt die Frau, in der Stimme liegt eine Dringlichkeit, es ist mehr ein Schreien als Singen, das abrupt kontrastiert wird von ihrer ruhigen, sonoren Singstimme, *yeah, you're not rid of me … / I'm gonna twist your head off, see*. Das ist völlig neu für mich, die Energie, das Rohe, Ungezügelte, die Gegensätze erinnern mich an Songs von Nirvana, zugleich singt hier eine Frau, und zwar unverkennbar und offensiv von weiblichem Begehren. Ich frage Lena, wer das sei.

– PJ Harvey, sagt sie.

Wir trinken Tee, mir fallen die Augen zu, ich schlafe sofort auf ihrem Bett ein

ich bin siebzehn Jahre alt und fahre mit Benno nach Hamburg, wir schauen uns im Schauspielhaus eine Inszenierung an, danach sitzen wir in der Kneipe um die Ecke und bestellen uns etwas zu essen. Als mein bunter Salat mit gerösteten Haselnüssen kommt, erzähle ich Benno von meiner Angst, dass ich mein Leben lang allein bleiben, nie eine Freundin haben werde. Während meine Freunde, Piet, Jens und auch er selbst, schon mehrere Beziehungen erlebt und auch sexuelle Erfahrungen gemacht hätten, sei ich noch immer Jungfrau. Benno meint, das könnten wir schnell ändern, indem wir an der Reeperbahn ein Bordell aufsuchten. Ich sage ihm, dass ich das nicht meine, es gehe mir nicht um

Sex an sich, nicht um die reine Erfahrung, sondern um die Angst, dass ich nie jemanden finden werde, der mit mir zusammen sein möchte

einige Monate später hat ein Stück der Schultheater-AG Premiere, bei dem ich mitspiele, *Staub der Märchenblüte*, eine Eigenproduktion zu Märchenstoffen. Ich spiele in einer komödiantisch dramatisierten Version von *Die Prinzessin auf der Erbse* den Prinzen, der am Ende mit der Prinzessin zusammenkommt, die Prinzessin wird von einem Mädchen aus dem Jahrgang über mir gespielt, Anne, von der ich ziemlich begeistert bin. Wir witzeln und blödeln während der Endproben herum, nach der Premiere fahren wir in zwei vollgepackten Autos älterer Schüler an die Förde, Biere in den Händen haltend, weitere Sixpacks zwischen unseren Füßen, es ist Sommer, die Fenster sind heruntergekurbelt, wir fahren Vollgas den Kielseng entlang, ich schmeiße schon reichlich angetrunken, ohne mich umzusehen, eine halb volle Bierflasche aus dem offenen Autofenster, wir lachen, als sie auf dem Asphalt zerschellt. Wir parken die Autos auf der Torpedostraße, laufen vor zum Yachthafen, richten uns auf der Mole ein und trinken Wein aus Flaschen und weiter Bier, es ist eine dieser weißen Juninächte rund um den Sommeranfang, ich unterhalte mich intensiv mit Anne, eine Dreiviertelstunde lang, über Expressionismus, Kafka und Hermann Hesse, sie hat die meisten der Bücher, die ich erwähne, ebenfalls gelesen und ist von ihnen ähnlich begeistert, sie erzählt mir von der vor ihr liegenden Sommerreise, sie fliegt nach Simbabwe, das sie zärtlich nur *Sim* nennt, ein von ihr schon lange gehegter Traum, dort in einem Begegnungscamp Volunteer-Arbeit zu leisten, was ich bewundernswert finde, unter uns gluckst das schwarzblaue Wasser der Ostsee an die Molenwand, das Meer, der Rausch und die Nachtluft bilden eine Blase um uns herum, Anne ist unglaublich schlagfertig, aber auch ich bringe sie wundersamerweise zum Lachen, immer wieder lächeln wir uns an, die anderen verschwimmen im Hintergrund, ich sehe nur noch Annes Gesicht, sie nimmt meine Hand, ich beuge mich vor und küsse sie, und tatsächlich erwidert sie meinen Kuss, ich streiche mit der freien Hand über ihr Gesicht, durch ihre schwarzen Haare, ich kann mein Glück kaum fassen, ich bin nicht allein auf der Welt

ich wache auf und mein erster Gedanke ist: Anne, und: Wir haben uns gestern Abend geküsst. Ich ziehe mich an, gehe die Treppe runter, setze mich an den Frühstückstisch und trinke eine Tasse schwarzen Tee. Sofort rebelliert mein Magen, vielleicht bin ich verkatert, denke ich, obwohl ich gestern, als ich ins Bett gehe, nicht mehr sehr betrunken bin. Ich toaste mir eine Brotscheibe und schmiere Butter darauf. Als ich abbeiße, fällt mir wieder ein, wie ich gestern, als wir uns schon eine Weile küssen, denke, obwohl sich alles gut, genau richtig anfühlt, vielleicht muss ich jetzt etwas anderes machen, vielleicht erwartet sie, dass ich anfange, meine Zunge zu benutzen, und meine Lippen leicht öffne. Die Zunge fühlt sich seltsam an, wie ein Fremdkörper, mit dem ich ihre Wange, ihre Lippen berühre, also höre ich wieder auf damit. Während ich in das Toast beiße und daran denke, überkommt mich Scham, ich bin siebzehn Jahre alt und weiß nicht einmal, wie man küsst. Woher kommen diese Gedanken, diese äußeren Erwartungen, dass jetzt etwas passieren muss, warum kann ich nicht einfach in dem Moment bleiben? Ich schlucke den Bissen Toast herunter, und sofort wird mir klar, dass ich die Scheibe unmöglich ganz essen kann. Ich lasse sie auf dem Teller liegen und gehe in den Flur, greife meine Schultasche und setze mich auf mein Fahrrad.

Ob ich sie gleich schon vor der Schule sehe, auf dem Schulhof, in der Pause? Wie sie gestern kurz von mir abrückt, wie um Luft zu holen, und plötzlich ist diese Außenwelt wieder da und damit mehr als nur sie, nur ihr Gesicht. Katharina kommt zu uns herüber und flüstert Anne etwas ins Ohr. Als ich mich wieder zu Anne vorbeuge, sagt sie, Katharina habe gesagt, das sei das erste Mal, dass ich jemanden küsse. Das fände sie irgendwie seltsam, ob ich sie nur deshalb küssen würde, weil ich noch nie jemanden geküsst hätte? Ich streite das sofort ab. Wir küssen uns weiter, aber irgendwie fühlt es sich jetzt anders an, wir werden beobachtet, ich kann die anderen nicht mehr ausblenden. Eine Weile später verabschieden wir uns, und ich gehe nach Hause

jedes Mal wenn sie mir einfällt, überkommt mich leichte Übelkeit. Das erlebe ich zuvor noch nie. Ist das Verliebtsein? Unser Erdkundelehrer schreibt etwas an die Tafel, ich schreibe es mechanisch ab. Wieder diese Übelkeit von den Zehen bis in die Haarspitzen. Glück und Verzweiflung. Was, wenn sie mich nie wiedersehen möchte? Was, wenn ich zu seltsam bin für sie? Das halte ich nicht aus. *Die Wirtschaftspolitik und die Entwicklung des Bruttosozialprodukts von Schwellenländern*, klausurrelevanter Stoff. Ihr Gesicht, wie sie mich anlächelt. Vielleicht sagt ihr Katharina oder eine der anderen, dass ich einfach zu sonderbar bin, zu uncool. *Argentinien, Anfang der Achtzigerjahre, wechselnde Regierungsformen, wirtschaftliche Instabilität, Falklandkrieg.* Spätestens heute Abend sehen wir uns wieder, beim Einsprechen für die zweite Vorstellung. Was mache ich, wenn sie mich einfach ignoriert? Es klingelt, die Stunde ist vorbei. Ob ich sie gleich auf dem Schulhof sehe? Mir fällt auf, dass ich in diesen letzten fünfundvierzig Minuten bestimmt zehnmal an Anne denke, immer wieder, unwillkürlich, obwohl ich zwischendurch versuche, mich auf den Unterricht zu konzentrieren, was mir aber nur minutenweise gelingt

ich sitze am Mittagstisch, es gibt Rotbarschfilet, Kartoffeln und Brokkoli, ich nehme von allem nur eine zwei Teelöffel kleine Menge, schon bei den ersten Bissen überkommt mich wieder diese Übelkeit, ich esse wie in Zeitlupe das wenige, was auf meinem Teller liegt. Hoffentlich fällt es meinen Eltern nicht auf, nicht, dass sie fragen, was mit mir los sei, ich stelle mir vor, wie ich rot werde, irgendeine Ausrede stammle

Den Song *Save Me* von Aimee Mann lerne ich erst drei Jahre später kennen, als ich mir den Film *Magnolia* von Paul Thomas Anderson gleich zweimal im Kino anschaue, den Film, von dem Anderson damals sagt, er sei eine Adaption genau dieses Songs, und der Aimee Mann schlagartig berühmt macht und dessen Soundtrack sieben weitere Songs von ihr enthält. *If you could save me / From the ranks of the freaks / Who suspect they could never love anyone* – treffender kann man mein Gefühl in Bezug auf Anne nicht ausdrücken. Mir wird klar, dass ich zum ersten Mal richtig verliebt bin – und zugleich die nicht nur utopische Hoffnung habe, dass diese Person, für die ich schwärme, mich auch lieben könnte, was zuvor noch nie passiert ist. Das alles ist aber nicht nur durch meine Gefühle für Anne so aufgeladen, sondern auch durch die große Angst, zwangsläufig in das gleiche Lebensmodell zu rutschen wie meine Eltern – samt ihrer eher pragmatischen Ehe. Von großen Gefühlen, einer Verliebtheit, dem ganzen Konzept einer romantischen Verbindung ist bei meinen Eltern eigentlich nicht die Rede, wenn sie davon erzählen, wie sie sich kennenlernen, Anfang der Sechzigerjahre in T. Was sie damals zu leiten scheint, ist ein rationaler Realismus, die Überlegung, dass eine Ehe in dieser Lebensphase anstünde, und sind gemeinsame Werte, der Wunsch, viele Kinder zu haben, neben der von beiden geteilten Geschichte einer Flucht- und im weitesten Sinne auch Migrationserfahrung und ihrem gemeinsamen Außenseitertum innerhalb der Studierendenschaft, etwas, wovon wir acht Kinder alle geprägt sind. Dieser Status als Sonderlinge, der innerfamiliär mit Superioritätsgefühlen kompensiert und zugleich fortgeschrieben wird, ist sicherlich auch einer der Gründe, warum keines meiner Geschwister während der Schulzeit einen Freund oder eine Freundin hat, mit Ausnahme meines Bruders Franz, der in vielen Bereichen gegen dieses Familiendogma des Brodowsky-Exzeptionalismus rebelliert. Die Ehe meiner Eltern steht unter dem langen Schatten des bürgerlichen neunzehnten Jahrhunderts, der mindestens bis 1968 reicht und partiell sicherlich noch darüber hinaus. Wie problematisch diese Lebensbeziehung meiner Eltern ist, wie wenig emotional verbunden sie scheinen, bekomme ich täglich vor Augen geführt – wie wenig gleichwertig und wie wenig auf Augenhöhe sie miteinander kommunizieren, gerade was Emotionen, Sehnsüchte und Zukunftspläne angeht. Und mir ist glasklar, dass ich genau dieses Modell der bürgerlichen Ehe für mich nicht möchte. Natürlich denke ich mit siebzehn nicht konkret über Ehe und Kinderhaben nach – das alles liegt noch unabsehbar weit weg. Trotzdem habe ich große Angst davor, für die Menschen – damals denke ich dabei wie selbstverständlich ausschließlich an Frauen –, die mich faszinieren, nicht attraktiv zu sein. Zu schüchtern, zu ungeschickt, zu unerfahren, um jemals jemanden spontan küssen zu können, mit jemandem zusammenzukommen. Gleichzeitig beobachte ich zu dieser Zeit mit Schrecken, dass meine älteren Geschwister dem Modell meiner Eltern, was Lebensbeziehungen angeht, erstaunlich nahe kommen: Meine älteste Schwester, Sigrid, heiratet mit Mitte zwanzig ihren ersten Freund, den sie im Studium kennenlernt – womöglich etwas überstürzt, weil sie unerwartet schwanger ist. Als ich siebzehn bin, wird sie gerade zum fünften Mal Mutter. Meine Schwester Uta hingegen ist einundzwanzig und zu diesem Zeitpunkt noch ohne Beziehungserfahrung und, wie ich damals mit an Sicherheit grenzender Wahrscheinlichkeit vermute, noch Jungfrau. Claire hat verschiedene kurze Beziehungen und berichtet uns Geschwistern gelegentlich davon, aber keiner ihrer Partner zu dieser Zeit ist in ihren Augen gut genug, dass sie sich trauen würde, meinen Eltern von ihm zu erzählen, geschweige denn ihn meinen Eltern vorzustellen. Nur von Hans weiß ich, dass er eine längere Beziehung während seines Studiums hat, bevor er seine künftige Frau kennenlernt. Ich möchte um jeden Preis meinem Leben eine andere Bahn geben und nicht einsam oder in einer Zweckbeziehung enden – all das steht unbewusst oder mir nur halb bewusst mit auf dem Spiel. Das alle sieben meiner Geschwister später langjährige, erfüllte Beziehungen führen, sich jeweils auf ihre eigene Weise in diesem Bereich von dem Modell unserer Eltern abgrenzen, weiß ich zu diesem Zeitpunkt natürlich nicht.

ich komme ein paar Minuten zu spät zum Aufwärmen für die zweite Vorstellung, die anderen sind schon fast alle da, bereiten die Bühne vor, bringen Requisiten auf die richtigen Positionen. Anne kommt hinter der Bühne hervor, im Kostüm, wir sehen uns an, beide müssen wir spontan lächeln, vorsichtig, wir sagen kein Wort. Während des gesamten Schultages zuvor sehen wir uns mehrmals kurz auf dem Pausenhof, sie steht bei ihren Freundinnen aus ihrem Jahrgang, ich bringe nicht den Mut auf, zu ihr zu gehen und sie anzusprechen in dieser öffentlichen Arena, zumal ich weiß, dass wir uns am Abend bei der Vorstellung ohnehin wiedersehen werden, und auch sie kommt nicht herüber zu mir und meinen Freunden; nur einmal treffen sich unsere Blicke, als es schon wieder für den Unterricht klingelt, ich lächle sie an, sie hebt die Augenbrauen, deutet an, dass sie in den Unterricht muss. Aber jetzt stehen wir voreinander.

– Hey, sage ich schließlich.

– Hallo, sagt sie und lächelt erneut ihr verschmitztes Lächeln.

Die Vorstellung spielen wir leicht und strahlend, nach dem Applaus ziehen wir uns alle wieder um.

– Fährst du auch mit dem Fahrrad nach Hause?, fragt sie mich. Dann können wir zusammen fahren.

Auf der kurzen Strecke unterhalten wir uns über das Stück und die heutige Vorstellung, die wir beide besser finden als die Premiere, entgegen allen Warnungen, dass sich in zweiten Vorstellungen oft Unkonzentriertheiten einschleichen. Das Gespräch ist entspannt und lustig und viel zu schnell vorbei, vor dem Haus meiner Eltern bleiben wir stehen und sprechen noch weiter, nach einer halben Stunde, in der wir über unseren Rädern stehen und reden, sagt sie, sie müsse jetzt aufbrechen, sie schreibe morgen eine Biologieklausur. Ich verabschiede mich von ihr und berühre ihren Arm.

– Bis morgen, sagt sie, und schlaf gut

nach der Dernière fahren wir alle wieder an die Förde, diesmal mit Fahrrädern und nicht so betrunken wie beim letzten Mal, zwischen Anne und mir gibt es eine seltsame Spannung, uns beiden scheint nicht so recht klar zu sein, was es zu bedeuten hat, dass wir uns am Abend der Premiere küssen. Irgendwann löst sich die Gruppe auf, ich schlage Anne vor, dass wir noch einen Spaziergang machen, durch den angrenzenden Park, wir schieben unsere Räder, mein Fahrrad ist zwischen uns, kurz vor der Sonnenwendwiese lasse ich Anne an einer engen Stelle des Pfades vorgehen, bleibe möglichst unauffällig stehen, halte das Rad am Sattel und wechsele hinter dem Hinterrad rasch die Seite, jetzt gehen wir nebeneinander, die Räder außen, wir sprechen über die abgespielte Theaterproduktion, über Afrika und Simbabwe, unsere Schultern berühren sich, beide lehnen wir uns spielerisch gegeneinander, bleiben stehen und schauen uns an, wir lächeln verlegen und küssen uns, jeder von uns eine Hand am Lenker, damit das Fahrrad nicht umkippt, irgendwann breche ich vorsichtig den Kuss ab, klappe den Fahrradständer runter, wir küssen uns weiter, es passiert tatsächlich das, was ich mir seit einer Woche wünsche – der erste Gedanke, wenn ich aufwache, der letzte, bevor ich einschlafe, ich nehme in dieser Woche zwei Kilo ab, ich kann fast nichts essen –, irgendwann schieben wir unsere Räder weiter.

– Aber ich kann nicht mit dir zusammen sein, sagt sie, als wir den Ehrenhain erreichen

ich bin zum ersten Mal bei Anne zu Hause, ihre Eltern sind über das Wochenende verreist, ich kaufe Lauch, Möhren, rote Linsen ein und koche für sie eine vegetarische Lasagne, ein Rezept, das ich von Hans kenne, Anne und ich essen, dann gehen wir in ihr Zimmer, sie macht eine Kassette an, eine mir unbekannte Musik, intensiv, traurig, zugleich voller Witz, ein Klarinettist spielt, unglaublich bewegliche Glissandi, beinahe katzenartig, wie verdichteter Gesang, Freudenjuchzer, Klage- und Kinderlieder zugleich. Das sei Klezmer, sagt Anne, Giora Feidman heiße der Musiker, beide sind wir uns einig, dass in der Musik aller Schmerz und alle Schönheit der Welt liegen

Mit Anne bin ich dreieinhalb Monate zusammen. In dieser Zeit sehen wir uns immer wieder kurz und glücklich auf dem Schulhof, wenngleich wir unser Zusammensein nie öffentlich machen, wir grinsen uns nur manchmal an, treffen uns nach der Schule, an Wochenenden. Es vergehen dabei keine vierundzwanzig Stunden, die ungetrübt gut sind, immer wieder hat sie Zweifel an unserer Beziehung und sagt, dass sie sich nicht sicher sei, ob sie mich wirklich liebe, ob sie wirklich mit mir zusammen sein möchte, immer wieder steht alles auf dem Spiel. Trotzdem bin ich glücklich und verliebt. In der zweiten Hälfte der Sommerferien fliegt sie nach Simbabwe. Ich fahre zur selben Zeit nach R., zu einem Workshop-Programm, das sich *Deutsche Schülerakademie* nennt, nachdem mich im Winter zuvor meine Schule für die Teilnahme dort nominiert. Aus dem breitgefächerten Angebot suche ich mir den Workshop *Kurzprosa lesen, schreiben und spielen* aus, das einzige Angebot, das etwas mit Theaterspielen zu tun hat. Wir wohnen in einem Internat, das in den Sommerferien leer steht, außer dem Schreibkurs gibt es eine Gruppe, die Musik komponiert, eine weitere, die philosophische Texte zum Thema *Ambiguität* diskutiert, und drei weitere Gruppen, die zu mathematischen oder naturwissenschaftlichen Themen arbeiten. Unsere Workshop-Gruppe wird von einer Theaterpädagogin und einem Autor angeleitet, beide haben in Hildesheim studiert, der Autor macht gerade seinen Abschluss am Deutschen Literaturinstitut in Leipzig, die beiden sind ein Paar und unglaublich charismatisch und zugleich warmherzig. Ich verbringe dort die intensivsten zwei Wochen meines bisherigen Lebens, jeden Tag lesen wir faszinierende Texte und schreiben daraufhin bis zum nächsten Morgen eigene Prosaminiaturen, die wir uns vorlesen und gegenseitig lektorieren, wir machen Theaterübungen und bereiten eine szenische Präsentation der Texte vor. Zu den Mahlzeiten und bei diversen anderen Veranstaltungen treffen wir die Teilnehmerinnen und Teilnehmer der anderen Workshops. Zwischen den Workshop-Sitzungen und an den Abenden machen wir zusammen Musik, inszenieren weitere

Kurzstücke, es gibt Konzerte und Mitternachtslesungen, einen Kanuausflug und stundenlange Gespräche bis weit nach Mitternacht. Die Erfahrung, mit lauter Menschen Zeit zu verbringen, die sich für ganz ähnliche Dinge interessieren, ähnliche Bücher lesen, Filme schauen, Musik hören, ist unglaublich berauschend. Ich freunde mich über die zwei Wochen hinweg mit Elias und Hannah aus meiner Gruppe an, auch mit Jonas und Anton aus der Kompositionsgruppe verstehe ich mich gut. Nach den ersten Tagen schreibe ich Anne einen langen Brief, in dem ich ihr von alldem erzähle und ihr schreibe, wie sehr ich sie vermisse und dass das Licht der Sterne, auf die ich nachts blicke, zugleich auch Sterne anstrahlt, die sie nachts sehen kann, wenn sie in den Himmel schaut, und dass wir so trotz Tausender Kilometer Entfernung und unterschiedlicher Sternenhimmel miteinander verbunden seien. Nach zehn Tagen gibt es eine Überraschung: Als wir abends gegen 21 Uhr in einen der Gemeinschaftssäle kommen, sind dort Turnmatten und Sitzsäcke im Raum verteilt, das Deckenlicht ist ausgeschaltet, Teelichter stehen in Wassergläsern auf dem Boden, eine der Dozentinnen der Kompositionsgruppe sitzt an einem Flügel und spielt für die kommenden zwei Stunden Musik, Klavierstücke, die sie auswendig kann, Orchesterstücke aus dem Gedächtnis, frei improvisierte Sachen, wir sitzen lauschend auf den Matten, Einzelne fangen an, sich gegenseitig zu massieren, Kazumi aus meiner Gruppe, die faszinierend düstere Texte schreibt, ein Zungenpiercing hat, mehrere Tattoos und ein etwas schrilles Lachen, bietet zweimal an, mich zu massieren, beim ersten Mal lehne ich dankend ab, beim zweiten Mal lasse ich mich darauf ein und massiere sie anschließend ebenfalls. Sie schlägt vor, dass wir eine Runde spazieren gehen. Ich bin leicht nervös und erzähle ihr, während wir draußen auf dem Gelände der Schule eine Runde drehen, dass ich eine Freundin habe.

– Das wundert mich nicht, sagt sie und lächelt.

– Ich mag dich, sage ich.

– Schade, sagt sie. Aber das ist schon in Ordnung.

Wir gehen wieder in den kerzenbeschienenen Raum, inzwischen hat die Dozentin aufgehört zu musizieren, stattdessen spielt jetzt ein Schüler aus dem Kompositionskurs, Kazumi und ich legen uns nebeneinander auf eine Matte und lauschen der Musik. Dass diese intensive Zeit bald zu Ende geht, will uns allen nicht in den Kopf, wir verabreden uns noch vor Ort für ein erstes Nachtreffen im September.

Kurz nach der Schülerakademie sind auch die Sommerferien vorbei, ich muss zurück in meinen Schulalltag, den Jahrgang mit seinem Sozialgefüge, den aus Highschoolfilmen und -serien bekannten Hierarchiemustern, nur in einer unglamouröseren deutschen Variante, einen Attraktivitätsmarkt, in dem einige als cool gelten, andere als Streber verschrien sind und wieder andere als graue Mäuse oder langweilige Nerds. Anne wiederzusehen ist natürlich fantastisch, ich erzähle ihr von Kazumi, sie erzählt mir, dass sich in Simbabwe auch jemand in sie verliebt habe.

– Er wollte mir nicht glauben, dass ich einen Freund habe, sagt sie. Ich habe ihm dann deinen Brief gezeigt als Beweis.

Meine Eltern reisen anlässlich eines Forschungsaufenthaltes meines Vaters für sechs Wochen nach China, sie überlassen mir das Haus und eine Haushaltskasse, mit der ich mir Lebensmittel kaufen kann. Ich finde diese Freiheit großartig, alleine im Haus zu wohnen, für mich selbst zu kochen, selbst einzukaufen. Annes Eltern sind peinlich darauf bedacht, dass Anne nicht bei mir übernachtet. Als ich am ersten Wochenende nach Schulbeginn bei ihr übernachten möchte, wird mir von ihrer Mutter das Bett im Gästezimmer bezogen.

Zwei Wochen später kommen Elias und Anton zu Besuch, ich hole sie an einem Donnerstagabend am Hauptbahnhof ab, wir tragen Matratzen und Bettzeug in mein Zimmer im Spitzboden. Anne kommt dazu, gemeinsam fahren wir mit Fahrrädern in die Innenstadt, trinken in einer Kneipe am Hafen ein Bier, um dann, als es schon dämmert, an der Förde nach Norden bis zum Ostseebad zu radeln. Einzelne Gehwegplatten kippeln unter den Reifen unserer Räder einige Millimeter auf und ab und geben dabei ein dumpfes Geräusch von sich, auf dem letzten Abschnitt links der bewaldete Hügel, die Blätter der Bäume hängen spätsommerlich herab, farblos im Licht der Natriumdampflampen. Etwa hundert Meter vor dem Lachsbach schließen wir unsere Fahrräder zusammen. Wir laufen auf den Steg des Seebads, auf der anderen Seite der Förde können wir die Marineschule erkennen, das Rote Schloss, einzelne Fenster sind erleuchtet, wir rennen weiter bis hinter das kleine Häuschen auf dem Steg, wo man uns vom Strand aus nicht sehen kann. Das Wasser unter uns schlägt sachte gegen die Pfähle, wir ziehen uns im Schutz der Dunkelheit um und springen nacheinander kopfüber in das nachtschwarze, leicht bewegte Wasser von unbekannter Tiefe, Miesmuscheln und Tang am Grund, ich tauche wieder auf, Anton kichert und spritzt erst Elias, dann mir und Anne Wasser ins Gesicht, wir spritzen zurück, tunken uns gegenseitig kreischend unter Wasser, tauchen, ziehen uns an Beinen und Armen unter die Oberfläche, schwimmen raus in Richtung Schifffahrtsrinne. Zurück auf dem Steg springen wir ein wenig auf der Stelle und schütteln das leicht salzige Wasser von unserer Haut ab wie Hunde, laufen, um uns aufzuwärmen, in unseren Badeklamotten auf dem hinteren Ende des Stegs auf und ab. Anne ist anders als sonst gar nicht schüchtern, was ihren kaum bedeckten Körper angeht, wir teilen uns alle vier ein Handtuch, ziehen uns wieder an, laufen zu unseren Rädern und fahren zurück auf die andere Seite der Förde.

Vor unserer Haustür verabschiedet sich Anne von uns.

– Bis morgen!, sagt Anton.

– Ja, bis morgen!, sagt Anne.

Am nächsten Morgen erkläre ich Elias und Anton, wie sie zum Strandbad Solitüde kommen, drücke ihnen einen Haustürschlüssel in die Hand und fahre zur Schule. Um drei treffe ich mich mit Anne und noch ein paar weiteren Mitschülerinnen und Mitschülern aus der Theater-AG, wir lesen mit verteilten Rollen in zwei Stücken, Brechts *Herr Puntila* und Horváths *Geschichten aus dem Wiener Wald*, um zu entscheiden, was wir als Nächstes auf die Bühne bringen wollen. Gegen halb fünf radeln Anne und ich zu mir nach Hause. Als wir ankommen, schließt Anne ganz selbstverständlich ihr Fahrrad ab, statt weiter nach Hause zu fahren – eigentlich denke ich, dass ich den Abend mit Anton und Elias alleine verbringen möchte, kann aber verstehen, dass sie Zeit mit diesen beiden spannenden Menschen verbringen will, und sage also nichts dazu. Elias und Anton haben zuvor auf dem Rückweg vom Strand für ein Ratatouille eingekauft, Auberginen, Zucchini, Tomaten, Zwiebeln und Knoblauch. Wir machen eine Flasche Rotwein auf, die ich aus dem Vorratskeller meiner Eltern hole, und trinken jeder ein Glas. Elias macht Musik auf der Hi-Fi-Anlage meiner Eltern an, wir tanzen wild und ausgelassen zu viert im Wohnzimmer, Anton tanzt erst Elias, dann mich an, schließlich Anne, wirbelt sie herum, seine Locken wippen auf seinem Kopf. Ein paar Songs später sitzen wir am Esstisch und trinken weiter Wein.

– Kusskette!, sagt Elias.

Er küsst Anton auf den Mund, Anton Anne, Anne beugt sich über den Tisch, um mich zu küssen, ich küsse Elias, wir lachen. Weil die erste Flasche Wein schon leer ist, hole ich aus dem Keller eine zweite.

– Dann lass uns mal loskochen, sagt Elias.

– Ich muss eigentlich nach Hause, sagt Anne.

– Was, du übernachtest nicht hier?, sagt Anton.

– Vielleicht könnte ich das.

– Unbedingt, dann können wir auch zusammen essen, sagt Anton.

– Dann hole ich schnell meine Schlafsachen und eine Zahnbürste.

Ich bin ein wenig erstaunt, in den drei Monaten zuvor übernachtet Anne nie bei mir. Als ich Anne einmal abends besuche, verbringe ich einige Zeit mit ihr in ihrem Zimmer, wir hören Björk und küssen uns. Eine Weile später gehen wir gemeinsam nach unten in die Küche, um uns etwas zu trinken zu holen, ihre Mutter steht nach dem Wetterbericht der Tagesschau auf und kommt in die Küche, bietet uns eine Saftschorle an. Ich bemerke beiläufig, dass ich noch nichts gegessen habe. Annes Mutter hebt die Augenbrauen, das Familienabendessen ist wahrscheinlich schon zwei Stunden her. Ihre Mutter fragt mich, ob ich Pizza möge, und bittet Anne, eine Salamipizza aus der Gefriertruhe im Keller zu holen. Ein paar Tage später sagt Anne mir, ihre Mutter hätte wegen des Abends mit ihr gesprochen, sie möge es nicht so gerne, wenn jemand einfach so ungefragt fallenlasse, dass er Hunger habe, dann müsse man ja etwas anbieten, sage ihre Mutter, sagt Anne. Sie selbst fände das kleinlich, aber wahrscheinlich sei es besser, wenn ich da vorsichtiger wäre und wartete, bis mir etwas angeboten würde. Bei einer anderen Gelegenheit erzählt Anne, dass ihre Mutter sich beschwert habe, dass sie so spät nach Hause gekommen sei und ob sie schon wieder Zeit im Twedter Strandweg verbracht habe, also bei mir, was ihr offensichtlich missfällt. Jetzt zieht Anne ihre Schuhe an, ich begleite sie nach draußen.

– Ist das okay für dich, wenn ich hier übernachte?, fragt sie mich, als sie ihr Fahrrad aufschließt.

– Ja, klar.

– Bist du sicher? Wolltest du nicht den Abend mit den beiden alleine verbringen?

– Ich freue mich, wenn du hier übernachtest.

– Super! Bis gleich!, sagt sie und fährt los.

Ich öffne die Tür, als es klingelt, Anne trägt jetzt eine schwarze Bluse, die ich nicht kenne, und dunklen Lidstrich. Wir machen wieder Musik an und beginnen zu kochen, setzen Wasser für Couscous auf, schneiden die Aubergine und die Zucchinis. Anton legt die gewaschenen Tomaten in eine Schüssel und überbrüht sie kurz mit kochendem Wasser.

– Nein, ruft Elias, nicht! Wir wollen nicht gekocht werden!

– Doch, meine Lieben, sagt Anton, da müsst ihr jetzt durch!

Er schüttet das heiße Wasser weg.

– Und jetzt muss ich euch häuten, sagt er, euer Ende ist nah!

– Oh nein, oh nein, oh nein, ruft Anne, nicht häuten!

Er nimmt eine Tomate aus der Schüssel, schneidet sie kreuzweise ein, zieht ihr die Haut ab und macht dabei kleine entsetzte Kiekser.

Elias und Anne greifen ebenfalls Tomaten aus der Schüssel und steigen darauf ein. Ich schneide Knoblauch. Als Anne wieder in die Schüssel greift, streift sie mit dem Handrücken Antons Hand, der ebenfalls gerade eine Tomate herausholt.

– Oh nein, oh nein, ruft Anton, nicht häuten!

Wieder lachen die drei.

– Jetzt die Zwiebel!, sagt Anton. Wer hat Angst vor der Zwiebel?

Er schnappt sich eine Zwiebel und ein Schneidebrettchen.

– Du?, fragt er Anne und hält ihr Brettchen und Messer hin.

– Auf keinen Fall!, ruft Anne.

Anton halbiert die Zwiebel, zieht ihr die braune Haut herunter in Richtung Wurzelstrunk.

– Nicht schon wieder!, ruft Anne.

– Doch!, ruft Anton und hackt die Zwiebel mit schnellen Bewegungen klein.

– Jetzt musst du heulen!, sagt Anton und hält Anne mit einer ruckartigen Bewegung das Brettchen mit den gehackten Zwiebeln unter die Nase.

Anne springt lachend vom Esstisch auf, läuft durch das Wohnzimmer zum Wintergarten, dicht gefolgt von Anton mit den Zwiebeln, und weiter in die Küche, von der Küche in den Flur, von dort wieder ins Esszimmer und für eine nächste Runde ins Wohnzimmer.

– Nicht weinen! Nicht weinen!, ruft Anton.

Ich stehe auf und gehe die Treppe hoch. Im zweiten Stock setze ich mich auf die Toilette. Ich kann nirgendwo hin, ich wohne ja hier. Ich kann auch Anne unmöglich nach Hause schicken. Ich werfe mir kaltes Wasser ins Gesicht, nehme ein Handtuch, setze mich wieder auf die Toilette und warte. Nichts passiert. Als ich zurück in den Flur komme, höre ich, dass sie die Musik lauter gedreht haben, ich kann an den Treppengeländern vorbei bis in den Flur unten schauen, sehe, wie Anne von der Küche durch den Flur ins Esszimmer rennt, Anton und Elias hinterher, sie rufen:

– Die Zwiebel, die Zwiebel!

Ich gehe nach oben in mein Zimmer, nehme mein Bettzeug und trage es in das Zimmer meiner Schwester, lege mich ins Bett. Ich sehe Anne in den Monaten zuvor nie so fröhlich, nie so ausgelassen. Ich liege da, nichts passiert, niemand kommt. Ich bin wie gelähmt. Von unten kann ich immer noch die Musik hören. Eine Viertelstunde später kommt jemand die Treppe hoch. Ich kann hören, wie die Person vom zweiten Stock aus die letzten Treppenstufen hochgeht bis in den Spitzboden, wie jemand meine Zimmertür öffnet, kurz ist oben alles still, die Person kommt langsam wieder runter.

– Paul?, ruft Elias halblaut.

Er klopft an die Badtür, öffnet sie, schließt sie wieder.

– Paul?

Elias geht die Treppe wieder runter. Unten geht die Musik

aus. Kurz danach kann ich hören, wie alle drei die Treppe hochkommen.

– Paul?, Elias' Stimme.

– Ich bin hier, sage ich.

Elias öffnet vorsichtig die Tür, kommt herein, hinter ihm Anne und Anton.

– Alles in Ordnung?, fragt Elias.

– Was ist los?, fragt Anton.

Ich liege im Bett im Zimmer meiner Schwester, ich weiß nicht, was ich sagen soll. Anne sieht besorgt aus. Als sie meinen Blick erwidert, kann ich sehen, wie sich eine Traurigkeit in ihrem Gesicht ausbreitet. Sie setzt sich auf den Bettrand.

– Das Essen ist fertig, sagt Elias.

– Ich möchte nichts essen.

Anne sagt nichts.

– Willst du nicht mit runterkommen?, sagt Elias.

– Es tut mir leid, sagt Anne schließlich und streckt eine Hand nach mir aus.

– Vielleicht lassen wir euch kurz mal, sagt Elias und berührt Anton an der Schulter.

Sie machen die Tür zu, ich kann hören, wie sie die Treppe hinuntergehen.

– Entschuldige, sagt Anne, ich weiß auch nicht, was da passiert ist. Es war so lustig gerade.

Sie sucht unter der Decke meine Hand. Als unsere Finger sich berühren, ist das sofort unglaublich schön und unglaublich schrecklich.

– Ich fahre jetzt nach Hause, sagt sie.

– Ja, sage ich.

Sie hat noch nie hier übernachtet. Sie nimmt mich in den Arm. Ich lasse es geschehen. Nach einer Weile steht sie auf.

– Bis morgen, sagt sie, ich ruf dich an.

– Ja, sage ich.

Sie geht aus dem Zimmer, ich bleibe dort liegen, irgendwann höre ich Anton und Elias die Treppe hochkommen. Sie sprechen leise, wie um mich nicht zu stören, putzen ihre Zähne, dann gehen sie nach oben in den zweiten Stock. Das Haus ist still.

Am nächsten Morgen stehe ich auf und gehe runter. Anton holt Brötchen, dazu essen wir Marmelade und Käse, trinken schwarzen Tee.

– Es tut mir wirklich leid wegen gestern Abend, sagt Anton. Ich hab da wirklich nichts gemeint. Ich hatte einfach nur Spaß, also das war nur lustig. Ich … Das weißt du, oder?

– Schon in Ordnung, sage ich.

Wir frühstücken weiter.

– Ich will nicht, also ich fände es sehr schade, wenn unsere Freundschaft deshalb zerbricht, sagt Anton.

– Das möchte ich auch auf keinen Fall, sage ich.

– Das wäre wirklich schade, sagt Elias.

– Das muss sie ja auch nicht, sage ich.

Nach dem Frühstück packen die beiden ihre Sachen und brechen auf zum Bahnhof. Ich räume die Küche auf und werfe das Ratatouille in den Biomüll. Am Nachmittag ruft mich Anne an. Sie kommt vorbei und sagt mir, dass sie glaube, dass sie nicht mit mir zusammen sein könne, das habe sie gestern gemerkt, als sie sich in Anton verliebt habe. Beide müssen wir weinen, ich schlage vor, dass wir eine Pause machen und nach ein paar Tagen noch mal sprechen, was sie keine gute Idee findet. Ich verabschiede sie an der Tür. Eine halbe Stunde später rufe ich sie an.

– Hey, sagt sie.

– Hey.

Wir schweigen eine Weile.

– Schön, deine Stimme zu hören, sage ich.

– Ja.

– Ich wollte nur fragen, bist du gut nach Hause gekommen?

– Ja.

– Ich finde es so schrecklich.

 Beide schweigen wir wieder.

– Wir können doch jetzt nicht gleich schon wieder telefonieren, sagt sie. Das kann ja jetzt nicht einfach so weitergehen. Wir haben doch etwas anderes beschlossen.

– Okay.

 Wieder schweigen wir.

– Dann lege ich jetzt auf.

– Ja, sagt sie. Mach's gut, du.

– Du auch, sage ich und lege auf.

Kurz vor meinem vierzehnten Geburtstag verabrede ich mich mit Jens und Leon zu Silvester. Gemeinsam mit Leons älterem Bruder kaufen wir jeder einen Schinken A-Böller, zentimeterdicke und zeigefingerlange Knaller, die in vierzig Sechserpacks in rotem Seidenpapier eingeschlagen sind. Wir trinken in Leons Zimmer bei Kerzenschein Wein und Berentzen Saurer Apfel, bis wir ziemlich angetrunken sind. Die schiere Menge der uns für den Abend und die Nacht zur Verfügung stehenden Böller hat etwas fast noch Berauschenderes an sich: Während ich in den vorherigen Jahren nur einzelne Knallfrösche, Bienen oder Heuler anzünden darf, geht plötzlich ein mir unglaublich erwachsen scheinender Raum auf – ich kann so viel knallen, wie ich möchte, praktisch ununterbrochen. Gegen 22 Uhr gehen wir raus auf die Straße und zünden einen Böller nach dem anderen. Auf die Dauer wird das etwas monoton, fühlt sich aufgrund der Masse an Knallkörpern beinahe wie Arbeit an, also versuchen wir, mehr Kitzel in die Sache zu bringen, Böller in Gullys zu stecken, um den dumpfen Hall zu hören, Böller möglichst lange in der Hand zu halten und erst im letzten Moment von uns zu werfen, damit sie noch in der Luft explodieren, Böller unter der eigenen Schuhsohle explodieren zu lassen. Wir sammeln jeder eine ausgebrannte Silvesterrakete auf und stecken in einer Tour Böller vorne in den Pappzylinder, entzünden die Zündschnur und halten den Stab am langen Arm von uns weg. Die Böller explodieren so etwa einen guten Meter vom eigenen Kopf entfernt, Schall und Wucht des Knalls werden durch die Pappe vor allem in die Richtung gelenkt, in die man den Stab richtet. Das Ganze fühlt sich fast an wie ein Schuss, nur dass dabei kein Projektil losgeschleudert wird. Zusätzlicher Nervenkitzel entsteht dadurch, dass man nie genau weiß, wann der Böller losgeht, weil man die glimmende, leicht funkensprühende Zündschnur nicht mehr sehen kann, meist kommt der Knall etwas später, als man antizipiert. Johlend zünden wir auf diese Weise Dutzende Böller. Einmal geht der so von mir weggehaltene Böller nicht los, ich drehe die Spitze der ausgebrannten Rakete zu mir, um zu schauen, ob die Zündschnur vielleicht noch schwach glost. Als ich die Öffnung der Papphülse etwa zwei Handbreit vor meinen Augen habe, explodiert der Böller. Verbranntes Schwarzpulver wird in mein Gesicht geschleudert, in meine Augen, auf meiner Zunge der Geschmack von Asche. In meinen Ohren ein hoher Pfeifton, ähnlich dem Fiepen von Röhrenfernsehern. Ich wische mir mit der Hand über das Gesicht und zünde noch ein paar weitere Böller, der Ton im Ohr verschwindet nicht. Um Mitternacht wünschen wir drei uns ein *Frohes neues*, eine Viertelstunde später verabschiede ich mich von meinen Freunden und gehe die etwa fünfhundert Meter bis nach Hause. Unterwegs merke ich, dass ich ziemlich betrunken bin. Ich klingele an der Haustür, meine Eltern haben ein paar Silvestergäste, ich sage meiner Mutter, ohne ihr ins Gesicht zu sehen, dass ich ziemlich müde sei und sofort ins Bett möchte. Ich murmle noch *Frohes neues Jahr* in ihre Richtung und gehe die Treppe hinauf. Als ich aufwache, sehe ich, dass neben meinem Bett eine etwa tellergroße Menge Erbrochenes auf dem Teppich liegt. Ich habe keine Ahnung, wie es über Nacht dort hinkommt, erkenne aber Stücke des zerkauten Nudelsalats, den ich am Abend zuvor mit Jens und Leon esse. Ich stehe hastig auf, in meinem Kopf hämmert ein Schmerz im Rhythmus meines Herzschlags, ich gehe einen Stock tiefer auf die Toilette, komme wieder in mein Zimmer und nehme mir von meinem Schreibtisch die Papprückseite eines Malblocks und ein Kunststofflineal und schabe das Erbrochene notdürftig auf die Pappe. Ich kratze so gut wie möglich mit dem Lineal die hellgelbe Masse aus dem meerblauen Gewebe des Teppichs, klappe die Pappe zusammen, trage beides die Treppe wieder hinunter ins Bad. Das Erbrochene schiebe ich mit dem Lineal in die Kloschüssel, anschließend reiße ich die Pappe in kleine Stücke und entsorge sie auf dieselbe Weise. Ich wasche meine Hände, nehme mein Frotteehandtuch, ein Stück Seife, einen Zahnputzbecher voll Wasser und die Handbürste und gehe wieder in mein Zimmer. Ich öffne das Fenster, damit sich der Geruch verzieht, schrubbe wie wild auf dem Teppich herum und versuche, die letzten Reste wegzuschaben, Seife und Wasser mit dem Handtuch aufzunehmen, was erstaunlich gut gelingt. Ich gehe wieder ins Bad und wasche das Handtuch aus, hänge es an seinen Haken. Ich putze meine Zähne und stelle mich unter die Dusche, wo ich abwechselnd heißes und kaltes Wasser über mich laufen lasse. Als ich aus dem Bad komme, steht meine Schwester Uta vor der Tür.

– Frohes neues Jahr, sagt sie.

– Frohes neues Jahr.

– Was hast du denn da oben gemacht? Ich bin von so Kratzgeräuschen durch die Zimmerdecke aufgewacht.

– Ach so, da … war so ein Fleck, da ist mir anscheinend Klebstoff aus der Flasche oder so ausgelaufen, ich wollte das wegmachen, bevor das hart wird.

Uta schaut mich ungläubig an, ich gehe wieder die Treppe hinauf in den Spitzboden und lege mich ins Bett. Der Ton in meinem Ohr ist noch da und verschwindet erst am späten Nachmittag, um dann nach gut drei Jahren wiederzukehren.

ich bin in der Theaterkantine, es werden verschiedene Texte in einer großen Collage szenisch gelesen, diverse Dramaturginnen sind zugegen, Intendanten, Lektorinnen, als Schnipsel aus meinem Manuskript an die Reihe kommen, dreht die Schauspielerin, die den Text vorträgt, in einem Satz die Wortstellung um, nicht sinnentstellend, aber doch ein Eingriff, ich bin kurz unsicher, ob ich die neue Anordnung nicht vielleicht besser finde als die alte, mache mir eine mentale Notiz, das später noch mal zu überprüfen. Es folgen ein paar Passagen aus einem anderen Text, dann wieder Abschnitte aus meinem, die Schauspielerin verliest sich, wiederholt die Passage, liest stockend und stolpernd weiter und lässt dabei klar durchscheinen, dass sie mit dem Text überhaupt nichts anfangen kann. Für die Zuschauerinnen ist vermutlich gar nicht ersichtlich, welche Passage von welcher Autorin stammt, trotzdem winde ich mich auf dem Kantinentisch, auf dem ich sitze, eine Art stummer Protest gegen dieses arrogante Zerlesen meiner Textpassagen. Der Intendant des Hauses tritt auf mich zu.

– Ihr Text ist aber auch nicht fertig, sagt er.

– Trotzdem braucht man ihn nicht so kaputtzulesen!

Die umstehenden Dramaturginnen und Lektorinnen ziehen die Augenbrauen hoch, keiner sagt etwas. Ich stelle mich an der Essensausgabe der Kantine an, um ein Getränk zu bestellen, Judith steht hinter mir, ich frage sie, ob ich zu empfindlich reagiert habe.

– Nein, das war genau richtig, sagt sie, sonst respektiert man dich als Künstler nicht.

Dann wache ich auf.

Ich gehe zur Toilette lege mich wieder ins Bett, am Rauschen des Verkehrs kann ich erkennen, dass es schon früher Morgen sein muss, wahrscheinlich kann ich nicht wieder einschlafen. Ich sollte auf den Vorwurf, der Text sei nicht fertig, dem Intendanten antworten, sein Theater sei auch nicht fertig. Oder ist das zu respektlos?, frage ich mich im Halbschlaf. Noch besser wäre vielleicht zu sagen: Theater ist nie fertig. Hinterher ist man immer schlauer. Oder ich schreibe diese Sequenz auf und falte sie in das Romanprojekt hinein, so wie ich immer alles hineinfalten will in diesen werdenden Text und eben jetzt auch noch mal umfalten will, und zwar so, dass ich sofort mit dieser schlagfertigen Antwort pariere

wir bleiben kurz stehen, weil vor uns ein Boulespiel im Gange ist, das Spielfeld erstreckt sich von einer Verkehrsinsel aus schräg über das Trottoir. Der auf dem Gehweg frisch ausgegossene Teer ist noch nicht ganz erhärtet. Eine der Kugeln fliegt dicht an meinem Gesicht vorbei. Weiter hinten kleine Feuer in Mülleimern. Eine ältere Französin beendet die Partie mit einem abschließenden Spielzug, sie stößt eine der Kugeln, die, wie man jetzt sehen kann, ein teerverklebter Schädel ohne Unterkiefer ist, mit einer anderen Kugel fort. Damit liegt ihre Kugel am nächsten am Schweinchen. Kleines Freudentänzchen der alten Französin, Fluchen der anderen Mitspieler. Wir setzen unseren Weg fort. An meiner Unterlippe krustet etwas Teer, er muss von der vorbeifliegenden, im Flug rotierenden Kugel abgeflogen und dann dort kleben geblieben sein. Zum Glück ist der Teerbrocken nicht mehr heiß, nur der leicht bittere Geschmack ist unangenehm, zudem lässt sich der Brocken nur schlecht aus den Barthaaren lösen. Mir wird klar, dass Teer zur Verteidigung von

Burganlagen im Mittelalter nicht in erster Linie wegen der Hitze verwendet wird, sondern um Arm-, Kopf- und Arschhaare schmerzhaft zu verkleben

ich wache auf, vor allen anderen, dem dämmerigen Licht nach ist es früh am Morgen. Ich gehe die Treppe hinunter in die Küche, nehme das japanische Messer, lege meine rechte Hand auf den Schneideblock, spreize den kleinen Finger der rechten Hand ab, lege die Klinge an und führe sie in einer schnellen Bewegung nach unten. Der Knochen leistet kaum Widerstand, es tut nicht weh, blutet fast gar nicht, was mir schlüssig erscheint, da die Klinge unglaublich scharf ist. Der abgetrennte Finger liegt wie ein erstaunlich fremdes Objekt vor mir auf dem Block. Weil ich schon dabei bin, mache ich mit Ringfinger und Mittelfinger weiter, dann, inzwischen in einer Art Rausch, mit dem Zeigefinger, schließlich dem Daumen

Knapp zwei Jahre bevor ich mit Anne zusammenkomme, fange ich an, in der Theater-AG der Schule mitzuspielen. Wir proben zehn Monate lang an einer Tankred-Dorst-Bearbeitung von *Der gestiefelte Kater*, ich spiele eine Nebenrolle, den Hofnarren, der zugleich als eine Art Conférencier auftritt. Ich bin fünfzehn Jahre alt und genieße es sehr, mit älteren Schülern in Kontakt zu kommen, zu merken, dass sie mich ernst nehmen, obwohl ich noch nicht in der Oberstufe bin. Ich lasse meine Haare wachsen, bis sie schulterlang sind, was meine Eltern zu meinem Erstaunen nicht kommentieren, meine Mutter reicht mir eines Morgens wortlos, bevor ich zur Schule gehe, nur ein dünnes schwarzes Haargummi, ab da trage ich Pferdeschwanz. Nach der Premiere des ersten Stücks spricht mich Lovis an, der aus der elften Klasse ist, also zwei Jahrgänge über mir. Lovis steht jede Pause in der Raucherecke, kommt mal im Cutaway, mal in einer Secondhand-Wolfspelz-Jacke in die Schule, er zitiert Nietzsche und Brecht und kann einen zu seinen wilden schwarzen Haaren passenden Kinski-Blick auflegen. Ich bin sofort elektrisiert. Ich kaufe mir einen billigen Haarschneider und rasiere meine Haare auf zehn Millimeter herunter, Lovis gibt mir ein Färbekonzentrat aus einem Afroshop, mit dem ich meinen Raspelhaarschnitt schwarz färbe. In Lovis' Band spielt sein Freund Till Gitarre, und Jens, mit dem ich vor eineinhalb Jahren noch Silvester feiere, der aber inzwischen nicht mehr auf unsere Schule geht, spielt Djembe dazu. Lovis singt selbstgeschriebene, jugendstilhafte Texte und steht bei den Auftritten der Band rauchend am Mikrofonständer. Er schließt sich der Theater-AG an, wir beginnen die Proben zu einer Eigenproduktion zu Märchenstoffen, die wir selbst umschreiben. Ich lese zu der Zeit viel Lyrik und Dramatik des Expressionismus, was deutlich auf meine allegorische Bearbeitung des Frau-Holle-Stoffs abfärbt. Anne und ich verlieben uns und trennen uns wieder, beide spielen wir auch in der nächsten Produktion der Theater-AG mit, Lovis wird in dieser Phase für mich zu einer Art bewunderter Orientierungsfigur, in meinem eigenen Jahrgang gibt es keine vergleichbaren Typen, er repräsentiert etwas so vollkommen anderes als meine bürgerlichen Eltern und Geschwister, er baut Gras für den Eigenbedarf im Garten seiner Eltern an, kauft sich zu seinem achtzehnten Geburtstag einen orangen, zwanzig Jahre alten VW Polo. Bald gehen wir beide mit Till andauernd ins Theater, fahren nach Hamburg ans Schauspielhaus, sehen Kresnik-, Marthaler-, Schlingensief-Inszenierungen, einmal als Gastspiel Heiner Müllers *Arturo Ui*-Inszenierung. Der Lehrer für Deutsch und Philosophie, der bis dahin die Theater-AG leitet, möchte sich nach der Märchenstoffe-Inszenierung anderen Projekten zuwenden, weshalb Lovis und ich kurzerhand die Leitung der AG übernehmen. Wir lesen und diskutieren eine

Reihe von Stücken, Brecht und frühe Handke-Texte, landen schließlich bei Horváths *Geschichten aus dem Wiener Wald.* Lovis führt Regie, ich leite die Gruppe mit an, organisiere und kümmere mich um das Aufwärmen, spiele zugleich die Rolle des Zauberkönigs, bei der Darstellung seiner cholerischen Anfälle orientiere ich mich an den Wutausbrüchen meines Vaters. Anne spielt die Marianne, Tochter des Zauberkönigs und die Hauptrolle des Stücks, aber wenn wir uns auf dem Schulhof oder bei den Theaterproben begegnen, können wir kaum noch unverkrampft miteinander sprechen, die Wienerlieder begleitet Till auf der Gitarre, die Produktion ist wesentlich erfolgreicher als die beiden vorangegangenen Stücke der Theater-AG. Einmal fragt mich Lovis, ob ich nicht irgendein Instrument halbwegs spielen könne, um bei Bleikristallgesänge einzusteigen, seiner Band.

– Höchstens singen, sage ich.

– Der Part ist schon besetzt, sagt Lovis und lacht.

Zwei Wochen lang leiht mir Lovis seine Wolfspelz-Jacke aus. Auf einer Gartenparty, bei der er selbst nicht erscheint, nur Till und Jens zugegen sind, übernehme ich spontan den Gesangspart der Band, stehe in Lovis' Jacke da und singe seine Texte: *Nächte / Purpurgewächse / durchwuchern meinen Schädel.* Obwohl ich die Songs weitgehend auswendig kann und obwohl ich mir wenig mehr wünsche, als Teil dieser Band zu sein, merke ich, wie falsch es sich anfühlt, diese Texte zu singen, die ich nicht selbst zuvor geschrieben habe. Die Dernière von *Geschichten aus dem Wiener Wald* ist Mitte Januar, ich feiere nach der Vorstellung meinen achtzehnten Geburtstag im Haus meiner Eltern nach, meine Eltern sind einverstanden, für das Wochenende in das Ferienhaus nach D. zu fahren, ich dekoriere das Wohn-Esszimmer, mein Zimmer, das ehemalige Zimmer meiner Schwester um, es wird das erste wirklich berauschende Fest, dessen Gastgeber ich bin. Am nächsten

Morgen kommt unerwartet früh mein Vater aus D. zurück, angeblich, um ein paar vergessene Lebensmittel zu holen, er ist geschockt, wie viele leere Bier- und Weinflaschen und vor allem Aschenbecher voller Kippenstummel herumstehen, aber zugleich erleichtert, dass von den Möbeln und Gläsern nichts zerbrochen ist.

– Als ich als Postdoc in Pittsburgh war, erzählt mir mein Vater, als ich ihn zwanzig Jahre später in D. nach seinem Leben befrage, war ich mal zu einem Freund eingeladen, dessen Teenager-Sohn mit seinen Freunden eine Party feierte. Die jungen Leute waren völlig betrunken und fingen an, die Schallplatten, die sie gehört hatten, auf den Boden zu werfen, eine nach der anderen, und darauf herumzutanzen. Die ganze Plattensammlung ging zu Bruch in so einem Akt wilder Anarchie. Mein Freund und ich standen einfach nur resigniert daneben.

Nach *Geschichten aus dem Wiener Wald* möchte Lovis als Nächstes *Leonce und Lena* inszenieren. Ich leide zunehmend darunter, als sein permanenter Assistent und Daueraspirant um seine Gunst wahrgenommen zu werden. Zusammen mit Till gründe ich eine freie Theatergruppe außerhalb der Schule, wir treffen uns in der Senffabrik, einem alternativen Kulturzentrum und Wohnprojekt, in dem sonst vor allem Punkbands auftreten, scharen eine Reihe theaterinteressierter Freunde und Bekannte um uns und beginnen damit, Jean Anouilhs *Antigone*-Bearbeitung zu proben. Till und ich verabreden, dass ich bei der ersten Produktion Regie führe und er eine Rolle übernimmt und wir bei der nachfolgenden Produktion diese Arbeitsteilung umdrehen. Wir beginnen Anfang Februar mit der Probenarbeit, haben jedoch nur vier Monate Zeit, weil die Hauptdarstellerin im Juni ihre Abiturprüfungen schreibt und, wie sich nach einigen Wochen herausstellt, außerdem schwanger ist. Nach ein paar Leseproben und gemeinsamen Workshops erstellen wir eine Strichfassung, wir proben fast jeden Tag für zwei oder drei Stunden. Ich komme jeweils um 13:15 Uhr aus der Schule, esse Mittag, setze mich hin, um meine Hausaufgaben möglichst rasch zu erledigen, insbesondere die Aufgaben für den Mathe-Leistungskurs machen mir zu schaffen, ich empfinde diese Beschäftigung mit Integralrechnung oder Stochastik als weitgehend sinnlos, zudem fallen mir die Aufgaben viel weniger leicht als noch in der elften Klasse, was sicherlich auch an Frau Bemmler-Palippe liegt, unserer Lehrerin, inzwischen sehe ich die Kurswahl als ziemlichen Fehler an, aber es ist zu spät, um noch den Leistungskurs zu wechseln. Sechs Monate zuvor, zu Beginn des Schuljahres, ist das noch möglich, in der ersten Klausur schreibe ich lediglich acht Punkte, also eine glatte Drei, ein ernüchterndes Ergebnis, meine Eltern sind in China und nur per E-Mail zu erreichen, und irgendwie sehe ich mich nicht befugt, so eine, wie mir scheint, weitreichende Lebensentscheidung alleine zu treffen, außerdem empfinde ich die Idee, den Leistungskurs zu wechseln, als Niederlage, ich möchte mir und der Welt beweisen, dass ich sowohl Mathe beherrsche als auch Literatur klug interpretieren kann, außer mir belegt niemand im Jahrgang die Leistungskurskombination Deutsch-Mathe. In meiner Familie gilt es als direkter Nachweis für Intelligenz, Mathe zu beherrschen, Schulnoten allgemein, insbesondere aber die Noten in Mathematik, Chemie, Physik, Informatik und eventuell noch Latein entscheiden, wenn schon nicht darüber, wie viel Liebe einem entgegengebracht wird, dann doch darüber, wie viel Achtung, wie viel Wertschätzung man erfährt, insbesondere vonseiten unseres Vaters, was sich von ihm aus anscheinend auf alle anderen Mitglieder der Familie überträgt. Dabei tritt dieses familienspezifische Gefühl zutage, nicht ganz zu den übrigen Mitschülerinnen und Mitschülern dazuzugehören, dieser Dünkel, über dem Durchschnitt zu schweben, etwas Besseres, eine eigene Klasse zu sein, *Brodowsky Exceptionalism*. Die Mehr-

zahl meiner älteren Geschwister belegt Mathe als Leistungskurs, und zugleich hat die Hälfte meiner Geschwister eine Eins
vor dem Komma ihrer Abiturnote stehen, die anderen gelten
zu dieser Zeit familienintern gewissermaßen als bedauerliche
Anomalien. Acht Punkte in einer Klausur sind ein unbefriedi-
gendes Ergebnis, aber ich möchte etwas einmal Angefangenes
nur ungern abbrechen, eine, wie mir heute scheint, zutiefst
deutsche Haltung. Noch heute fällt es mir jedenfalls schwer,
etwa Romane, die mir nicht gefallen, nach dreißig Seiten ins
Regal zurückzustellen, lieber beiße ich mich bis zur letzten
Seite durch, bis ich von dem Text erlöst bin.

Ich rufe nach Erhalt der mittelmäßigen Matheklausurnote jedenfalls meine Schwester Uta an, die sich zu jener Zeit gerade
durch ihr Biochemiestudium quält, und frage sie um Rat.

– Wenn ich mir anschaue, was wir Geschwister so machen,
sagt Uta am Telefon, wirst du ja auch wahrscheinlich irgendwas Naturwissenschaftliches studieren. Und dann ist es gut,
wenn du in Mathe schon ein bisschen breitere Grundlagen
hast.

Also bleibe ich beim Mathe-Leistungskurs, nehme mir vor,
mich vor den nächsten Klausuren mehr reinzuhängen, und bin
überzeugt, dass ich mich verbessern kann. Das gelingt mir jedoch nicht wirklich, die Endproben zu *Geschichten aus dem
Wiener Wald* nehmen mich zeitlich sehr in Anspruch, und es
wird danach nicht besser, als ich anfange, unsere *Antigone*-
Inszenierung zu erarbeiten.

Jeden Tag fahre ich nach den rasch erledigten Hausaufgaben
gegen 16 Uhr mit dem Rad zur Senffabrik. Weil ich beweisen
möchte, dass ich auch ohne Lovis spannendes Theater machen
kann, und weil ich inzwischen fest plane, nach der Schule
Theaterregie zu studieren, vor allem aber weil ich glaube, vor
meinen Eltern, der Welt und natürlich vor mir selbst den Beweis erbringen zu müssen, dass ich eine Begabung dafür habe,

und letztlich, um den mir vorgezeichneten Lebensweg, den meine sieben älteren Geschwister mit einem Medizin-, Pharmazie-, Mathematik-, Biochemie- oder Chemiestudium beschreiten, abschütteln und hinter mir lassen zu können, ist es mir unglaublich wichtig, dass die Produktion ein Erfolg wird.

Sechs Wochen vor der Premiere wird mir klar, dass ich, abgesehen von den Durchläufen am Ende, pro Szene nur noch zwei Proben ansetzen kann. Ich verdichte den Probenplan weiter, Till gefällt mir auf der Bühne gut, die Hauptdarstellerin ist ein echter Glücksgriff, ich könnte ihr endlos zusehen, aber einige der anderen Darstellerinnen und Darsteller sind komplette Theateranfänger, bei denen ich Stunden damit zubringe, an ihrer klaren Artikulation zu arbeiten, was mir sehr wichtig ist. Außerdem müssen wir jetzt unbedingt unser Werbeplakat in den Druck geben. Um keine wertvolle Probenzeit zu verlieren, lege ich die Arbeit daran in die späten Nachtstunden des Montags, um 2 Uhr sind Till und ich endlich fertig damit, das Plakat kann am nächsten Tag in den Druck gehen. Am Dienstagmorgen verschlafe ich und komme fünf Minuten zu spät zu der verhassten Doppelstunde im Mathe-Leistungskurs. Als ich die Glastür zu dem vollen Raum öffnen will, lässt sie sich nicht aufziehen, Frau Bemmler-Palippe, die wir Schüler eigentlich alle mehr oder weniger verabscheuen, für die anzüglichen Bemerkungen, die sie dann und wann vor dem ausschließlich aus Jungs bestehenden Kurs fallen lässt, für ihren unterdrückten Jähzorn, ihre Verbissenheit, für ihr Umherschreiten zwischen den Tischreihen, um unsere Hausaufgaben in unseren Heften zu kontrollieren, Frau Bemmler-Palippe steht jedenfalls in ihrem in Schottenmuster karierten Rock und der beigen Bluse mit Stahlbrosche hinter der Tür, hält den Schlüssel hoch, hebt die Schultern, lässt zugleich ihre Lider auf Halbmast sinken und bedeutet mir so, dass ich jetzt keinen Einlass mehr erhalte, um sich dann wieder der Tafel zuzuwenden.

Ich gehe sofort zum Schuldirektor, um mich zu beschweren.

– Aber ich habe doch ein Recht auf Unterricht, sage ich.

– Natürlich hast du ein Recht auf Unterricht, sagt er, allerdings kann man es so auffassen, dass du es für diese Stunde verwirkt hast, wenn du zu spät kommst. Wenn Frau Bemmler das so sieht, dann kann ich da nichts für dich tun.

Irgendwie schaffe ich es durch den Schultag, zu Hause esse ich Mittag und fahre danach sofort in die Senffabrik, um mit dem Darsteller von Antigones Gegenspieler Kreon zu proben. Nach der Arbeit sitzen wir noch eine Weile im Bühnenraum und besprechen die nächsten Schritte, als ich plötzlich ein hohes Fiepen in meinem linken Ohr höre. In den vergangenen Wochen taucht so ein Ton immer mal wieder auf, um dann aber immer nach wenigen Minuten wieder zu verschwinden. Nicht so an diesem Abend, der Ton bleibt einfach da. Ich versuche, ihn zu ignorieren, und fahre mit Till zu Lovis, der inzwischen in einer WG in Fruerlund wohnt. Wir trinken Bier, was das Geräusch im Ohr eher lauter werden lässt. Weil ich keine Schwäche zeigen will, traue ich mich nicht, Till oder Lovis von dem Fiepen in meinem Ohr zu erzählen, Lovis dreht einen Joint, ich nehme ein paar Züge, aber diesmal stellt sich die gewohnte Entspannung nicht ein, stattdessen wird das Geräusch eindringlicher, und für kurze Momente tritt ein unregelmäßiges Klopfen hinzu. Ich folge der Unterhaltung der beiden kaum noch und verabschiede mich übermüdet Richtung Zuhause.

Abends und an den Wochenenden lese ich in diesen Monaten Romane und Theaterstücke, Kafka, Hemingway, Beckett, oder treffe mich mit Freunden, um Musik zu hören, über Filme und Bücher zu diskutieren, oft rauchen wir, meist gegen Ende der Woche, gemeinsam Joints. In der Regel leiste ich mir ein Gramm Haschisch pro Woche, das man in der Schule für zehn Mark bekommt. Oft gönnen wir uns Donnerstagabend einen

ersten Joint, um dann am Freitag oder Samstag den Rest weg-
zurauchen. Ende März tue ich mich mit drei Freunden zusammen, der Schüler aus unserem Jahrgang, von dem wir sonst
unser Dope bekommen, soll für uns vier zusammen eine sogenannte Platte kaufen, also hundert Gramm Haschisch, wodurch wir einen erheblichen Rabatt erhalten, das einzelne
Gramm kostet dann nur noch den halben Preis. Ich beteilige
mich mit einer Bestellung von zwanzig Gramm und strecke
dafür hundert Mark vor. Der Typ aus unserem Jahrgang sucht
den Dealer mit unseren insgesamt fünfhundert Mark in bar
auf und kauft für uns die Platte, kurz sind wir nervös, dass er
in eine Polizeikontrolle geraten könnte und das Geld oder der
Stoff konfisziert werden oder dass der Dealer ihn irgendwie
über den Tisch zieht. Aber er ruft uns nach vollzogener Trans-
aktion von einer Telefonzelle aus an, um den zuvor vereinbar-
ten Spruch durchzugeben, die Losung, die uns mitteilt, dass
alles glattgegangen ist. Wir nehmen den Stoff in Empfang und
drehen uns jeder eine Tüte. Die erdig riechende, leicht harzige
Masse verheißt pures Glück, das sich zuverlässig mit dem ersten Zug aus dem ersten Joint des Abends einstellt, eine Verschiebung des Raumes hin zu einer enorm viel weicheren Perzeptivität. Wir geraten an diesem wie an anderen Abenden in
Lach- und Laberflashs, ich sehe meine Freunde manchmal in
maskenhaften Fratzen, oft gehen wir aus meinem Dachboden-
zimmer nach unten in die Küche, schneiden uns Scheiben von
dem selbstgebackenen Brot meiner Mutter ab, die wir dick mit
Erdnussbutter und Erdbeermarmelade beschmieren und gierig
vertilgen. Manchmal kann ich, wenn ich die Augen schließe,
die Jazz- und Elektromusik, die wir in unseren Zimmern meist
auf Mixtapes, manchmal auf Platten oder CDs hören, als vi-
suellen, mehrfarbigen Strom aus den Boxen unserer Anlagen
in den Raum strömen sehen. Wenn ich sehr high bin, läuft
durch meinen Körper ein wohliges Kribbeln, das sich in den

Fingerspitzen genauso wiederfinden kann wie in der Kopfhaut, als könnte ich meine Haare wachsen spüren. Einmal gehe ich mit diesem High auf Toilette, beim Scheißen bin ich von der analen Stimulation dieses Vorgangs so erregt, dass mein plötzlich hart gewordener Schwanz gegen die Klobrille stößt und ich nur wenige Handgriffe später in die Kloschüssel hinein komme, ich wische mich ab und kehre kommentarlos und leicht belustigt zu meinen Freunden in mein Zimmer zurück.

Am Samstagabend, bevor wir das *Antigone*-Plakat in den Druck geben müssen, sind meine Eltern in unserem Ferienhaus in D. Zusammen mit Benno und Piet backe ich Haschkekse. Wir lösen dazu einige Gramm Dope in kochendem Rum auf und geben die braune Flüssigkeit in den Teig von Chocolate Chip Cookies, den wir vorher nach einem Rezept aus einem amerikanischen Kochbuch zusammenrühren. Wir backen die Kekse aus und probieren vorsichtig davon. Eine halbe Stunde später stellt sich nach und nach ein tiefgreifender Rausch ein, kurz danach setzen wir uns auf unsere Räder, um zum Volksbad zu fahren, einem soziokulturellen Zentrum in der Innenstadt. Wir fahren den Kielseng entlang und weiter über die Ballastbrücke, den Hafendamm, voller Vorfreude, jagen hintereinander her, ich fahre von der Fahrbahn einen abgesenkten Kantstein hoch auf den Gehweg und an einer anderen Stelle wieder runter, komme ins Rutschen dabei und knalle aus voller Fahrt auf den Boden, pralle mit dem Oberschenkel gegen einen Poller. Der Schmerz ist gedämpft durch das High, aber ich kann an der Stelle des Aufpralls eine Verhärtung spüren. Jetzt ist der Oberschenkel gebrochen, und was du da spürst, ist der Knochen, der sich von innen zwischen den Muskeln hervorschiebt und gegen die Haut drückt. Wenn wir jetzt einen Krankenwagen rufen, fliegt sofort auf, dass wir Haschisch genommen haben. Ich rapple mich auf und kann noch stehen, das Bein belasten. Dann realisiere ich, dass die Verhärtung nicht mein Knochen ist, sondern lediglich ein Hämatom, wie eine Beule. Ich setze mich wieder auf mein Rad, und wir fahren weiter. Wir verbringen den Abend Bier trinkend und über lange Abschnitte tanzend im Volksbad, gegen halb vier fahre ich nach Hause.

Drei Tage später radele ich vorsichtig und völlig übermüdet durch die kalte Aprilnacht. Wenn dieses Geräusch in meinem Ohr nicht verschwindet, habe ich ein ernstes Problem. Wie ich so proben soll, ist mir völlig schleierhaft, die Premiere lässt sich aber nicht mehr verschieben, das haben wir schon mehrmals durchgedacht.

Ich lege mich schlafen, am nächsten Morgen wache ich mit einem lauten Rauschen auf beiden Ohren auf, links stärker als rechts, alle Geräusche scheinen mir seltsam spitz und klirrend. Mir ist leicht schwindelig, helles Licht ist mir unangenehm, mir fällt es schwer, gesprochenen Worten zu folgen, meine eigene Stimme erscheint mir dröhnend. Ich gehe noch am Vormittag zu einem Ohrenarzt, der feststellt, dass ich auf dem linken Ohr nur noch eine verminderte Hörkraft habe, was den Arzt viel stärker beunruhigt als das Fiepen, das allerdings für mich die viel größere Bedrohung darstellt. Der Arzt sagt, die Chance, dass ich das Geräusch wieder loswerde, liege bei etwa fünfzig Prozent, es sei aber auch gut möglich, dass es mich für den Rest meines Lebens begleiten werde. Ich bekomme blutverdünnende Infusionen, zugleich für dreißig Minuten reinen Sauerstoff über eine Atemmaske verabreicht, eine Akupunkteurin sticht mir eine Reihe Nadeln in Hände, Unterarme und meine Ohrmuscheln. Wieder zu Hause sage ich die Proben für diesen und die nächsten zwei Tage ab und lege mich ins Bett. Am nächsten Morgen wache ich nach etwa vierzehn Stunden komatösem Schlaf auf und bemerke sofort, dass das Geräusch noch immer da ist, wenn auch deutlich leiser.

Jeden Morgen nach dem Aufwachen der gleiche, kurze Moment, in dem ich mich fast panisch auf mein Hören konzentriere und Morgen für Morgen feststelle: Das Geräusch ist noch da. Jeden Morgen ein Gefühl von Enttäuschung, vermischt mit der größer werdenden Angst, dieses Geräusch könne mich tatsächlich mein Leben lang bewohnen. Bis hierhin habe ich das Gefühl, die Welt steht mir offen – ich kann alles werden, Biologe oder Jurist, Schauspieler, Journalist oder eben Regisseur, sofern ich mich nur klar genug entscheide und alles daransetze, dieses Ziel zu erreichen. Dieses strahlende Gefühl ungebrochener Potenzialität wird jetzt plötzlich getrübt von diesem Körperversagen. Ich fange an, daran zu zweifeln, dass ich der psychischen Belastung standhalten kann, der ich als Theaterregisseur ausgeliefert wäre. Ich habe in den nächsten zwei Wochen sieben weitere Behandlungen bei dem Ohrenarzt, mein Hörsinn erholt sich vollständig, wie der Arzt nach einem weiteren Hörtest beinahe euphorisch bemerkt. Zu dem nicht verschwindenden Tinnitus sagt er lapidar, ich müsse mich an die Möglichkeit gewöhnen, dass der Pfeifton nicht mehr verschwinde. Ich finde diese Vorstellung geradezu absurd, dass diese Einschränkung, diese Belastung irreversibel sein kann und man dieser Tatsache gegenüber eine Gelassenheit entwickeln solle. Wochenlang prüfe ich jeden Morgen nach dem Aufwachen, ob der Ton fort ist, aber er bleibt.

Ob ich mit dem Begriff *Übertragung* etwas anfangen könne, fragt mich der beste Freund von Peter auf dem Spaziergang nach Peters Beerdigung. Judiths Vater Peter stirbt eine Woche zuvor. Am Tag nach der Beerdigung fahren wir noch einmal zum Grab, diesem Erdloch, in das am Tag zuvor Peter in einem Sarg hinabgesenkt wird und das jetzt schon wieder mit Erde bedeckt ist. Die Bäume vor dem Februarhimmel sind noch kahl und blattlos, keine Vögel in den Ästen, nur eine Handvoll Krähen, die weiter hinten auf dem Friedhof nisten. Während Judith, Milan, Anouk und ich vor dem Grab stehen und den Anblick dieses Erdhaufens mit einigen Blumen darauf in uns aufnehmen, ist plötzlich ein wiederholtes Quietschen zu hören oder ein Schreien, die fast metallisch klingenden Rufe eines mir unbekannten Vogels. Dann begreife ich, dass das Geräusch von jenseits der Friedhofsmauer herrührt, ich sehe über der Mauer Oberleitungen von dem Rangier- und Gleisvorfeld des Hauptbahnhofs von L. Loks oder Züge sind wegen der hohen Mauer nicht zu sehen. Die Tatsache, dass dieser winterlich karge Friedhof direkt an Gleisen liegt, hat etwas Tröstliches, der Gedanke, dass hier Züge Richtung Frankreich und Italien fahren. Statt eines kindlichen Glaubens an eine vertikal ausgerichtete Transzendenz also eine Art Abglanz dessen, eine horizontale Verbindung mit Weite, mit Landschaften des Südens. Anstelle der Nähe zu einem personalisierten Gott die abstrakte Schönheit der entpersonalisierten Technik, der möglichen Bewegung, der Schienenstränge, die sich Tausende Kilometer in verschiedenste Richtungen fortsetzen.

Peter ist einsam gestorben. Er ist wegen seiner Krebserkrankung in stationärer Behandlung und zieht sich dann trotz umfassender Hygienemaßnahmen während seines Krankenhausaufenthaltes eine Corona-Infektion zu. Der Oberarzt drosselt seine Chemotherapie und verlegt ihn auf die Corona-Station. Er wird dort ausschließlich von Pflegepersonal in Ganzkörperschutzanzügen behandelt, das zusätzlich Handschuhe, Masken und Visiere trägt, meistens bleiben die Pflegerinnen und Pfleger in der Zimmertür stehen und kommunizieren per Zuruf, immer wieder fragen sie: *Brauchen Sie noch Schmerzmittel?*, mehrmals hört er den Satz *Das ist hier kein Wunschkonzert*. Peters einziger regelmäßiger Draht zur Außenwelt in diesen zehn Tagen auf der Corona-Station sind die Telefonate mit Judith. Letzten Freitag dann ruft mich Judith von der Arbeit aus an, ich höre sofort an ihrer Stimme, dass etwas nicht in Ordnung ist.

– Mein Vater stirbt.

–

– Ich hab ihn den ganzen Morgen im Krankenhaus nicht erreicht. Gerade ging auf der Station eine Ärztin ran, die sagte,
dass er seit heute Morgen nicht mehr ansprechbar ist. Dass er
wohl nur noch Stunden zu leben hat. Er bekommt jetzt Mor-
phium. Ich komme nach Hause und nehme den nächsten Zug.

Drei Stunden später ruft mich Judith vom Zug aus an. Noch
während sie spricht, beginnen auch mir die Tränen zu laufen.
Anouk, die mir am Küchentisch gegenübersitzt, schaut mich
an, ungläubig, dann versteht sie, was los ist, und rennt schrei-
end aus der Küche.

– Ich will nicht mehr!, ruft sie. Es ist alles so sinnlos!

Einer meiner ersten Gedanken ist, dass ich jetzt für die Kinder nicht nur Vater sein muss, sondern, soweit das überhaupt
möglich ist, auch Opa sein möchte oder Opa-Ersatz, die gleiche emotionale Großzügigkeit haben, die Gelassenheit, die
Lust, unaufhörlich mit ihnen gute Zeiten zu verbringen. Da
Judith es Milan selbst sagen möchte, gehe ich ins Wohnzimmer
und reiche ihm mein Telefon. Dann gehe ich zurück in den
Flur und nehme die weiterhin schreiende Anouk in den Arm
und versuche, sie zu beruhigen.

– Wenn der Opa nicht mehr lebt, will ich auch nicht mehr
leben!

Die üblichen Sätze, mit denen ich sie sonst beruhige, *Alles
wird gut* oder *Mach dir keine Sorgen*, wirken komplett fehl
am Platz. Ich sage ihr, dass es in Ordnung sei, traurig zu sein,
zu weinen, dass ich für sie da sei, dass die Mama für sie da
sei. Wir halten uns eine Weile weiter im Arm und lassen die
Tränen laufen. Ich gehe ins Wohnzimmer, um nach Milan zu
schauen, er hat das Telefon auf den Tisch gelegt und weint still
vor sich hin, ich nehme auch ihn in den Arm. Nach einer halben Stunde nimmt Milan sein Homeschooling wieder auf, ich

lese Anouk etwas vor, irgendwie bringen wir den Nachmittag und den Abend herum, ich mache den Kindern Abendbrot, bringe sie ins Bett und bleibe bei ihnen liegen, bis sie eingeschlafen sind. Eine Weile später rufe ich Judith von der Küche aus an. Sie erzählt mir, dass sie viele Fotos im Krankenhaus gemacht habe. Als sie drei Stunden nach Peters Tod bei ihm ankommt, liegt er wie alle mit Covid Verstorbenen bereits in einem schwarzen Plastiksack, den das Pflegepersonal lediglich auf ihre Bitte hin noch nicht verschließt. Sie verbringt eine Stunde dort bei ihrem Vater. Als sie seinen Körper gesehen habe, sagt sie, habe sie verstanden, warum er nicht mehr leben konnte. Er sei so unfassbar dünn gewesen, mit diesem Körper habe er einfach nicht mehr weiterleben können. Judith wirkt ziemlich gefasst, in diesem Moment viel weniger emotional als ich, der ich den Nachmittag und Abend über den Gedanken an Peter weitgehend verdränge und mit den Kindern einen fast normalen Lockdown-Nachmittag verbringe. Während des Telefonats wird mir klar, dass ich mit Peter eine Art Ersatzvater verliere, ein *role model*, während mein eigener Vater mir über Jahrzehnte hinweg vor allem als Antivorbild dient, als Suchbild ex negativo, als der Mensch, der man gerade nicht werden möchte, der einen damit aber gewissermaßen in ein Nichts verweist, in den leeren Raum, auf das unbeschriebene Blatt, Horror Vacui, weshalb es in meinem Leben eine lange Linie von Ersatz- oder Wahl-Vätern gibt, angefangen mit Lovis, der wie Till eher eine Art Wahl-großer-Bruder darstellt, dann ein befreundeter, zwölf Jahre älterer Autor und Lektor und während meines Studiums eine Zeit lang einer meiner Professoren, diese Wahl-Vorbildfiguren decken jeweils nur Facetten einer Vorbildfunktion ab, trotzdem sind sie wichtige Marker im Feld eines Selbstentwurfs. Die vorerst letzte Figur in dieser Kette bildet also Peter, wie mir jetzt klar wird, Peter, der jetzt nicht mehr auf der Welt ist. Mit Peter teile ich viel mehr Werte als mit meinem leiblichen Vater, viel mehr Vorstellungen davon, was ein gelungenes Leben sein könnte, aber auch Alltägliches, wie man Räume gestaltet, sich kleidet, was gute Bücher ausmacht, intensive Gespräche – dieser in meinem Alltag gar nicht präsente Mensch ist plötzlich nicht nur nicht anwesend, sondern final unerreichbar, für immer absent, verschwunden, verschluckt, plötzlich pulverisiert, mit einer Endgültigkeit, die den Gedanken an die eigene Endlichkeit virulent werden lässt, das eigene Sterben vorwegnimmt. Keine Übergabe der Kinder mehr auf einem Bahnsteig in Nürnberg, Bamberg oder Weißenfels, auf halber Strecke zwischen Berlin und L., in dem Wissen, dass die Kinder bei Peter beziehungsweise bei Inge und Peter in den besten Händen sind. Keine Möglichkeit mehr, Peter zu treffen, keine Aufenthalte mehr von Peter bei uns in Berlin, bei denen er sich in seiner Zurückhaltung wie ein älterer, angenehmer Mitbewohner in unseren Alltag integriert, keine Begegnungen mehr, keine SMS, keine Gespräche.

Am folgenden Mittwoch fahre ich mit den Kindern nach L., um mit ihnen an der Beerdigung teilzunehmen und Judith und ihre Mutter bei den letzten Vorbereitungen zu unterstützen. Und jetzt laufe ich also mit Peters bestem und beinahe einzigem Freund durch einen Wald in der Nähe von Inges und Peters Haus, gemeinsam mit einem kleinen Kreis von Trauergästen, Familie und engen Freunden, angeführt von Milan, der zusammen mit seinem Opa über die Jahre diese Strecke unzählige Male gelaufen ist. Ich spreche mit Peters bestem Freund über abwesende Väter, Deutschland als postnationalsozialistischen Gesellschaftsraum, über subkutane Weitergabe von Verhaltens- und Umgangsformen, Theweleits *Männerphantasien* und den Begriff der *Übertragung*, der mich zunächst an nachterminliche Geburten denken lässt und an umgangssprachliche Bedeutungen des Wortes, Übertragung der Diskussion im Radio, oder an schulische Bereiche, Übertragungsleistungen, also die Anwendung von erworbenen Fähigkeiten und Wissen – Denkmuster, Ganglien, Erdfraß – auf neue Kontexte. Ob ich mit dem Begriff der *Übertragung* etwas anfangen könne, fragt mich also Peters Freund, der mit ihm zusammen in den Sechzigerjahren Pädagogik und später dann noch Psychologie studiert, der Begriff sei einer der wenigen aus dem Arsenal der psychoanalytischen Termini, die er bis heute wirklich produktiv fände. Er habe einmal in der ersten Seminarsitzung der vor ihm sitzenden Gruppe von dreißig Studierenden erklärt, was sein Lehrvorhaben im Verlauf des Semesters sei, welche Texte sie lesen, welche Begriffe sie kennenlernen würden, und dann sei eine Studentin, der er zuvor noch nie begegnet sei, aufgestanden und habe in offenkundiger Erregung gesagt, das mache sie nicht mehr länger mit.

– Das mache ich nicht mehr länger mit, hat sie gesagt, sagt Peters Freund, und dann hat sie ihre Sachen genommen und den Seminarraum verlassen.

Monate später habe dieselbe Studentin dann in seiner Sprechstunde gesessen, sich für den Vorfall entschuldigt und gesagt, sie habe in dem Moment in ihm nur noch ihren Vater sehen können. Eine Übertragung sei eigentlich immer, so Peters Freund, ein *Irrtum in der Zeit*, eine *der Situation unangemessene und in den Emotionen zu starke Reaktion*.

Einige Tage später brüllt mich Milan an, weil Judith und ich ihm nicht erlauben, auf meinem Rechner im Netz nach einem neuen *Star Wars*-Legoset zu suchen, nachdem er zwei Tage zuvor gerade ein Paket mit einem ebensolchen Legoset erhält; er packt das Set aus, spielt zwei Stunden damit, und schon muss neues Lego her, ohne dass er sich überhaupt ausgiebig mit dem aktuellen beschäftigt. Mir gefällt die Konsumhaltung daran nicht und auch nicht, dass diese Suche nach dem nächsten Set wiederum Bildschirmzeit bedeutet, ein Nachgeben gegenüber der schier unendlichen Konsumpotenzialität des Internets, abgesehen von einer bei mir resignativ herabgedimmten Abneigung gegen diese viril grundierten Weltraumkriegssimulationen, und dass ich qua meines Endgerätes und des Bestellprozesses, den ich für Milan übernehmen muss, zum Gehilfen eines Vorgangs werde, der mir aus diesen grundsätzlichen Überlegungen heraus eigentlich zuwider ist. Milan besteht aber darauf, dass er mit seinem angesparten Taschengeld anstellen dürfe, was er wolle. Ich versuche, ihm zu erklären, warum ich jetzt meinen Rechner dafür nicht hergeben möchte, statt einfach nur kategorisch diese Möglichkeit auszuschließen, aber sofort brüllt mich Milan an, packt wüste Beschimpfungen aus, ist für kein Argument mehr erreichbar. Eigentlich möchte ich schon vor einer halben Stunde aufbrechen in die Arbeitswohnung, um an meinem Romanprojekt zu arbeiten, zugleich möchte ich am liebsten zu Hause bleiben, um mich heute nicht mehr in dieses Bergwerk des Textes, dieses Faltengebirge, in diese ausufernde Kartierung meiner inneren Topografie hineinbegeben zu müssen, diesen Kontinent voller weißer oder, genauer, schwarzer Flecken, den ich jetzt nach Wochen des Nicht-Schreibens aufgrund der Turbulenzen rund um Peters Krankheit und Sterben wiederaufnehmen will und eben zugleich nicht will; ich warte mit dem Aufbruch in die Arbeitswohnung nur noch auf Judiths aus verständlichen Gründen verspätete Heimkehr, damit sie die Betreuung der Kinder übernimmt. Ich bleibe Milan gegenüber ruhig, auch wenn ich innerlich koche vor Wut, weil ich es hasse, so angeschrien zu werden, und reagiere auf sein Geschrei, auf diese Momente kindlicher Verbalgewalt, mit kalten Argumenten, erwachsener Rationalität, in vollem Bewusstsein, dass ich gerade als Vater versage, was aber nicht dazu führt, dass ich die starre Verweigerung seines Wunsches aufgebe, was ihn nur umso wütender macht und in einer Art Spiegelung mich ebenfalls, auch wenn ich dem Impuls, zurückzubrüllen, nicht nachgebe. Nach diesem Tag Homeschooling-Betreuung samt Frustschleifen und Entspannungsphasen, mit meiner Müdigkeit, vor allem aber mit der ganzen unerlösten Gegenwut werde ich unmöglich schreiben können. Dieser Gedanke kommt plötzlich und verselbstständigt sich, wird zu einer Art selbsterfüllenden Prophezeiung; ich stelle mir vor, wie ich auf Milan einschlage, *blutiger Brei*, heißt es bei Theweleit, *leerer Platz*, was ich real natürlich nie tun möchte, nie tun würde, zugleich hasse ich mich für diese Gewaltvorstellung, die in meinem Kopf nicht nur Milan, sondern auch mich selbst trifft. Judith kommt nach Hause, ich packe meinen Rechner ein, fahre zur Arbeitswohnung, gebe nach einer guten Stunde das Vorhaben, mit dem Romanprojekt irgendwie weiterzukommen, wieder auf, fahre nach Hause, die Kinder schlafen, Judith kommt erstaunt aus der Küche, fragt, was los sei, ich sage, ich könne nicht schreiben, wolle aber auch nicht darüber reden, morgen sei ein neuer Tag, heute käme ich aus der Schleife nicht mehr heraus, putze die Zähne, lege mich ins Bett und denke an Verben der Auslöschung, zerkleinern, zerpulvern, liquidieren, vernichten, zernichten, nichten, Schlaf.

Freud schreibt zum Phänomen der Übertragung: *Die Libido hat sich (ganz oder teilweise) in die Regression begeben und die infantilen Imagines wiederbelebt.* Damit ist ziemlich genau umrissen, was mir passiert – Milans Aggressivität triggert bei mir die Erinnerung an die eigene Ohnmacht als Kind gegenüber dem aggressiven Vater. Statt souverän zu reagieren, begebe ich mich in Schleifen der weitgehend unausgelebten Zerstörungswut, werde selbst zumindest in Facetten zu diesem Vater, der ich nicht sein möchte. Das protofaschistische Ich kratzt sich nach oben.

Ich fahre von zu Hause aus los in Richtung Arbeitswohnung, biege vor dem Neuköllner Schifffahrtskanal in die Ziegrastraße ein. Vor dem Schrottplatz zweige ich von der Straße ab und fahre vor bis zur Ufermauer, der Kanal ist gefroren, auf dem Eis schlittern ein paar Jugendliche herum.

– Alles hart!, rufen sie.

Aber die Ufermauer ist zu hoch, um mit dem Fahrrad hinunter auf das Eis zu kommen. Hinter der Teupitzer Brücke finde ich schließlich eine die Uferböschung hinunterführende Steintreppe. Obwohl ich genau weiß, dass das Eis nach zwei Wochen mit Temperaturen zwischen zwei und sechzehn Grad unter null mehr als eine Handbreit dick sein muss, bleibt es trotzdem seltsam, tatsächlich von der Ufermauer auf den Kanal zu steigen. Ich schiebe mein Fahrrad in den Abend hinein, auf dem Eis, an einem unmöglichen Ort, über eine in Zeiten des Klimawandels geradezu irreale Bahn, wenige Meter neben dem Weg, den ich schon Hunderte Male fahre, von zu Hause zur Arbeitswohnung und zurück, nur jetzt etwa drei Meter unter dem Niveau der Straße oben, auf Höhe der umfrorenen Keller der Häuser rechts und links. Ich stelle mir vor, der Kanal würde trockengelegt und als S-Bahn-Trog genutzt, ausreichend breit und tief wäre er und eine perfekte Strecke, um die notorisch überfüllte Buslinie M41 zu entlasten. In einem der vergangenen Sommer fahre ich hier auf einem Ausflugsdampfer entlang, ich komme nur unmerklich schneller voran als jetzt, und auf dem Oberdeck sitze ich ziemlich genau auf gleicher Höhe, auf der mein Kopf nun über das Eis gleitet.

Von hier unten wirkt die Architektur zu beiden Seiten eindrucksvoller, zugleich sind die Straßenzüge als ganze leichter zu erfassen, die Berliner Gründerzeit-Blockrandbebauung mit Erdgeschoss, vier Obergeschossen und Dachgeschoss, mal ausgebaut, mal als graue Kappe obenauf, zwischendrin immer wieder Neubauten mit modernen Akzenten, anderen Geschosshöhen. Es fängt an zu schneien. Das Restlicht des Tages vergeht, die Farben schwinden, ich laufe durch Weiß- und

Grautöne, das Licht der Gaslaternen, die schon längst nur noch mit Leuchtdioden betrieben werden, erzeugt in der Grieselluft kugelförmige Halos von etwa zwei Meter Durchmesser um die Lichtquellen, der Verkehr ist von hier aus nicht zu sehen und bei dem Schnee auch fast nicht mehr zu hören, die Verschiebung im Raum um wenige Meter zur Seite und nach unten bedingt einen Shift in der Zeit, ich laufe durch Polaroids, durch flämische Landschaftsmalerei, durch ein Berlin von vor hundertdreißig Jahren, unter den Brücken ist das Eis schwarz, abermals ein mulmiges Gefühl, dieses andere Eis zu betreten, das von Eisseglern und Schlittschuhläufern begehrte *black ice*, das keinen überfrorenen Schneematsch trägt und das, stelle ich mir vor, solange es noch ohne Kratzer ist, bei Tageslicht direkt bis auf den Grund blicken lässt.

Vor dem Fenster der Baum im Licht der Dämmerung. Seine blattlosen Äste strecken sich als Konturen himmelwärts, seine Wurzeln reichen etliche Meter tief, berühren einen Pilz, dessen Größe unvermessen ist, dessen Ausläufer sich bis hoch in den Norden ziehen, unter die Hügel Holsteins, bis zur Geltinger Bucht und unter den Ostseeschlamm, südlich bis zu den Alpen. Dieser Pilz strahlt matt und nachtschwarz, liegt unter den Wohnungen, unter den Schulen, den Schlafstätten und Küchen, unter jedem unserer Schritte, unter den Gesprächen und tief in den Gehirnen, ein dauerndes Präsens:

Wir stehen in Reih und Glied. Augen geradeaus, Schnauzen voran, wir verschmelzen zu einem Körper. Geheckkörper. Und ab. Frühstück an langen Tischen. Stube, Bettenmachen, eingepisst und zugenäht. Fingernagelappell, Stichkontrolle, Unterricht. Die Lunge eines Vogels, an den Seiten die Luftsäcke. Doktor Allwissend, der kleine Gauß. Dafür setzt es was. Langer Marsch in voller Montur. Und ab.

Fast nichts erfahre ich von meinem Vater zu seinen zwei Jahren in der *Nationalpolitischen Erziehungsanstalt Stuhm.* Er tritt 1943 mit zehn Jahren dort ein, im Januar 1945 wird die Schule evakuiert und für die letzten Kriegswochen mit der *Napola Plön* zusammengelegt. Mein Vater spricht immer nur von dem geografischen Ort, wenn er das Internat in den Jahren meiner Kindheit erwähnt, *In Stuhm haben wir*, *In Stuhm bin ich*, *In Stuhm gab es*, und scheinbar nur in neutralen oder auch positiv eingefärbten Zusammenhängen, ich erfahre nichts über ideologische Prägungen, nichts darüber, dass es eine Einrichtung ist, die Täter ausbildet, willige Vollstrecker, den Idealtypus des kommenden nationalsozialistischen Menschen. 1991 besuchen wir auf unserer Reise durch Polen diesen Ort, Sztum, wie er heute heißt, ich erinnere mich an ein Kasernengebäude aus rotem Backstein oder mit rötlichem Mauerputz, vielleicht legen sich aber auch andere Schulgebäude, die ich sehe, über das erinnerte Bild, steht das betreffende Gebäude aus meiner Erinnerung in einer anderen Stadt.

Wir verbeißen unsere Zähne ineinander, Merze und Lese. Das Morsche weg. Die Rute haarlos und ab. Geländespiel im Moor. Wandervogel flieg. Kraft der seelischen Überlegenheit. Selbstlose Hingabe im Dienste der Füchse. Eins minus in Wehrwissenschaften. Stuben, Gruppenführer, Zugführer. Vier Fuchszüge bilden eine Hundertschaft. Wer Schwächen zeigt, kommt auf die Absterbeliste. Und ab.

Um besser zu verstehen, wie diese *Nationalpolitischen Erziehungsanstalten* strukturiert sind, die in der offiziellen Diktion der Dreißigerjahre mit *NPEA* abgekürzt, im Volksmund aber meist nur als *Napola* bezeichnet werden, lese ich zu diesen Einrichtungen alles, was mir in die Finger kommt. Zu der *Napola Stuhm* findet sich fast nichts, vermutlich weil die Stadt heute in Polen liegt. Ich finde eine ausführliche Dokumentation der *Napola Plön*, die, wie ich dort erfahre, auch schon vor dem Krieg regen Austausch mit der *NPEA Stuhm* pflegt, zwei Erzieher aus Plön übernehmen zeitweise die Leitung der Stuhmer Einrichtung, es gibt wechselseitige Schülerbesuche und gemeinsame Wettkämpfe. Ein pädagogisches Konzept im engeren Sinne gibt es an den *Napolas* nicht, eher ein Bündel an Leitsätzen, die Ideen der nationalsozialistischen Ideologie umsetzen sollen, um so den *neuen Typ* des *NS-Menschen* zu schaffen. Es geht dabei nicht um Vermittlung, sondern um *Zucht*. Ziel ist, dass *in zwei bis drei Generationen* der *neue Mensch* erreicht sei. An die Stelle empathischer Pädagogik tritt ein biologistisches Prinzip. Bildung bedeutet hier Umbildung, totalitäre Formung, mit dem Ziel, absoluten Gehorsam zu erreichen und jedwede Individualität zu unterdrücken. Den Schülern wird fortlaufend eine paradoxe Botschaft vermittelt, indem ihnen einerseits deutlich gemacht wird, dass sie nach harter Auslese zu den wenigen Besten gehören, dass sie Teil der kommenden Elite des NS-Staates sind, andererseits wird permanent die

Drohung aufrechterhalten, dass sie auf die *Absterbeliste* geraten könnten, also der Schule verwiesen werden, aufgrund von Renitenz, bei körperlichem oder schulischem Leistungsabfall. Diese Double-bind-Botschaft: *Du gehörst zu den Besten, aber wir vermuten, dass du nicht zu den Besten gehörst*, lässt keinen Spielraum zur Selbsterfahrung. Durchgesetzt wird dieses Leistungsprinzip durch wechselnde Unterverantwortlichkeiten der Schüler, die andauernd in Gruppen zusammengefasst werden. Wann immer eine Gruppe das vorgegebene Ziele nicht erreicht oder von den Vorgaben abweicht, wird die gesamte Gruppe kollektiv bestraft. Rache und Bestrafung, Rangeleien, Schikane der jüngeren Schüler durch die älteren sind an der Tagesordnung. Zugleich entsteht unter den Schülern ein starkes Gruppengefühl – die eigene Stube, der Zug, die Hundertschaft, die *Napola*, die Gemeinschaft der *Napolas* gegenüber den übrigen Schulen des Reiches, Deutschland gegen den Rest der Welt, die *arische Rasse* gegenüber allen *Nichtariern*, die Menschheit gegenüber dem Tierreich, das Lebige gegenüber dem Toten, die Erde gegenüber dem Kosmos, eine sich ins Unendliche fortsetzende, saubere, in den einzelnen Oppositionen binäre Reihe, die im Ganzen pyramidal angeordnet ist, mit den *Napola*-Schülern an der Spitze. *Napola*-Schüler sein heißt, aufzugehen in einer sozialen Massenskulptur, Teil dieser entindividualisierten Menschenreihen zu werden, die sich blondhaarig und blauäugig in riefenstahlscher Ausleuchtung zu schier endlosen Formationen von soldatischen Körpern aufreihen, um für die Idee von Vaterland und der Überlegenheit der eigenen *Rasse* fröhlich in den Tod zu marschieren.

Die Nichtschwimmer vom Fünfer springen lassen. Wer sich nicht traut, fliegt. Die Füchse im Felde unbesiegt. Jungmann vom Dienst, Führer vom Dienst. Frühstück, Abmarsch, Schuhappell. Fingernagelappell. Den Mund mit Seife auswaschen, das

Benzinige, die Salze der Seife. Straffegen, Stuberein, Schuhe wichsen für die Älteren. Und ab.

Fuchs werden: Ich schreibe für die Bewerbung meinen Lebenslauf. Vierte Klasse, Sohn eines traurigen Fleischers. Mein Deutschlehrer sagt: Salamon ist nicht gleich Salomon. Du bist kein kein Viertelsalomon. Du bist nichts, die Füchse sind alles. Pflichterfüllung die Eskaladierwand hoch. Das eskaladiert sich nicht. Die Abgehängten halten die ganze Hundertschaft zurück. In Verschiss getan. Nackt hinlegen auf den Tisch, Koppelstrophe, die Köpfe hoch, die Schnauzen fest geschlossen, solang die Strophe geht, so lange karbatschen die Koppelriemen der Kameraden auf den nackten Rücken, die Beine, das Gesäß. Ich ein Bündel aus Muskeln, Haut und Blut, Knochen und Sehnen. Ich nichtig, der Körper in Spannung, sich dehnend, drängend, nach unten durchplatzen. Nicht-Ich. Der Körper kennt nur noch Schmerz. Schmerzperipherie, aus welcher das Exoskelett hervorbricht und sich um das Fleisch legt. Der Zahnfips kommt, zieht die letzten Milchzähne, das Blut in den

Eimer spucken und ab. Süßer Triumph des Geistes über das schwache Fleisch. Verschiss und zugenäht.

Mein Telefon klingelt, meine Schwester Uta ist dran, sie möchte mit mir über ein paar Dinge sprechen, weil sie nicht dauernd alles, was unsere Familie betreffe, mit ihrem Mann besprechen könne. Eines unserer Geschwister, habe ein anderes Geschwister ihr erzählt, rufe gelegentlich bei unseren Eltern an, um dann eine halbe Stunde lang am Telefon zu schimpfen. Zuletzt sei der Anlass der Weihnachtsbrief aus dem Jahr 1985 gewesen. Der Weihnachtsbrief ist ein Ritual, das unsere Eltern seit Jahrzehnten pflegen, bei dem sie ihren Freunden ein Familienfoto schicken und von den zahlreichen Reisen und Auslandsaufenthalten berichten und davon, was sonst noch Erfreuliches passiert ist. Zentral an diesen Briefen ist jeweils, was wir Kinder erreicht haben, Lebensstationen wie Schul- oder Studienabschlüsse, Konfirmationen, später Hochzeiten, die Geburten von Enkeln, pro Kind fallen dort meist ein oder zwei Sätze. Ich erinnere mich daran, dass ich als Schulkind diesen Brief immer mit einer gewissen Spannung lese, wenn mein Vater ihn Ende November in einem Ausdruck von der Arbeit mitbringt, bevor er vervielfältigt und in den nächsten Wochen von unserer Mutter, versehen mit ein paar persönlichen Worten, die jeweiligen Empfänger betreffend, in rund hundert Exemplaren in die USA, nach Japan, Frankreich und Israel verschickt wird – die Spannung besteht im Wesentlichen darin, zu erfahren, wie ich selbst in dem Brief vorkomme, *ist jetzt auch aufs Gymnasium gekommen* oder *ist auch dieses Jahr wieder Landesmeister im Florett geworden und hat an den deutschen Meisterschaften in Essen teilgenommen.* Nie ist in diesen Briefen von unseren Krankheiten, den Trennungen, Verlusten, Arbeitsabbrüchen die Rede.

Unsere Mutter entsorgt beim Durchsehen und Ausmisten

von alten Papieren ein Exemplar dieser Briefe, eben den Weih-nachtsbrief aus dem Jahr 1985, im Altpapier, wo unser Vater ihn zufällig findet. Er fotografiert ihn ab und schickt ihn uns Kindern, als nostalgisches Dokument aus der Vergangenheit. Auf diesen Brief habe unser Geschwister jetzt in einem Tele-fonat mit den Eltern Bezug genommen, so meine Schwester, und sich darüber beschwert, dass es, unser Geschwister, in diesem Brief von 1985 gar keine Erwähnung gefunden habe, was ein weiteres Indiz dafür sei, dass es und seine Leistungen schon immer nicht adäquat gewürdigt worden seien. Ähnlich gelagerte Anrufe unseres Geschwisters habe es in der Vergan-genheit schon verschiedentlich gegeben, habe dieses andere Geschwister meiner Schwester Uta erzählt. Letztlich gehe es dabei immer um Themen wie mangelnde Anerkennung oder Wertschätzung. Unsere Eltern bedrückten diese Anrufe, aber sie trauten sich nicht, davon uns anderen Kindern zu erzäh-len. Ob das so stimmt oder ein Gerücht darstellt, das sich in der Weitererzählung ausgestaltet und vergrößert hat, kann ich nicht beurteilen, auch unter uns Geschwistern kommt es im-mer wieder zu subtilen Lagerbildungen und Ausschlüssen, und auch ich selbst kann an mir immer wieder rückblickend beobachten, wie ich bei solchen Parteibildungen und dezen-ten Ausgrenzungen unbewusst mitmache. Wenn die Erzählung von Uta denn einen wahren Kern hat, dann sind diese gele-gentlichen Anrufe sicherlich Ausdruck einer tiefen Verletzt-heit dieses Geschwisters. Und zugleich sind sie Teil dessen, was Uta gelegentlich diese *Familienkrankheit* nennt, für deren Linderung eigentlich eine Familientherapie notwendig wäre, die aber wohl nicht mehr zustande kommen werde.

Appellstehen. Das Schwache muss weg. Gewalttätige, herri-sche, unerschrockene Füchse. Zucht und Wahl. Totale Assimi-lation, Formung des deutschen Fuchses aus seinem innersten

Wesen, seinen Trieben und Instinkten heraus. Füchse ab. Zu Tisch: Trink, was klar ist, iss, was gar ist, sprich, was wahr ist. Wohl bekomm's! Kampf des Fuchses als inneres Erlebnis.

Sportliche Alleskönner mit weltmännischer Attitüde. Anschleichspiele, Zeltbau, Tarnnutzen, Meldewesen, Kopfballistik. Sonntägliche Rollereien. Schleifen der Fuchsschnauzen. Ab.

Je mehr ich zum Thema *Napola* lese, desto deutlicher erscheinen mir unsere Familienwerte und -strukturen von dieser Institution geprägt. Die Idee, als Gruppe, als Kohorte etwas Außergewöhnliches darzustellen, zur Elite zu gehören, fällt mir dabei als Erstes auf, also das, was ich inzwischen für mich manchmal als *Brodowsky Exceptionalism* oder in Anlehnung an das Konzept von *White Supremacy* auch als *Brodowsky Supremacy* bezeichne. Solche Ideen von Überlegenheit mag es, mal spielerischer, mal ernsthafter, in vielen Familien geben, ich habe das Gefühl, dass sie in unserer Familie besonders ausgeprägt sind – was als Beobachtung natürlich selbst wieder eine ins Negative gewendete Kehrfigur dieses Exzeptionalismus darstellt. Aber die Vorstellung, etwas Besonderes zu sein, zeigt sich in unzähligen Details und zeitigt zugleich zahlreiche Symptome und Neurosen, angefangen bei einer gewissen Verachtung von Äußerlichkeiten, insbesondere Bekleidungsfragen, bei denen alles Modische rundheraus abgelehnt wird. *Mehr sein als scheinen.* Dieses zentrale *Napola*-Motto, das auf die Klingen der sogenannten *Seitengewehre* ziseliert ist, Schmuckdolche, die *Napola*-Schüler als Dreizehnjährige in einer feierlichen Zeremonie überreicht bekommen, das zugleich auch in die Unterwäsche ihres Bewusstseins eingestickt wird, auf die Innenseiten ihrer Hirnschalen geschliffen. Aus dieser Idee, etwas anderen Überlegenes darzustellen, resultiert zugleich ein enormer Leistungsdruck, der sich in Versagensangst äußert, in einem Gefühl permanenten Ungenügens, der Angst, den väterlichen Ansprüchen nicht gerecht werden zu können, im Licht der Familie als ein mit einem lediglich durchschnittlichen oder nur kaum überdurchschnittlichen kognitiven Vermögen ausgestattetes Individuum durch die Welt zu tapern. Permanente Selbstüberschätzung, übertouriger Ehrgeiz sind die Folge, Arroganz gegenüber allen Personen, die nicht zur Familie gehören, und in depressive Spiralen metastasierende Lähmungen, insbesondere anspruchsvolle Aufgaben anzugehen, die einem die Grenzen des eigenen Vermögens aufzeigen könnten, und damit den Beweis anzutreten, dass man doch nicht vollgültig dazugehört, dass man keine Ausnahme darstellt, was sich bei mir zu selbstbestätigenden Ängsten auswächst. Zur Selbsterzählung unseres Vaters gehört das Leiden daran, auf der Karrierestufe C3-Professur stehenzubleiben, nicht genügend zu publizieren, um den seiner Meinung nach eigentlich verdienten Ruf auf eine C4-Professur zu erhalten, auch wenn der Korpus seiner Forschung im Kern, laut unserem Vater, eine viel breitere Rezeption und Wertschätzung verdient hätte. Auch die Organisation größerer Tagungen, etwa einer *Bunsentagung* 1998 oder der großen sogenannten *Natotagung* 1987 mit dreißig Wissenschaftlern aus diversen Natomitgliedsländern, unterstreiche diese weitreichende Bedeutung seiner Arbeit, die wohl vor allem wegen der gegen ihn paktierenden Kollegen aus den benachbarten Instituten nicht die angemessene Anerkennung erfahren habe, so unser Vater. Vielleicht spiele aber auch eine Rolle, dass er zu wenig publiziert habe, sich mit dem Abfassen und Auswerten seiner hervorragenden Forschungsergebnisse immer schwergetan habe, er habe immer wieder einen regelrechten *writer's block* gehabt. Und auch bei uns Kindern ist früher dieses Selbstbild als Elite bei gleichzeitiger Versagensangst in unterschiedlichen Abschattungen konstitutiv, und ich kann zumindest für mich sagen, dass es in Wellen immer wieder unwillkürlich auftaucht. Nebeneffekte dieser Selbstüberhöhung sind die Verachtung alles Populärkulturellen, die Abgrenzung gegenüber Mitschülerinnen und

Mitschülern, mangelnde Assimilation in das norddeutsche Umfeld, ein ausgeprägtes Distinktionsverhalten im Feld des Alltagssprachlichen, was sich als spleenige Lust, einen möglichst weitschweifigen Wortambitus zu pflegen, bis in mein gegenwärtiges Schreiben hineinzieht. Auf *Napola*-Prägungen ließe sich auch der unkörperliche Umgang mit Mitmenschen zurückführen, das schamhafte Beschweigen alles Sexuellen.

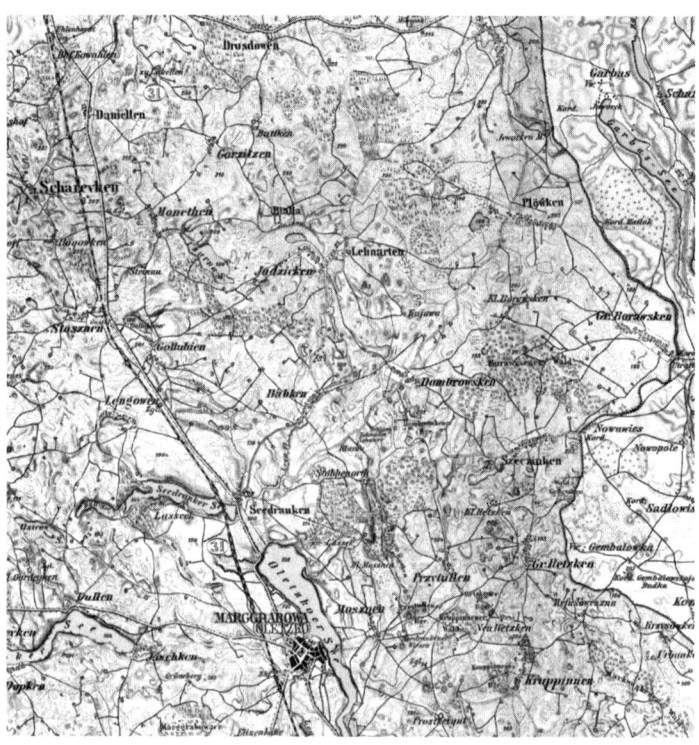

Wettschwimmen bei vier Grad. Ohnmacht bis zur Bewusstlosigkeit. Ohnlust. Ohnwusstigkeit. Aufgehen des Körperpanzers in der Reihe, im Glied, in den gehauenen Zügen, den gemeißelten Hundertschaften, Lust, niemandes Schlaf zu sein, das ganze Feld voller Ordnung, reine Tat, reiner Muskel des Fuchs-, des Volkskörpers. Schwarzes Fenster. Regenbogenbefehl. Und ab.

Meine Schwester und ich sprechen am Telefon noch eine Weile weiter. Übrigens glaube sie, sagt meine Schwester, als wir auf die Kindheit unseres Vaters zu sprechen kommen, dass unser Großvater wahrscheinlich depressiv und dass dieser Arbeitsunfall, bei dem er sich die tödliche Blutvergiftung zugezogen habe, womöglich ein verkappter Suizidversuch gewesen sei. Das habe unser Vater aber nie so dargestellt, wende ich ein. Das stimme schon, sagt sie, aber eigentlich müsse unser Großvater als Fleischer Routinen gehabt haben, um solche Unfälle um jeden Preis zu vermeiden. Zumindest habe es vielleicht eine Lebenserschöpfung gegeben, ein Lässigwerden bei den Vorsichtsmaßnahmen, eine gewisse Inkaufnahme des Risikos, an einer Schnittwunde zu sterben. Auf eine Art passe das zu meinem Bild dieses Großvaters, sage ich, seiner vermutlich selbst für damalige, postwilhelminische Zeiten hohen Aggressivität gegenüber seinen Kindern, aber auch dem Eigensinnigen, Eigenbrötlerischen, mit dem unser Vater seinen Vater beschreibt. Und zu dem Familiengerücht, dieser Großvater sei nicht ganz bei klarem Verstand gewesen, etwas neben der Spur, was unser Vater jedoch immer wieder mit Vehemenz bestreitet. Als ich meinen Vater einige Monate später darauf anspreche, sagt er, das glaube er nicht, das widerspräche den Einstellungen seines Vaters fundamental, er habe ja eine Pflicht gehabt, die Familie zu versorgen, da trete man nicht einfach ab, das sei komplett unrealistisch.

Insgesamt, das fällt mir bei dem Gespräch mit meiner Schwester wieder auf, bleibt das Wissen über diesen Vater unseres Vaters sehr diffus und schemenhaft, anfällig für Projektionen aller Art, verschüttet, unzugänglich, wie eine Karte von vergessenen Dörfern, die heute in einem anderen Land liegen, nur noch eine Handvoll überwachsene Grundsteine, zwei, drei verkrebste Obstbäume erinnern daran, dass hier einmal Menschen leben, Gras mähen, Kühe schlachten, schlafen, Glück empfinden, ihre Eltern beerdigen, Suppe essen, heiraten und Kinder schlagen.

Ich lese im Netz ein Interview mit dem Wirtschaftshistoriker Davide Cantoni, der zusammen mit zwei Kollegen eine Studie zur regionalen Verteilung von rechtsextremen Einstellungen in einzelnen Wahlkreisen bei den Reichstagswahlen 1933, 1930 und 1928 und den Wahlergebnissen der Bundestagswahl 2017 macht. Dabei stellt sich heraus, dass es in vielen Landkreisen eine hohe Korrelation zwischen überdurchschnittlichen Ergebnissen für die NSDAP Anfang der Dreißigerjahre und vergleichsweise hohen Ergebnissen für die AfD 2017 gibt. Für Mittel- und Großstädte lässt sich das nicht nachweisen, wohl weil dort andere Einflüsse, Zu- und Wegzug, vor allem aber die heterogene Mischung von Menschen samt ihren unterschiedlichen Einstellungen und Lebenserfahrungen, zu mehr Toleranz und weniger Kohortendenken beitragen. Cantoni: *Politische Traditionen werden dann eher weitergegeben, wenn sich Menschen in einer Community bewegen, in der sie relativ wenig Kontakt zu anderen Leuten, anderen Denkweisen, anderen Lebensstilen haben. […] Sozialisierung findet auf vielen verschiedenen Wegen statt. Gut erforscht ist, dass es eine relativ hohe Korrelation gibt im Denken von Eltern und Kindern. […] Auch wenn wir oft das Beispiel vor Augen haben, bei dem die Eltern Altnazis waren und die Kinder dann zu Achtundsechzigern wurden, sind solche oppositionellen Identitäten eher die Minderheit.* Viel häufiger komme es vor, dass Eltern ihre Einstellungen an ihre Kinder weitergeben und diese an neue Zeiten angepasst, aber weitgehend bruchlos übernommen werden. Dass Sozialabbau, der Verlust von Arbeitsplätzen oder die Entstehung sogenannter muslimischer *Parallelgesellschaften* für das Aufkommen rechtspopulistischer Parteien zentral seien – wie das viele Kommentatorinnen und Kommentatoren etwa in Frankreich in Bezug auf Le Pen oder bei den Schwedendemokraten oder in den Niederlanden in Zusammenhang mit Geert Wilders meinen beobachten zu können –, diese häufig vorgetragene Idee greife für Deutschland zu kurz. Denn sie erkläre, so Cantoni, den Aufstieg der AfD speziell in Deutschland eben nicht schlüssig, da es hier immer noch eine starke Industrie mit gut bezahlten Arbeitsplätzen gebe und die Arbeitslosigkeit in den zehn Jahren vor der Bundestagswahl konstant gesunken sei. Cantoni weiter: *Die AfD ist dennoch immer stärker geworden. Es gibt also nicht den einen Grund, sondern eher eine Vielzahl an Erklärungsfaktoren, die da zusammenspielen. Unsere Hypothese, dass da eine kulturelle Tradition von rechtsgerichtetem, rechtspopulistischem Denken eine Rolle spielt, ist ein Teil zur Lösung dieses Puzzles.*

Dieser Befund lässt sich ziemlich nahtlos auch auf Teile meiner Familie übertragen. Insbesondere meine älteste Schwester, Sigrid, übernimmt viele der nationalkonservativen Einstellungen unseres Vaters und radikalisiert diese. Auffällig ist dabei, dass sie einen sehr begrenzten Freundeskreis hat, zugleich sind einige von diesen wenigen Menschen oft selbst nationalkonservativ ausgerichtet – die perfekte Echokammer. Moderierende Einflüsse sind vor allem wir anderen Geschwister, aber häufig haben wir den Eindruck, in diesen Fragen nicht wirklich zu ihr durchdringen zu können. Was Cantoni und seine Kollegen für Deutschland postulieren und in Kartenmaterial anschaulich machen, lässt sich also auch auf der inneren Topografie unserer Familie abbilden.

Schweigend halb im Traum. Sonnenaufgang des Reiches. Radkreuz und Urd-Bogen. Das Ich bezwingen, das Leben der Gemeinschaft der Füchse weihen. *An die Toten: Die pfosten faulen alle angeln rasseln / Bald wird im morschen bau die flamme prasseln.* Das innere geheime Deutschland einziehen. Mephisto, Faust und Muskel. Leben gilt nichts, wenn es nicht eingesetzt wird für die Nation. Richtzahl acht Kinder, weil wir Füchse mit vererbbaren, hervorragenden Fähigkeiten sind. Drei Minuten in Habachtstellung unter der kalten Dusche stehen. Schwarze Stiefel, schwarze Strümpfe, braune kniefreie Hose, Leibriemen mit Tragegerüst, Rockbluse. Härte und Ernst bei der Ausführung geringfügigster Dinge. Ab.

Das lateinische Adjektiv *ater* bedeutet übersetzt *schwarz*, aber anders als das semantisch teils synonyme *niger*, das sich vor allem auf die Farbe bezieht und ein glanzvolles Schwarz bezeichnet, hat *ater* eher die Bedeutung *stumpf schwarz* und dementsprechend einen größeren Hof an Konnotationen: Lateinisch-deutsche Wörterbücher geben als Bedeutungen neben *schwarz* auch *trüb*, *dunkel*, *düster*, *traurig*, *grauenvoll*, *übelwollend*, *neidisch*, *böse*, *giftig*, *hämisch* an. Über jüdisches Leben in Ostpreußen findet sich im Internet und in Archiven vergleichsweise wenig, keine Monografien, keine zusammenfassenden Darstellungen. Lediglich ein Katalog zu einer Ausstellung mit dem Titel *Juden in Ostpreußen* ist antiquarisch erhältlich, die Ausstellung wird 1998 im Ostpreußischen Landesmuseum in Lüneburg gezeigt. In dem Katalog finden sich eine Reihe von Dokumenten zu jüdischem Leben in Ostpreußen seit dem sechzehnten Jahrhundert bis zum Beginn des zwanzigsten Jahrhunderts. Das Buch konzentriert sich im Wesentlichen auf die jüdische Community in Königsberg, aber keine der Spuren führt nach Olecko / Treuburg. Aus den Erzählungen meines Vaters weiß ich, dass es damals in Treuburg eine Synagoge und demnach auch eine jüdische Gemeinde gibt, die in den Pogromen rund um den 9. November 1938 verwüstet wird. Nach weiteren Recherchen finde ich einen kurzen Eintrag zu Treuburg in der *Encyclopedia of Jewish Life Before and During the Holocaust*. Daraus geht hervor, dass es in Treuburg beziehungsweise dem damaligen Marggrabowa mindestens seit 1834 eine jüdische Gemeinde gibt, die jüdische Bevölkerung 1847 einundsiebzig Personen umfasst und um 1880 auf rund hundert Gemeindemitglieder anwächst. 1933 leben laut dieser Quelle zwischen siebzig und achtzig Jüdinnen und Juden in Treuburg, im Mai 1939 sind es dann nur noch fünfundzwanzig im gesamten Landkreis. *Of those who emigrated, some of the younger Jews arrived in Palestine. Those who did not manage to leave were deported to Biala Podlaska, probably in Jan. 1940, in one of the first deportations of German Jews.* Als ich diesen letzten Satz in der Bibliothek des Zentrums für Antisemitismusforschung lese, bin ich einen Moment lang beinahe froh, dass ich ein wenig mehr über das Schicksal der Jüdinnen und Juden von Treuburg erfahre, dass eine kleine Konkretion das Bild ergänzt, das ich aus den Schilderungen meines Vaters habe. Zugleich muss ich sofort an meinen Großonkel denken: Ist er für diese frühen Deportationen verantwortlich, vielleicht der Organisator oder Antreiber dieser besonders eilfertigen Deportationen, um Deutschland, wie es damals heißt, *judenfrei* zu machen? Mein Großonkel ist seit fünfzig Jahren tot, andere Zeitzeugen oder Dokumente dazu sind nicht auffindbar. Über das Ghetto in Biała Podlaska erfahre ich, dass hier im März 1942 insgesamt achttausendvierhundert Jüdinnen und Juden interniert sind und bis Oktober 1942 vom *III. Bataillon des Polizei-Regimentes 25*, dem früheren *Reserve-Polizei-Bataillon 101*, beinahe vollständig in die Vernichtungslager Majdanek, Sobibor und Treblinka deportiert werden – die ausschweifende Grausamkeit dieser Männer dokumentiert der Historiker Christopher Browning, auf dessen Forschungsergebnisse wiederum Harald Welzer in seiner Studie *Täter* zurückgreift. Ater. Land der dunklen Wälder / Land der dunklen Uniformen. Deborah Feldman habe einmal bei einer Veranstaltung von einer Reise über österreichische Dörfer erzählt, berichtet mir eine Freundin, und Feldman habe gesagt, dass sich in jedem Dorf ein Ehrenmal für die gefallenen Soldaten des Zweiten Weltkriegs fände, aber nirgends ein öffentlicher Gedenkort oder auch nur ein Gedenkstein für die verschleppten Jüdinnen und Juden.

Ich leihe mir zwei Bücher über Treuburg von meinem Vater aus: einen sich selbst als *Geschichtsbuch* bezeichnenden Band und einen relativ opulenten Bildband mit dem Titel *Treuburg. Ein Grenzkreis in Ostpreußen*. Auf einen kurzen geschichtlichen Abriss zum Kreis Ostpreußen zu Beginn des Buches folgen knapp sechshundert Seiten Bildmaterial, die den Versuch unternehmen, die *unvergessene Heimat* anschaulich zu machen. Der geschichtliche Abriss erwähnt die jüdische Bevölkerung des Ortes, die Synagoge, Verfolgungen, Pogrome und Deportationen mit keiner Silbe. Im Bildband selbst ist die Synagoge an vier Stellen beiläufig im Bild, etwa hinter einer Bäuerin, die Gemüse und Kartoffeln von ihrem Handwagen verkauft. Die zahlreichen Bilder aus der stark landwirtschaftlich geprägten Umgebung und vom Marktgeschehen, Pferde- und Viehhandel zeichnen eine ländliche Idylle vom Beginn des zwanzigsten Jahrhunderts nach: Jahrmarktbuden, Bäuerinnen, die auf kleinen Ständen Kohl, Mangold, Mohrrüben und Blumen verkaufen, Holzschuhe, Seiler- und Kurzwaren, Fell- und Pelzhandel, Spinnwocken und Spitzenklöppelei. Ein joseph-rothsches Panoptikum von Charakterköpfen und kleinstädtischer Verschmitztheit tritt einem in den Bildern entgegen.

Das Buch ist 1990 erschienen und versetzt einen von dort aus bruchlos rund fünfundfünfzig Jahre zurück. Für die Heimatvertriebenen verschränkt sich beim Blick auf die Bilder zu der Entstehungszeit des Buches dreierlei: der Verlust ihrer Kindheitszeit, der Verlust des Kindheitsortes, der von Westdeutschland aus bis 1990 hinter dem Eisernen Vorhang nur schwer erreichbar ist, und der Verlust der Unschuld in Bezug auf das verdrängte Täterwissen. *Alle, die in diesem Land ihre unvergessene Heimat sehen, mögen sich von diesen Bildern in die Vergangenheit zurückführen lassen*, heißt es im Vorwort des Herausgebers. Zurück zu dem idyllischen Zustand vor den Katastrophen des zwanzigsten Jahrhunderts. Wobei die Katastrophe auf den Fotos schon in vollem Gange ist und in zahlreichen Details aus den Bildern ragt: Hakenkreuzfahnen, ein Zeltlager der *Hitlerjugend* am Kriegerdenkmal (ein Farbbild des Kriegerdenkmals prangt auch auf dem Schutzumschlag des Buches), *BDM*-Handballerinnen, eine *Ein Reich / Ein Volk / Ein Führer*-Tafel über dem Eingang zum Hotel Königlicher Hof. Auf einem der vier Bilder mit der Synagoge sind im Hintergrund *zum Tag der Arbeit* Hakenkreuzflaggen über der Drogerie Kreuzritter gehisst. Einige Seiten davor findet sich kommentarlos ein Bild von aufmarschierenden SS-Brigaden an der Nordseite des Platzes. Was auf den ersten, ungenauen Blick beinahe wie galizische Schtetlromantik anmuten könnte, ist bei genauerem Hinsehen durchtränkt von den Insignien der Gewalt und der künftigen Vernichtung. Dass der Herausgeber des Buches, ein im Kreis Treuburg aufgewachsener Kriegsteilnehmer und inzwischen pensionierter *Manager der Mineralölindustrie*, wie der Klappentext verrät, diese Bilder kommentarlos zwischen all die anderen Erinnerungsbilder einreiht, lässt sich als Zeichen dieser Täterschaftskontinuität lesen – es geht um die Normalisierung der eigenen Tätervergangenheit. Der Schrecken verschwindet, indem man ihn versetzt mit lauter anderen, alltäglichen Bildern. *Kommenden Generationen soll dieses Buch das Land ihrer Väter näherbringen – ihnen einen nachhaltigen Eindruck von unserer ostpreußischen Lebenswelt und der zauberhaften Landschaft vermitteln*, heißt es seitens des Herausgebers. Und weiter: *Nicht zuletzt möge diese Bilddokumentation dazu beitragen, das Land im Osten mit seinen jahrhundertealten deutschen Traditionen vor dem Vergessen zu bewahren!* Land der Väter / Land der Täter. Von Müttern keine Spur. Die Fortsetzung des *Unternehmens Barbarossa* mit anderen Mitteln.

ich bin in dunklen Räumen, taste mich voran. Einige Ziegel in den Wänden lassen sich verschieben. Wie viele Räume es sind, weiß ich nicht, vor einigen Tagen denke ich, es sind acht, dann fünf. Einige der schrotigen, aus der Wand gezogenen Ziegel kommen mir bekannt vor. Ich beginne damit, sie auszulegen, über Kreuz, parallel, stapelweise. Notizen für später. Inzwischen habe ich Durchbrüche geschaffen. Möglich, dass die Räume irgendwo enden und in Erdreich, in Nacht oder nichts übergehen. Auch beim Schlafen denke ich inzwischen an die Ziegel. An einer der Mauern leckt etwas Wasser herein, es schmeckt nur ganz fein mörtelig und versickert im Boden. Gegenüber der Quelle fange ich an, Ziegel in die Höhe zu schichten, ich taste weiter. Oben ist die Mauer aus feuchtem Sand, ich kann eine Hand hineinschieben. Der Sand ist kühl, einzelne Körner drücken sich unter meine Fingernägel. Ich schiebe meinen Arm bis zum Ellenbogen, bis zur Schulter hinein, plötzlich berühre ich tief hinten im Sand die Fingerspitzen meiner anderen Hand. Vorsichtig ziehe ich den Arm zurück, durch das neu entstandene Loch fällt für Momente etwas wie Licht, auf die Mauern, die Durchbrüche, das hereinquellende Wasser, meine am Boden liegende Steinschrift

Meine Versuche, herauszufinden, ob meine Urgroßmutter tatsächlich Jüdin war, verlaufen im Sande, die dafür nötigen Archivsammlungen sind gewissermaßen doppelt verschüttet, einerseits durch die Neuordnung der Grenzen ab 1945, ande-

rerseits durch die Nationalsozialisten, die die Spuren jüdischen Lebens auszulöschen versuchen und darin bis in die Gegenwart hinein weitgehend erfolgreich sind, wie sich an den
beiden Büchern der Kreisgemeinschaft Treuburg zeigt. Es gibt
keine Stolpersteine, keine Texte auf Deutsch, die das Schicksal der Jüdinnen und Juden Treuburgs ab 1933 zusammenfas-
sen, weder im Netz noch in Buchpublikationen. Die einzige
für mich auffindbare Quelle ist eine offensichtlich gut recher-
chierte polnische Webseite, *Wirtualny Sztetl*, die den Versuch
unternimmt, das vorhandene Wissen über jüdisches Leben in
Marggrabowa beziehungsweise Treuburg zusammenzufassen.
Über das von mir bis hierher Herausgefundene hinaus, das
dort nochmals anhand weiterer Quellen bestätigt wird, erfahre
ich zudem, dass sieben Jüdinnen und Juden aus mehreren Familien in einem Wohnhaus in der damaligen Bergstraße Nummer 13 in einer Art informellem Ghetto zusammengepfercht
werden, was sich aus den Meldedaten dieser Personen bis
1941 ergibt. Mein Vater erzählt mir, dass sein Großvater in der
Bergstraße ein Mehrfamilienhaus besessen habe, ein Haus mit
drei bis vier Wohnungen, das circa 1928 als Zinshaus errichtet

worden sei, um für den Lebensunterhalt seiner unverheirateten Töchter Aenne und Margarethe zu sorgen. Das Grundstück hatte, so mein Vater, eine gemeinsame Grenze mit dem Haus seiner Eltern in der Deutschen Straße und war über Garten und Stall dieses Grundstücks auch zu betreten. Beim Blick auf einen historischen Stadtplan von Treuburg wird mir klar, dass das Grundstück dieses Zinshauses schräg gegenüber dem Haus Nummer 13 der Bergstraße liegt, also nur zwei Dutzend Meter entfernt von dem Haus, welches zur Zwangsinternierung von Jüdinnen und Juden genutzt wird.

Auf der Seite von *Wirtualny Sztetl* wird in dem historischen Abriss der Geschichte der Stadt erwähnt, dass sich bei den Reichstagswahlen vom 5. März 1933 der Kreis Treuburg als eine der Hochburgen der NSDAP hervortut, die Nazis erhalten hier 74,5 Prozent der abgegebenen Stimmen. Mein Großonkel Paul tritt laut seiner Mitgliederkartei zum 1. April 1933 in die NSDAP ein.

Der Band *Juden in Ostpreußen* endet mit dem Verweis auf Jüdinnen und Juden, die die Shoah überlebt haben und heute in Israel leben. Auf den letzten Seiten des Buchs sieht man ein Foto, das auch auf der Rückseite des Bandes abgebildet ist – es zeigt einen Gedenkstein im Garten von Yad Vashem, in den die Namen ostpreußischer Orte eingraviert sind, und verweist darauf, dass es in Israel eine kleine Gemeinschaft von ostpreußischen Juden gibt, die sich von dort aus an ihre Familien, die Orte ihrer Kindheit und damit an dieselben Städte und Gemeinden erinnern wie die Heimatvertriebenen in Deutschland. Ob auf dem Stein auch Treuburg eingraviert ist, kann man auf dem Bild nicht erkennen. Viel entscheidender finde ich, dass hier eine Parallelität aufgemacht wird, die in der vermeintlichen Analogie des Schicksals eine versöhnliche Note anschlägt und das Vertriebenenschicksal der nach Westdeutschland geflohenen Ostpreußen mit den israelischen Emigranten subtil gleichsetzt. Das Buch reproduziert damit eine erinnerungspolitische Formation, die für die Gedenkkultur der Bundesrepublik konstitutiv ist: die *gefühlte Identifikation mit den Opfern*, wie es in einer Studie von Ulrike Jureit und Christian Schneider heißt. Jureit und Schneider zeigen darin, wie nach den bleiernen Fünfziger- und frühen Sechzigerjahren, die im Zeichen der *Vergangenheitsbewältigung* stehen, gegen Ende der Sechzigerjahre eine erinnerungspolitische Wende einsetzt: *Die kritischen Studenten von* 68 *knüpften nicht nur an die wissenschaftlichen Erkenntnisse ihrer Lehrer an, sondern sie identifizierten sich vor allem mit deren Status und* Sprecherposition. *Diese spezifische Sprecherposition hatten sich Horkheimer und Adorno bei ihrer Rückkehr nach Deutschland zu eigen gemacht: Als jüdische Intellektuelle, die in der Emigration dem Schicksal der Vernichtung entgangen waren, verstanden sie sich als Stellvertreter der Opfer – und entwickelten daraus eine Haltung, in der sich ein bestimmter gegenwartsdiagnostischer Analysetypus mit einer intransigenten Moral verschränkte. Sie wurde schulbildend. Insbesondere die von Adorno in den kulturellen Diskurs eingeführte Gestalt des* Entronnenen *machte eine erstaunliche Karriere: vom* metaphysischen Typus *in der* Negativen Dialektik *zum Identifizierungsangebot und* role-model *der zweiten Generation, die nach und nach die Sprecherposition ihrer Lehrer kopierte.*

Von besonderer Bedeutung wurde für diese Generation die Psychoanalyse mit ihrem – von Jürgen Habermas wissenschaftstheoretisch rekonstruierten – therapeutisch-praktischen Versprechen, die eigene Geschichte lückenlos *einholen zu können. Dies traf den flagranten Wunsch der Nachgeborenen, die von den schweigenden Eltern* vorenthaltene *Geschichte persönlich* zu verstehen und damit den Selbstverdacht zu konterkarieren, aus dieser verschwiegenen Vorgeschichte einen Schaden im Sinne einer psychologischen Erbschaft übernommen zu haben.

Spätestens mit Richard von Weizsäckers berühmter Rede zum vierzigsten Jahrestag des Kriegsendes 1985 vor dem Deutschen Bundestag wird laut Jureit und Schneider Erinnerung und Identifikation mit den Opfern des Holocaust zum erinnerungspolitischen Gebot, das quasireligiös mit dem Versprechen auf *Erlösung* verbunden wird: *Es geht nicht darum, Vergangenheit zu bewältigen*, so Weizsäcker im Plenarsaal des Deutschen Bundestages. *Das kann man gar nicht. Sie läßt sich ja nicht nachträglich ändern oder ungeschehen machen. Wer aber vor der Vergangenheit die Augen verschließt, wird blind für die Gegenwart. Wer sich der Unmenschlichkeit nicht erinnern will, der wird wieder anfällig für neue Ansteckungsgefahren. Das jüdische Volk erinnert sich und wird sich immer erinnern. Wir suchen als Menschen Versöhnung. Gerade deswegen müssen wir verstehen, daß es Versöhnung ohne Erinnerung gar nicht geben kann. Die Erfahrung millionenfachen Todes ist ein Teil des Innern jedes Juden in der Welt, nicht nur deshalb, weil Menschen ein solches Grauen nicht vergessen können. Sondern die Erinnerung gehört zum jüdischen Glauben. »Das Vergessenwollen verlängert das Exil, und das Geheimnis der Erlösung heißt Erinnerung.«*

Die *gefühlte Identifikation mit den Opfern*, wie es bei Jureit und Schneider heißt, ist auch statistisch belegt. Eine Studie des Instituts für interdisziplinäre Konflikt- und Gewaltforschung der Uni Bielefeld von 2019, für die eintausend in Deutschland lebende Menschen befragt werden, stellt dar, dass lediglich knapp 20 Prozent der Befragten glauben, dass Vorfahren von ihnen *unter den Tätern während der Zeit des Nationalsozialismus* waren, beinahe 70 Prozent geben an, dass sich unter ihren Vorfahren keine Täter befanden. Demgegenüber glauben knapp 36 Prozent, dass Vorfahren von ihnen *unter den Opfern während der Zeit des Nationalsozialismus* waren. Noch erstaunlicher ist, dass fast 29 Prozent angeben, dass Vorfahren von ihnen *während der Zeit des Nationalsozialismus potentiellen Opfern geholfen* haben. Dies steht in krassem Kontrast zu der in der Geschichtsschreibung als gesichert geltenden Erkenntnis, dass lediglich 0,3 Prozent der Deutschen möglichen Opfern des Regimes konkrete Hilfe haben zukommen lassen.

Ich kann an mir selbst beobachten, dass ich mich mithilfe meiner Urgroßmutter, wie von Jureit und Schneider beschrieben, an mindestens einem Punkt in meinem Leben innerlich in die Reihe der Opfernachfahrinnen und -nachfahren einreihen möchte: Vor sechs Jahren bin ich mit Studierenden des Mozarteums Salzburg als Dozent und Autor im Rahmen eines Austauschprojekts in Tel Aviv. Wir recherchieren gemeinsam mit *Theatre*-Studierenden der *Tel Aviv University* zu einem früheren *Displaced Persons Camp* in den Räumen, die das Mozarteum heute nutzt. Wir treffen in Israel Zeitzeuginnen und Zeitzeugen, besuchen Jerusalem und Yad Vashem. Die deutschen und österreichischen Studierenden erzählen, welche familiären Verbindungen es bei ihnen zu den Tätern gibt, die israelischen Studierenden, welche Verbindungen sie zu den Opfern der Shoah haben – alle Beteiligten befragen im Vorfeld ihre Eltern und Großeltern. Jeden Morgen laufe ich aus meinem Hotelzimmer an den Strand und schwimme eine Runde im Mittelmeer, danach frühstücke ich auf der Hotelterrasse Schafskäse, Gurken und Tomaten, bevor ich mit einem geliehenen Fahrrad zur Probe in der Uni fahre. Wir arbeiten jeden Tag vierzehn Stunden, anschließend gehen wir meistens alle zusammen noch etwas trinken, es sind helle, volle, emotionale Tage. An meinem letzten Abend, einem Freitag, laden uns die israelischen Studierenden zu einer improvisierten Schabbat-Feier auf dem Rasen vor ihrem Studierendenwohnheim ein. Es gibt Hummus und Taboulehsalat, gebackene Auberginen, Brot, Tomaten und Wein. Der Fahrstuhl des Wohnheims, den man benutzen kann, um zu der Toilette in der Wohnung einer der Studierenden zu kommen, hält auf jeder Etage und öffnet seine Türen, damit man zum Schabbat keinen der Knöpfe drücken muss. Die Israelis singen Lieder, entzünden Kerzen auf einem Kandelaber, gemeinsam sprechen wir ein paar rituelle Sätze – ihr Gestus dabei ist spielerisch und leicht, zugleich bin ich beeindruckt davon, dass diese jungen, coolen Studierenden diese Rituale so ernst zu nehmen scheinen. Ich bin so glücklich wie selten in meinem Leben – dass ich als Nachfahre von Tätern hier sitzen und mit diesen wahnsinnig sympathischen Israelis Essen, Lieder und Gemeinschaft teilen darf, hat etwas Erlösendes. Ein paar Monate zuvor erzählt mir mein Vater davon, dass er glaubt, seine Großmutter mütterlicherseits habe jüdische Wurzeln. Nach dem Essen ziehen alle zusammen weiter in einen Club, unser Übersetzer, ein junger deutscher Promovend des *Theatre Departments*, der seit zwei Jahren in Israel lebt, erzählt uns im Taxi, dass die Israelis sich zuvor gegenseitig halb im Scherz absprechen: *Komm, wir feiern für die jetzt Schabbat, also das ganze Programm, so richtig mit Singen und Kerzen und allem.*

Der Raum vor dem Fenster ist nicht zu erkennen. Regen und Nacht schlucken alles jenseits der Reflexionen in den Scheiben. Den Kontinent jetzt verlassen, die Kartografie dieses Pilzes beenden. Weiterhin ungeklärt bleibt, ob meine Urgroßmutter Luise Salamon tatsächlich jüdische Wurzeln hat. Der *Ahnenpass* meines Vaters gibt unter der Kategorie Bekenntnis *evangelisch* an, wie ich schon vor Jahren feststelle. Diese Quelle ist aber zweifelhaft, mein Großonkel arbeitet zu dem Zeitpunkt, als der *Ahnenpass* erstellt wird, an einflussreicher Stelle in der Stadtverwaltung, er möchte sicherlich ermöglichen, dass sein Neffe, zu dem er nach dem Tod seines Bruders ein enges, fast vaterähnliches Verhältnis pflegt, dieses Eliteinternat besuchen kann, das große Karrieren in Staat und Partei verspricht, sicherlich auch aus Begeisterung für die nationalsozialistische Ideologie, die dort vermittelt wird. Meine Tante, die die Hypothese, Luise Salamon könnte eine Jüdin sein, überhaupt erst an meinen Vater heranträgt, ist überzeugt, dass mein Großonkel den *Ahnenpass* meines Vaters an den entsprechenden Stellen anpassen lässt. Dass sich auch bei den Eltern von Luise Salamon, Matheus Salamon und Katharina Salamon, geborene Kollek, unter der Rubrik Bekenntnis im *Ahnenpass* der Eintrag *evangelisch* findet, kann nicht als sichere Angabe zur Religion dieser Vorfahren gewertet werden. Deren Eltern wiederum sind zwar noch namentlich eingetragen, aber bereits ohne Geburts- und Sterbedaten und ohne Angabe unter Bekenntnis. Noch einmal mache ich mich im Netz auf die Suche nach meiner Urgroßmutter. *Luise Salamon Marggrabowa* gebe ich in die Leiste der Suchmaschine ein. Ich finde eine Seite, die *Ortsfamilienbuch Kreis Oletzko / Treuburg* überschrieben ist. *Der Kreis Treuburg – 99 Dörfer und eine Stadt* steht dort als Untertitel. Die Seite listet nach eigener Aussage *Familien aus allen Kirchspielen des Kreises Treuburg* auf und besteht aus Datensätzen, die als Genealogie-Webseite strukturiert sind. In die Suchmaske dieser Seite gebe ich *Salamon* ein und erhalte vierundvierzig Treffer. Tatsächlich findet sich dort eine Luise Salamon, allerdings mit dem Geburtsdatum 1843, zwanzig Jahre früher als das der Luise Salamon, die ich suche. Mir fällt in der Liste der Salamons auf, dass sich dort zwei Einträge zu dem Namen Matthis Salamon finden, mein Ururgroßvater ist parallel dazu im *Ahnenpass* einmal als *Wirt Mathys Salamon*, einmal als *Matheus Salamon* und einmal als *Jüngl. Matthis Salamon* aufgeführt. Der erste Webseiteneintrag zu Matthis Salamon listet kein Geburtsdatum, nur den Hinweis, dass dieser Matthis von Beruf Losmann gewesen sei. Er ist mit Catharine Kurrek verheiratet. Der zweite Matthis Salamon ist laut Webseiteneintrag mit Katarina Kollek verheiratet, vielleicht handelt es sich auch um denselben Matthis Salamon, womöglich wurde zudem bei der Transkription von Quellen in Sütterlin r mit l verwechselt und u mit o, so dass Kurrek zu Kollek wurde, zudem gibt es immer leichte Varianzen in den genauen Schreibungen der Namen, wie schon bei Mathys, Matheus beziehungsweise Matthis im *Ahnenpass*. Datum der Trauung zwischen dem Jüngling Matthis Salamon und Katarina Kollek ist laut Webseite der 27. Dezember 1859 – genauso wie im *Ahnenpass*. Es ist also in beiden Dokumenten derselbe Matthis Salamon. Als Quelle für den Webseiteneintrag ist *Marggrabowa Stadt- und Landgemeinde, Trauungen, evangelisch, 1843-1869* angegeben. Ich finde auf der Webseite auch die Eltern von Katarina Kollek und die von Matthis Salamon und weitere Ahnen meines Vaters, sie entsprechen denen im *Ahnenpass*, alle Einträge sind durch Tauf- oder Trauungseintragungen in evangelischen Kirchenbüchern belegt. Ich habe keine jüdischen Vorfahren. Der Kontinent bleibt in jedem Winkel dunkel. Finisterra. Ich habe ausschließlich Tätervorfahren.

Das zweite Buch, das ich von meinem Vater ausleihe, *Der Kreis Treuburg. Ein ostpreußisches Heimatbuch* von 1971, wird im Klappentext als *Geschichtsbuch über den Kreis Treuburg/Ostpr.* bezeichnet. Es besteht im ersten Teil aus Aufsätzen über die Vorgeschichte des Ortes, den Ritterorden, lokale historische Ereignisse sowie den Ersten Weltkrieg, es folgen Kapitel über *Verwaltungs- und andere Einrichtungen in Stadt und Kreis Treuburg*, zu *Kirchen und Pfarrer*, die *Geschichte der Schulen*, zu *Landwirtschaft* und *Forsten, Jagd und Fischerei* und zu weiteren Themenfeldern, schließlich setzt der historische Rahmen wieder ein mit dem Schlusskapitel *Der Zweite Weltkrieg und seine Folgen*, das einen Schwerpunkt auf die *Räumung des Kreises Treuburg* und auf *Flucht und Vertreibung* legt. Die Verfolgung und Ermordung der Jüdinnen und Juden des Kreises wird auch hier an keiner Stelle erwähnt. Es finden sich stattdessen kleinteilige, im Protokollstil gehaltene Beschreibungen über den Einsatz des Treuburger *Volkssturms* aus der Sicht eines Beteiligten, der die eigene Kampfkraft und Tapferkeit im Angesicht des Feindes herausstreicht. In dem vierhundertfünfzig Seiten umfassenden Buch entdecke ich im Kapitel *Die Kirchen und Pfarrer* einen einzigen zweiseitigen Aufsatz über die jüdische Gemeinde. Dort wird die Entwicklung der jüdischen Einwohnerinnen und Einwohner des Kreises mit denselben Zahlen beschrieben, die auch in der *Encyclopedia of Jewish Life* auftauchen. Dann wird in einem weiteren Absatz kurz erwähnt, dass am Marktplatz in Treuburg eine Synagoge steht, *mit Wohnung für einen Rabbiner. Sie wurde 1938 in der sogenannten Reichskristallnacht zerstört*, heißt es dazu lapidar. Es folgt eine Auflistung der *jüdischen Familien*, die sich *für Treuburg ermitteln ließen*, Namen, Berufe und Wohnstatus. Unter den Aufgezählten findet sich auch ein *Max Michalowitz, Pelze und Textilhandel, Hausbesitzer, Karlstraße*. Möglicherweise handelt es sich hierbei um den Fellhändler aus den Schilderungen meines Vaters, jenen Mann, dem mein Großvater gelegentlich ein Fell verkauft, der meinem Vater einen Groschen in die Hand drückt. Ich gebe seinen Namen in die *Holocaust Survivors and Victims Database* des *United States Holocaust Memorial Museum* ein und erfahre dort, dass ein Max Michalowitz, geboren am 14. Juni 1895 in Reuss im Kreis Treuburg, laut der Quelle *Reichsanzeiger, December 21, 1939, b-113*, ausgebürgert wird. Unter dem Stichwort *Status/Death Note* ist zudem vermerkt: *Ausb?rgerung ohne Beschlagnahmung, Enteignung extra ausgewiesen.*

Ich nehme an, dass dies der erste Schritt ist, um die Deportation vorzubereiten. Mir wird klar, dass mein Vater sich an Besuche in Max Michalowitz' Pelz- und Textilhandel erinnert, die vor Ende 1939 stattfinden, also an eine Zeit, als mein Vater fünf oder sechs Jahre alt ist. In dem Aufsatz des *Geschichtsbuchs* des Kreises Treuburg folgt nach der Liste der Namen der Jüdinnen und Juden, die sich *für Treuburg ermitteln ließen*, ein letzter kurzer Absatz, der ihr weiteres Schicksal andeutet: *Die meisten jüdischen Familien verließen Treuburg schon vor der Machtübernahme 1932/33. Sally Isaak Czerninski ging 1936 nach Berlin. Mehrere Familien – meist ältere Leute – wurden 1940 nach Polen abtransportiert, und es hieß, sie hätten sich »freiwillig« einem Transport nach Suwalki angeschlossen. Die drei Söhne der Familie Wessolowski leben heute in Israel.*

– Danke noch mal für die beiden Bücher, sage ich zu meinem Vater am Telefon. Was ich interessant finde, ist, dass dort von der Synagoge, von jüdischem Leben in Treuburg und von Verfolgung fast nicht die Rede ist.

– Meine Mutter hat mich da zu diesem Novemberpogrom zur Synagoge geschickt, sie meinte, ich solle mir das mal anschauen. Das war am Morgen danach. Warum sie mich da hingeschickt hat, weiß ich nicht. Sie hat das so gesagt, eher laut, so dass ein Arbeiter, der da gerade war, das hören musste, vielleicht weil dem das nicht gefallen hat.

– Hat die Synagoge gebrannt?

– Nein, die war nur verwüstet. Ich erinnere mich, dass da Schriften auf der Straße lagen, Papiere, herausgerissene Seiten mit hebräischer Schrift.

Das *Gedenkbuch – Opfer der Verfolgung der Juden unter der nationalsozialistischen Gewaltherrschaft in Deutschland 1933-1945* des Bundesarchivs listet bei der Suche nach dem Wohnort Treuburg fünfzehn Personen auf, deren Namen sich auch auf der Liste der Namen in dem sogenannten *Geschichts-*

buch über den Kreis Treuburg wiederfinden. Fast alle diese Einträge haben im *Gedenkbuch* des Bundesarchivs entweder den Vermerk *EMIGRATION 06. Dezember 1939, Polen* oder den Vermerk *ABSCHIEBUNG NACH POLEN 06. 12. 1939*, manche der Einträge zeigen beide Vermerke, ungeachtet dessen, dass eine Emigration natürlich im Gegensatz zu einer Abschiebung Freiwilligkeit suggeriert. Jedenfalls wird aus den Einträgen ersichtlich, dass die jüdische Bevölkerung Treuburgs bereits am 6. Dezember 1939 kollektiv deportiert wird. Teilweise findet sich dort zudem der Vermerk *TODESORT unbekannt*, bei anderen fehlt dieser Eintrag, einmal stoße ich auf *Biala Podlaska* als Todesort, zweimal taucht der Vermerk *DEPORTATION Lublin, Distrikt / für tot erklärt* auf, bei *Horst Czerninski* und *Günter Czerlinski* findet sich jeweils der Vermerk *DEPORTATION ab Berlin / 14. Dezember 1942, Auschwitz, Konzentrations- und Vernichtungslager*. Bei *Margot Lore Jenny Salomonsohn* finde ich den Vermerk *DEPORTATION ab Berlin / 29. November 1942, Auschwitz, Konzentrations- und Vernichtungslager* und den Vermerk *EMIGRATION 06. Dezember 1939, Polen*. Wie sie 1939 Teil der kollektiven Deportation nach Polen und knapp drei Jahre später von Berlin aus nach Auschwitz deportiert werden kann, bleibt unklar, vielleicht liegt hier ein Fehler vor, oder sie schafft mit ihrer Familie nach der Deportation nach Polen tatsächlich die Flucht nach Berlin. Margot Salomonsohn wird laut *Gedenkbuch* am 4. Dezember 1934 geboren, sie ist also knapp zwei Jahre jünger als mein Vater, sie wäre vermutlich auf dieselbe Schule wie er gekommen, in die Klasse unter ihm, aber da sie schon als Fünfjährige nach Polen deportiert wird, ist davon auszugehen, dass die beiden nie dieselbe Schule besuchen. Ohnehin ist Jüdinnen und Juden der Besuch von öffentlichen Schulen zu dieser Zeit längst verboten. Sofern die Angaben des Bundesarchivs hier korrekt sind, wird Margot Lore Jenny Salomonsohn, je nachdem, wie lange die Deportation nach Auschwitz dauert, rund um ihren achten Geburtstag in Auschwitz angelangt sein, über ihr weiteres Schicksal gibt es in den mir zugänglichen Quellen keine Auskunft. Von den mehr als 232 000 Kindern, die nach Auschwitz kommen, überleben nur wenige hundert das Lager.

Der Baum vor dem Fenster ist verschwunden. Ich stehe auf, in den Scheiben vor dem Dunkel bleibt meine gespenstische Silhouette, ich kann die Narbe quer über meiner rechten Wange von dem Fahrradunfall vor zwei Jahren erkennen, schaue nach unten, kann meine Beine sehen, meine Füße irgendwo im Dunkel. Ater. Nacht. Und Regen.

Ich fahre mit dem Lastenrad von zu Hause aus los Richtung Arbeitswohnung. Vor genau einem Jahr und einem Tag laufe ich diese Strecke auf dem Eis des Landwehrkanals, wie mir Facebook mit einer sogenannten *Erinnerung* am Tag zuvor wieder ins Bewusstsein ruft, jetzt ist das Wasser offen, die Sonne scheint, es ist viel zu warm für Ende Februar.

Am Morgen bringe ich Anouk im offenen Lastenrad zur Schule, sie sitzt mit dem Rücken zur Fahrtrichtung, um uns die Fahrtzeit zu verkürzen, spielen wir Stadtraumplanung.

– Diese drei Spuren könnte man für Autos sperren und nur für Fahrräder und Fußgänger haben, sagt Anouk, als wir auf die Schnellerstraße abbiegen.

– Gute Idee!, sage ich. Man könnte eine der Spuren weglassen und als Trennung zum Autoverkehr noch Büsche und Bäume pflanzen.

– Und die Autos müssten sich dann die anderen drei Spuren teilen.

– Aber was machen wir mit den Bussen?

– Die dürfen auf der Fahrradspur mitfahren.

Wir kommen an der Schule an, wie so oft ein, zwei Minuten zu spät, ich gebe Anouk ihren Ranzen aus der Packtasche und verabschiede sie am Schultor, sie läuft los auf das Gelände der Schule, hinter ihr sehe ich Milan, er sitzt schon im Klassenzimmer, umgeben von seinen Freunden, dieser eigenwillige, schlaksige Junge, der gerne chillt, gerne kocht, er schaut zu mir herüber, ich winke ihm kurz zu.

Wieder zu Hause esse ich mein Müsli, Judith packt oben ihren kleinen Rollkoffer und verabschiedet sich dann auf eine Dienstreise, ich setze mich wieder an den Küchentisch, lese ein paar Nachrichten zum Krieg in der Ukraine, der nächste Schauplatz, an dem soldatische Männer grauenhafte Verbrechen begehen, Zivilisten erschießen, Frauen vergewaltigen, wie die Welt ein paar Wochen später erfährt. Ich klappe den Rechner zu, setze meine Kopfhörer auf, mache mir auf Spotify eine Beatles-Playlist mit dem Namen *The Long and Winding Road* an, ein Querschnitt durch das Werk der Band, für jede ihrer Platten sind dort in chronologischer Reihenfolge drei oder vier Songs aufgelistet, wodurch man ihre Entwicklung von der Fast-noch-Schüler-Beat-Band über die psychedelische Phase bis zu den letzten, gereiften Platten nachvollziehen kann. Am Abend zuvor schauen Judith und ich die letzte Stunde der Beatles-Doku *Get Back*, die einen fast kommentarlosen Zusammenschnitt einer langen Aufnahme- und Song-Produktionssession zeigt, aus der die Alben *Abbey Road* und *Let It Be* hervorgehen. Darin werden immer wieder kleinere und auch heftigere Streitereien der Bandmitglieder gezeigt, George Harrison verlässt für einige Tage die Band, man sieht viel lustloses Herumsitzen der vier Musiker und halbverzweifeltes Herumprobieren, um an frühere Produktivkräfte anzuknüpfen. Frühe und früheste Songs werden wieder ausgegraben, ein mitgeschnittener Liveauftritt soll nach drei Jahren Abstinenz von der Bühne die alte Freude am Spielen wieder hervorkitzeln, kurze Momente von Humor, Einfällen und Ausfälligkeiten; insgesamt vermittelt sich das Gefühl, vier Bandmitgliedern zuzuschauen, die ahnen, dass ihre Band bald auseinanderbrechen wird. Alles, was in den Solokarrieren nach der Auflösung der Beatles noch kommt, kann an die Erfolge der vier als Band nicht mehr anknüpfen, man beobachtet vier Anfang Dreißigjährige am Ende ihrer Mezzojahre. Trotzdem oder gerade deshalb ist der retrospektive, zurückhaltende Blick des Films auf die Entstehung von späteren Beatles-Klassikern wie *Get Back*, *Let It Be*, *The Long and Winding Road* oder melancholisch-poetische Stücke wie *I Me Mine* ungemein wirkungsvoll. Der nostalgische Blick wird beim Zuschauen durch das Bewusstsein forciert, dass zwei der Bandmitglieder inzwischen tot sind. Ich behalte den Kopfhörer auf, die Playlist weiter auf dem Ohr, als ich mich aufmache, um in die Arbeitswohnung zu fahren, in dem Wissen, dass ich ein weiteres Mal zurück in das Bergmassiv meines Romans steigen muss, abtauchen in das dunkle Wasser der Ostsee, das Buch überarbeiten, was bei mir Angst auslöst, auch weil ich schon in zwei Stunden die Arbeit wieder abbrechen muss, um Anouk aus der Schule abzuholen. Plötzlich erscheint mir das ganze Vorhaben, das Buch abzuschließen, als undurchführbar. Ich biege auf das Weigandufer ab, immer noch die Beatles-Compilation auf den Ohren, kurz vor der Treptower Brücke setzt der Song *And I Love Her* mit dem markanten, gezupften Gitarrenriff ein. Der satte Klang über die Kopfhörer hat etwas Überwältigendes, ich stehe mit den Musikern im Studio, denen ich am Abend zuvor noch beim Entstehen ihrer Songs zusehe, und fahre zur selben Zeit am Neuköllner Zweigkanal entlang. Die Stimmung der Ballade überkommt mich, der Text erzählt von einer erwiderten, makellosen Liebe und wird zugleich in einem tief melancholischem fis-Moll vorgetragen, *A love like ours / could never die*, die Unendlichkeitsprojektion der Liebe überlagert von dem Wissen um ihr Ende, um den Tod, auf den hier in Form der Negation desselben referenziert wird. Und jetzt, wenige Meter hinter der Treptower Brücke, kommt es über mich, Judith vermissen, mein Versagen als Vater, Mürwik, die Haltlosigkeit aller Versuche, etwas aufzuschreiben, festzuhalten, Tränen laufen, Wasser fließt an meinen Wangen hinunter, mich auflösen, eingehen in das Wasser des Kanals, hineinfalten und verschwinden unter dem schwarzen Eis der vergangenen Winter, die nicht wiederkehren.

Bücher schreibt man nicht allein – mein Dank gilt allen, die mich in diesem Prozess unterstützt haben. Meinen Eltern und Geschwistern möchte ich dafür danken, dass sie mir zugestanden haben, Momente geteilter Erinnerungen in subjektivierter, fiktionalisierter Form für diesen Roman zu verwenden. Das Gleiche gilt für Elke, Klaus und Jürgen sowie eine Reihe von Freundinnen und Freunden, allen voran Klaas Butenschön und Moritz Zopf.

Bedanken möchte ich mich zudem bei den Marinehistorikern Dieter Hartwig und Kai Steenbuck für Hinweise zu Schiffsversenkungen in der Flensburger Förde.

Außerdem möchte ich Karin Graf für Rat und Vermittlung und Jacob Teich für die intensive gemeinsame Arbeit am Manuskript danken, Lothar Herzog, Tina Müller für frühes Lesen und kluge Kommentare. Das gilt auch für Maren Kames, die zudem mit konstanter Unterstützung, Empathie und immer wieder dem perfekten Song zum Weiterarbeiten die letzten zwei Jahre da war.

Und danke – an Ruth.

Bücher schreibt man nicht allein – es schreiben durch einen immer eine Vielzahl anderer Texte mit. Die wichtigsten Quellen für dieses Buch waren:

Michel Foucault: *Archäologie des Wissens*. Frankfurt a.M.: Suhrkamp 1981; Sigmund Freud: *Zur Dynamik der Übertragung. Behandlungstechnische Schriften*. Frankfurt a.M.: S. Fischer 1992; Rudolf Grenz: *Der Kreis Treuburg. Ein ostpreußisches Heimatbuch*. Lübeck: Albrecht Czygan 1971; Volker Griese: *Schleswig-Holstein – Denkwürdigkeiten der Geschichte. Historische Miniaturen*. Norderstedt: Books on Demand 2012; Ulrike Jureit, Christian Schneider: *Gefühlte Opfer. Illusionen der Vergangenheitsbewältigung*. Stuttgart: Klett-Cotta 2010; Ronny Kabus: *Juden in Ostpreußen*. Husum: Husum 1998; Klaus Krech: *Treuburg. Ein Grenzkreis in Ostpreußen*. Leer: Gerhard Rautenberg 1990; Gerhard Paul: *Der Untergang 1945 in Flensburg*. Kiel: Landeszentrale für politische Bildung Schleswig-Holstein 2012; Matthias Paustian: *Die Nationalpolitische Erziehungsanstalt Plön 1933-1945*. In: *Informationen zur Schleswig-Holsteinischen Zeitgeschichte. Heft 26*. Kiel: 1994; Christian Schneider, Cordelia Stillke, Bernd Leineweber: *Das Erbe der Napola. Versuch einer Generationengeschichte des Nationalsozialismus*. Hamburg: Hamburger Edition 1996; Sokola // Spreter: *Polar*. Berlin: Felix Bloch Erben 2022; Shmuel Spector, Geoffrey Wigoder (Hrsg.): *The Encyclopedia of Jewish Life Before and During the Holocaust*. New York: NYU Press 2001; Klaus Theweleit: *Männerphantasien*. Berlin: Matthes & Seitz Berlin 2019; Simone Weil: *Krieg und Gewalt. Essays und Aufzeichnungen.* Zürich: diaphanes 2011; Harald Welzer: *Täter. Wie aus ganz normalen Menschen Massenmörder werden.* Frankfurt a. M.: S. Fischer 2005; Christoph David Piorkowski: *Antisemitismus und Erinnerungskultur. Die größte Lüge der Bundesrepublik.* Auf: https://www.tagesspiegel.de/wissen/die-grosse-luge-der-bundesrepublik-4163017.html (Stand: Januar 2023); *Gedenkbuch. Opfer der Verfolgung der Juden unter der nationalsozialistischen Gewaltherrschaft in Deutschland 1933-1945.* Auf: https://www.bundesarchiv.de/gedenkbuch (Stand: November 2022); *MEMO. Multidimensionaler Erinnerungsmonitor. Studie II | 2019.* Auf: https://pub.uni-bielefeld.de/down load/2934984/2934986/EVZ_Studie_MEMO%20II_2019.pdf (Stand: Januar 2023); *Ortsfamilienbuch Kreis Oletzko / Treuburg. Der Kreis Treuburg – 99 Dörfer und eine Stadt.* Auf: https://ofb-treuburg.portal-ostpreussen.de (Stand: Juli 2021); *Wirtualny Sztetl.* Auf: https://sztetl.org.pl (Stand: Juli 2021); Julia Friedrichs, Karsten Polke-Majewski: *»Wo die NSDAP erfolgreich war, ist es heute die AfD«.* Auf: https://www.zeit.de/ politik/deutschland/2019-02/afd-waehler-rechtsextremismus-nsdap-gemeinden-milieu (Stand: November 2022); und andere.

Bildnachweise

S. 20 Screenshot des Autors (Quelle: https://goo.gl/maps/JSyTt
FqTaRkaGTMg7); S. 23 Screenshot des Autors (Quelle: https://
you.stonybrook.edu/somas/research/gsb_ecosystem/superstorm-
sandy-and-the-breach-at-old-inlet/); S. 27, 68, 73 Fotos des Autors; S. 77 Abwurf des externen Tanks des Space Shuttle (NASA)
(gemeinfrei, Quelle: https://de.wikipedia.org/wiki/Datei:Shuttle_
external_fuel_tank_jettisoned.jpg); S. 81 Screenshot des Autors
(Quelle: https://www.db-bauzeitung.de/architektur/sportforum-
der-universitaet-kiel/); S. 102, 107, 109, 113 Fotos des Autors; S. 169 Screenshot des Autors (Quelle: https://www.wlb-
stuttgart.de/seekrieg/4505-bilder/u141.jpg / Deutsches U-Boot-Mu-
seum, Cuxhaven); S. 174 Screenshot des Autors (Quelle: https://
www.etsy.com/de/listing/622661930/sayagata-swasti-inspiriert?
ref=shop_home_active_15); S. 208 Screenshot des Autors (Quelle:
https://columbusneighborhoods.org/story/big-bear-henderson-
reed-roads/); S. 265 Bundesarchiv, Signatur: Bild 152-42-31, Fotograf: o. Ang.; S. 268 Screenshot des Autors (Quelle: https://
youtu.be/vhxdSa1v6p8); S. 271 Bundesarchiv, Signatur: Bild
102-04062A, Fotograf: Georg Pahl; S. 274 Screenshot des Autors
(Quelle: Königlich-Preussische Landesaufnahme, https://wiki.
genealogy.net/Datei:KDR100_107_Marggrabowa_ca1893_Marggra
bowa.jpg); S. 281 Klaus Krech: *Treuburg. Ein Grenzkreis in Ostpreußen.* Leer: Gerhard Rautenberg 1990; S. 284 Screenshot des
Autors (Quelle: https://goo.gl/maps/PD3AStsHBB6rXa2m8);
S. 295 Foto des Autors

Weitere Nachweise über das Archiv des Suhrkamp Verlages.